Langenscheidt

Deutsch – alles drin

Wortschatz und Grammatik – nachschlagen, lernen und üben

Langenscheidt

Langenscheidt Wortschatz: Deutsch als Fremdsprache
Lektorat: Susanne Franz (susanne@franz-online.com)

Langenscheidt Grammatik mit Übungen: Deutsch als Fremdsprache
von Christine Stief und Christian Stang
Neu bearbeitet von Georgette Liedtke

2. Auflage 2023

www.langenscheidt.com

Druck und Bindung: Multiprint GmbH, Kostinbrod

ISBN 978-3-12-563539-5

Inhaltsverzeichnis

Langenscheidt
Wortschatz

Deutsch als Fremdsprache

Langenscheidt

Abbreviations

A	Austrian *(österreichisch)*
acc	accusative *(Akkusativ)*
adj	adjective *(Adjektiv)*
adv	adverb *(Adverb)*
CH	Swiss *(schweizerisch)*
conj	conjunction *(Konjunktion)*
dat	dative *(Dativ)*
etw.	something *(etwas)*
f	feminine *(Femininum)*
interj	interjection *(Interjektion)*
j-m	someone *(jemandem)*
j-n	someone *(jemanden)*
m	masculine *(Maskulinum)*
n	neuter *(Neutrum)*
n	noun *(Nomen)*
n f	noun feminine *(Nomen Feminum)*
n m	noun masculine *(Nomen Maskulinum)*
n m-f	noun masculine and feminine *(Nomen Maskulinum und Feminum)*
n n	noun neuter (Nomen Neutrum)
nom	nominative *(Nominativ)*
phrase	phrase *(Phrase)*
prep	preposition *(Präposition)*
pl	plural *(Plural)*
sg	singular *(Singular)*
v	verb *(Verb)*
v-aux	auxiliary verb *(Hilfsverb)*
v-irr	irregular verb *(unregelmäßiges Verb)*
v-sep	separable verb *(trennbares Verb)*
v-sep-irr	separable irregular verb *(trennbares und unregelmäßiges Verb)*

Introduction

Dear Student,

This „Grundwortschatz Deutsch als Fremdsprache" from Langenscheidt is designed to help you develop a comprehensive basic vocabulary of German words and phrases. The vocabulary has been selected on the basis of frequency of use and current relevance. As a result, we have included not only important terms from the digital world but also significant vocabulary specific to Austria and Switzerland.

Structure of this Book

The words and phrases in the book are **arranged by topic**, each covering a different aspect of everyday life. Then, to make learning easier, the vocabulary within the chapters is further grouped on the basis of meaning and context. For most words, there is also an example of the word in use in a **typical sentence**. Exceptions are specific terms such as food, animals and plants, the meaning of which can be clearly understood with the English translation.

Grammatical Information

The word type is specified for each word. Often there is more information:

- In the case of **nouns** (*n*), you will also find the article and the form of the nominative plural.
- **Feminine forms denoting occupation or relationship** are, however, only listed in the singular, as the plural is usually formed regularly, e.g.

  der Lehrer, die Lehrerin, Lehrer *n*: The feminine plural form **Lehrerinnen** is derived from the singular form **Lehrerin**.

  Irregularly formed plural forms, on the other hand, are listed individually:
  der Cousin, Cousins *n*
  die Cousine, Cousinen *n*

- Where there is no distinct feminine plural form, the **plural form is used for both genders**:
  der Erwachsene, die Erwachsene, Erwachsenen *n m-f*

- **In the case of irregular verbs** (*v-irr*), the forms of the third person singular are presented in the Präsens, Präteritum und Perfekt tenses. For verbs with a prefix such as **vorlesen**, **anziehen** or **aussehen**, you will find the irregular forms next to the corresponding verb without the prefix, e.g. **lesen, liest, las, hat gelesen**.
- In addition, **certain verbs are separable** and this is indicated by (*v-sep*) next to a verb.

Further Help

- For many words, you will find **additional tips** regarding usage or possible sources of error.
- In the **Register** you can quickly look up all the words in both languages.

Finally, we wish you lots of fun and success with this phrase book,

Your Langenscheidt editorial team!

Topics

Pronunciation

This section will make you familiar with the sounds of German. You'll find the pronunciation of the letters and sounds explained below, together with their „imitated“ equivalents.

The German alphabet is the same as English, with the addition of the letter ß. It also uses the Umlaut on the vowels ä, ü, ö (see below for pronunciation).

Pronunciation Rules

– A lot of consonants (b, d, f, g, h, k, l, m, n, p, ph, t, x) are usually pronounced the same (or almost the same) as their English counterparts.

– But b, d, g at the end of a word are pronounced like p, t, k: gelb, Rad, Tag.

– The German r is formed in the throat and pronounced as if you were clearing your throat or gurgling.

– The letter h after a vowel is not pronounced. It just prolongs the vowel: Bahn, sehr, wohnen, Uhr.

– Double vowels, vowels + h and ie are always long: Paar, Tee, fahren, sehr, spielen.

– Vowels in front of double consonants are always short: Treppe, Tasse, Bett.

Stress

Generally, as in English, the first syllable is stressed in German, except when short prefixes are added to the beginning of the word. Then the second syllable is stressed (e.g. bewegen – to move, gesehen – seen). However, similar looking words can be stressed differently: übersetzen – translate vs. übersetzen – ferry over.

Consonants

Letter	Approximate Pronunciation		Example
b	1. at the end of a word or between a vowel and a consonant	like p in up	ab, gelb, lieb, er liebt, er gibt, gib!
	2. elsewhere	like b in bed	Bett, bis, lieben, haben, geben

c	variable, depending on the origin of the loan-word e.g.	like c in cat	Café, Computer, Coburg
		like ts in hits	Celsius, Celle
		like ch in chip	Cello, Cembalo
ch	1. after the back (darker) vowels a, o, u	like ch in Scottish loch, otherwise more like h in huge; is pronounced in the throat	Bach, Tochter, doch, Bucht, Geruch
	2. after the front (brighter) vowels i, e, ä, ö, ü	no English equivalent; an approximation to this sound may be acquired by assuming the mouth-configuration for i (in hit) and emitting a strong current of breath; pronounced on the palate	nicht, mich, dich, sich, Licht, ehrlich, echt, Bäche, Töchter, Küche
	3. sometimes, especially before s	like k in kit	wachsen, wechseln, sechs
d	1. at the end of a word or between a vowel and a consonant	like t in eat	Kind, Rad, Land, Feld, Geld, widmen, Mädchen
	2. elsewhere	like d in do	Kinder, Räder, Länder, Felder, danke, baden
g	1. usually	like g in go	geben, Gast, fragen, Nagel, einige, aussteigen
	2. at the end of a word	like k in kit	Tag, Weg, Zug, steig … aus
	3. in words with the ending -ig	like ch in deutsch nicht (see above ch no. 2)	fertig, lustig, eckig, König, einig, billig
j	usually	like y in yes	ja, Junge, Jacke
qu	usually	like k followed by v as in vat: like k-v	Qualität, Quittung
r	1. usually	no English equivalent, generally rasped at the back of the mouth	warum, warten, Rad, rot, Ernst, brav, froh
	2. sometimes at the end of a word or a prefix	unstressed like a in ago	er, wer, aber, erzählen, verkaufen

s	1. before or between vowels; voiced	like z in zoo	sie, Sonne, Rose, Hose, Häuser, dieser
	2. before p and t at the beginning of a syllable, unvoiced	like sh in shut	Sport, Spiel, spitz, Stil, Stein, bestellen
	3. elsewhere; unvoiced	like s in sit	es ist, Haus, dies, Weisheit
ß	always	like s in sit	groß, heiß, schließen, Fuß, Straße
sch	always	like sh in shut	schnell, Schiff, Mensch, britisch
v	1. usually	like f in for	vier, vielleicht, viel, Vater, Verkehr, verkaufen
	2. in most words of foreign origin	like v in voice	Vase, vegan, Velo, bravo
w	always	like v in voice	Wagen, Wort, wie, Schweiz, obwohl, ewig
z	usually	like ts in hits	zeigen, Zentrum, Zoo, Salz, Arzt, französisch

Vowels

Letter	Approximate Pronunciation		Example
a	1. short	like a in French carte	Mann, hatte, alles, Ball
	2. long	like a in father	Vater, Rad, Abend, Jahr
ä	1. short	like ai in fair	Lärm, männlich
	2. long	like ai in fair, but long	zählen, ernähren, wählen, Räder
e	1. short (unstressed)	like e in bed	jedoch, Revolution
	2. long (stressed)	same sound, but long	Weg, jemand, sehen
	3. at the end of a word	unstressed like a in ago	bitte, danke, ihre
	4. sometimes like ä	like e in let or ai in fair	Herr, fertig, Ende
	5. sometimes almost silent		gehen, sehen

i	1. short	like i in hit	billig, ich, immer, Ding, Linde
	2. long	like ee in meet	ihm, Bio, Stil, Tiger
ie	always long	like ee in meet	die, sie, sieht, Bier, Liebe
o	1. short	like o in long	voll, Ort, kommen, trotz
	2. long	same sound but long; no English equivalent	wohnen, Sohn, ohne, Ohr, rot, Boot
ö	1. short	like eu in French neuf	öffnen, können, Körper
	2. long	like er in fern or like eu in French feu	schön, höflich, Größe
u	1. short	like oo in book or foot	Nuss, Kuss, muss, und
	2. long	like oo in boot or ou in you	Uhr, Huhn, ruhig, Mut
ü/y	1. short	almost like the French u as in sur; round your lips	Hütte, kümmern, brüllen, Glück, System, Rhythmus
	2. long	same sound but long	führen, Tür, Gefühl, berühmt, früh, Syrien

Diphthongs

ai, ei	always	like ey in eye	eigen, mein, frei, Eis, leise, Arbeit, Zeit, Mai
au	always	like ou in mouse	Maus, Haus, laufen, Auto, Pause
äu, eu	always	like oy in boy	Mäuse, Häuser, heute, neu, Euro, Feuer

People

Personal Information

der **Herr,** Herren *n*
- Das ist mein Chef, **Herr** Wagner.

Mr
- This is my boss, **Mr** Wagner.

der **Mann,** Männer *n*
- Er ist ein gut aussehender **Mann.**

man
- He's a good-looking **man.**

die **Frau,** Frauen *n*
- Wohnt in diesem Haus eine **Frau** Schneider?
- Brauchen Sie Hilfe, **Frau** Fischer?
- Der Roman heißt „Eine **Frau** von dreißig Jahren".

Mrs; Ms; woman
- Is there a **Mrs** Schneider living in this house?
- Do you need any help, **Ms** Fischer?
- The novel is called "A **Woman** of Thirty".

➡ Frau is used both as a title and as a term for an adult female person.

der **Junge,** Jungen *n*
- In unserer Klasse sind nur drei **Jungen.**

boy
- There are only three **boys** in our class.

das **Mädchen,** Mädchen *n*
- Ein **Mädchen** hat meinen Schlüssel gefunden.

girl
- A **girl** found my key.

➡ Mädchen is used in German with the neuter article das, even though the real gender of a girl is feminine. So in German you say: Ich sehe ein Mädchen, das sich gerade die Haare kämmt. I can see a **girl who** is combing her hair. Es hat sehr schöne und lange Haare. **She** has very long and beautiful hair.

das **Kind,** Kinder *n*
- Im Juni erwarten wir unser drittes **Kind.**

child
- We're expecting our third **child** in June.

➡ Das Kind has a neuter gender in German, even though it may refer to either a boy or a girl.

heißen,
heißt, hieß, hat geheißen *v-irr*
- Er **heißt** Mario.

to be called
- He**'s called** Mario.

der **Name,** Namen *n*
- Könnten Sie bitte Ihren **Namen** buchstabieren?

name
- Could you spell your **name,** please?

der **Familienname,** Familiennamen *n*	**surname**
▪ Wie ist der **Familienname** deiner Mutter?	▪ What's your mother's **surname**?
der **Nachname,** Nachnamen *n*	**last name**
▪ Tragen Sie bitte hier Ihren **Nachnamen** ein.	▪ Please enter your **last name** here.
der **Vorname,** Vornamen *n*	**first name**
▪ Wie heißt du mit **Vornamen**?	▪ What's your **first name** ?
ledig *adj*	**single**
▪ Ich bin nicht **ledig**. Mein Mann lebt in Mexiko.	▪ I'm not **single**. My husband lives in Mexico.
verheiratet *adj*	**married**
▪ Seit wann sind Sie **verheiratet**?	▪ Since when have you been **married**?
geschieden *adj*	**divorced**
▪ Peter und Lisa waren verheiratet. Jetzt sind sie **geschieden**.	▪ Peter and Lisa were married. Now they're **divorced**.
getrennt *adj*	**separated**
▪ Ihre Eltern sind **getrennt** und leben in verschiedenen Wohnungen.	▪ Their parents are **separated** and live in different flats.
verwitwet *adj*	**widowed**
▪ Er **ist** seit vielen Jahren **verwitwet**.	▪ He has been **widowed** for many years.
herkommen *v-sep-irr*	**to come from**
▪ Wo **kommen** Sie **her**?	▪ Where **do** you **come from**?
kommen aus *phrase*	**to be from**
▪ Sie **kommt aus** Berlin.	▪ She**'s from** Berlin.
die **Adresse,** Adressen *n*	**address**
der **Wohnort,** Wohnorte *n*	**(place of) residence**
die **Straße,** Straßen *n*	**street**
die **Hausnummer,** Hausnummern *n*	**house number**
die **Telefonnummer,** Telefonnummern *n*	**telephone number**
die **Handynummer,** Handynummern *n*	**mobile number**

Character Traits

der **Charakter** *n* ▪ Er ist ein Mann von **Charakter**.	**character** ▪ He's a man of **character**.
die **Persönlichkeit, Persönlichkeiten** *n* ▪ Um hier zu arbeiten, braucht man eine starke **Persönlichkeit**.	**personality** ▪ You need a strong **personality** to work here.
nett *adj* ▪ Es war sehr **nett** von dir, mir zu helfen.	**kind** ▪ It was very **kind** of you to help me.
freundlich *adj* ▪ Elisabeth begrüßte uns mit einem **freundlichen** Lächeln.	**friendly** ▪ Elisabeth greeted us with a **friendly** smile.
unfreundlich *adj*	**unfriendly**
höflich *adj* ▪ Es war nicht **höflich** von Peter, uns so lange warten zu lassen.	**polite** ▪ It wasn't **polite** of Peter to keep us waiting so long.
unhöflich *adj*	**impolite**
sympathisch *adj* ▪ Ihre Chefin scheint eine sehr **sympathische** Frau zu sein.	**pleasant** ▪ Her boss seems a very **pleasant** woman.
unsympathisch *adj*	**unpleasant**
lieb *adj* ▪ Er wird manchmal wütend, aber er ist ein **lieber** Kerl.	**good** ▪ He loses his temper sometimes but really he's a **good** guy.
brav *adj* ▪ Sei ein **braver** Junge und spiele draußen im Garten.	**good** ▪ Be a **good** boy and play outside in the garden.
faul *adj* ▪ Du würdest nicht glauben, wie **faul** ich sein kann.	**lazy** ▪ You wouldn't believe how **lazy** I can be.
lustig *adj* ▪ Mein neuer Freund ist so **lustig**. Er kennt Hunderte von Witzen.	**funny** ▪ My new boyfriend is so **funny**. He knows hundreds of jokes.

ruhig *adj* ▪ Obwohl er den Test nicht bestanden hat, blieb sein Vater **ruhig**.	**calm** ▪ Even though he hadn't passed the test, his father stayed **calm**.
mutig *adj* ▪ Es war **mutig** von Paul, ins Wasser zu springen, um sie zu retten.	**brave** ▪ It was **brave** of Paul to jump into the water to save her.
feige *adj* ▪ Das war eine **feige** Lüge.	**cowardly** ▪ That was a **cowardly** lie.
ehrlich *adj* ▪ Ich bin froh, dass sie **ehrlich** zu mir war.	**honest** ▪ I'm glad she was **honest** with me.
die **Geduld** *n* ▪ Und dann hat er die **Geduld** verloren und wurde böse.	**patience** ▪ And then he lost his **patience** and became angry.
nervös *adj* ▪ Geh weg! Du machst mich **nervös**.	**nervous** ▪ Go away! You're making me **nervous**.
vorsichtig *adj* ▪ Sei **vorsichtig**, wenn du die Straße überquerst!	**careful** ▪ Be **careful** crossing the street.
unvorsichtig *adj*	**careless**
schlau *adj* ▪ Was für ein **schlaues** Mädchen du doch bist.	**clever** ▪ What a **clever** girl you are.
die **Dummheit**, Dummheiten *n* ▪ Seine **Dummheit** ist unglaublich.	**stupidity** ▪ His **stupidity** is incredible.
dumm *adj* ▪ Es gibt keine **dummen** Fragen, sondern nur **dumme** Antworten.	**stupid** ▪ There are no **stupid** questions, only **stupid** answers.
gewöhnt sein an *phrase* ▪ Ich **bin daran gewöhnt**, früh aufzustehen.	**to be used to** ▪ **I'm used to** getting up early.

Looks

Appearance

das **Aussehen** *n* ▪ Wir wollen dem Zimmer ein neues **Aussehen** verleihen.	**look** ▪ We want to give the room a new **look**.
aussehen *v-sep-irr* ▪ Mein Nachbar ist über 50, **sieht** aber zehn Jahre jünger **aus**.	**to look** ▪ My neighbour is over 50, but he **looks** ten years younger.
hübsch *adj* ▪ Denkst du wirklich, sie ist **hübsch**?	**pretty** ▪ Do you really think she's **pretty**?
attraktiv *adj* ▪ Emma ist das **attraktivste** Mädchen in unserer Klasse.	**attractive** ▪ Emma is the most **attractive** girl in our class.
die **Schönheit** *n* ▪ Jeder bewundert ihre **Schönheit**.	**beauty** ▪ Everybody admires her **beauty**.
schön *adj* ▪ Frau Becker hat zwei **schöne** Kinder.	**beautiful** ▪ Mrs Becker has got two **beautiful** children.
hässlich *adj* ▪ Tim ist **hässlich**, aber er hat eine wundervolle Persönlichkeit.	**ugly** ▪ Tim is **ugly**, but he's got a wonderful personality.
das **Gesicht**, Gesichter *n* ▪ Albert lachte übers ganze **Gesicht**, als er mich sah.	**face** ▪ Albert had a big smile on his **face** when he saw me.
das **Haar**, Haare *n* ▪ Susanna hat lange, schwarze **Haare**.	**hair** ▪ Susanna's got long black **hair**.

➡ Haare is used mostly in the plural in German. Das Haar (singular) usually refers to one single hair.

die **Figur** *n* ▪ Kein Zucker für mich, ich muss auf meine **Figur** achten.	**figure** ▪ No sugar for me, I have to watch my **figure**.
groß *adj* ▪ Monika ist ziemlich **groß** für ihr Alter.	**tall** ▪ Monika is quite **tall** for her age.

klein *adj*	**short; small**
▪ Der **kleine**, dicke Mann sah nicht sehr freundlich aus.	▪ The **short**, fat man didn't look very friendly.
▪ Als Teenager war ich eher **klein** für mein Alter.	▪ When I was a teenager I was rather **small** for my age.
schlank *adj*	**slim**
▪ Benjamin isst nicht viel, weil er **schlank** bleiben möchte.	▪ Benjamin doesn't eat much because he wants to stay **slim**.
dünn *adj*	**thin**
▪ Der Arzt sagte mir, ich bin zu **dünn** und sollte etwas zunehmen.	▪ The doctor told me I was too **thin** and should put on some weight.
dick *adj*	**fat**
▪ Ich sollte mich gesünder ernähren, weil ich langsam **dick** werde.	▪ I should eat more healthily because I'm slowly getting **fat**.
so wie *prep*	**like**
▪ Hannah ist etwas größer, sieht aber genau **so** aus **wie** ihre Mutter.	▪ Hannah is a bit taller but she looks exactly **like** her mother.
die **Frisur, Frisuren** *n*	**haircut**
▪ Du brauchst eine neue **Frisur**.	▪ You need a new **haircut**.
blond *adj*	**fair**
▪ Obwohl Carlos aus Spanien stammt, hat er **blondes** Haar.	▪ Although Carlos is from Spain he's got **fair** hair.
hell *adj*	**fair**
▪ Nordeuropäer haben normalerweise **helle** Haut.	▪ People from northern Europe usually have **fair** skin.
dunkel *adj*	**dark**
▪ Der Manager trug einen **dunklen** Anzug und eine gelbe Krawatte.	▪ The manager was wearing a **dark** suit and yellow tie.

➡ A colour can be described more precisely by adding the prefixes **hell** or **dunkel** to it: **Das Auto ist hellblau. The car is light blue. Das Heft ist dunkelgelb. The book is dark yellow.**

Clothes and Shoes

die **Kleidung,** Kleidungen *n*	**clothes**
▪ Sie verkaufen Jeans, Pullover, Jacken und andere **Kleidung**.	▪ They sell jeans, sweaters, jackets and other **clothes**.

➡ Kleidung is only used very rarely in the plural.

die **Mode,** Moden *n*	**fashion**
▪ Interessieren Sie sich für italienische **Mode**?	▪ Are you interested in Italian **fashion**?
anziehen *v-sep-irr*	**to put on; to dress**
▪ **Zieh** deinen Mantel **an**! Es wird kalt.	▪ **Put** your coat **on**. It's getting cold.
▪ Obwohl er fünf ist, muss seine Mutter ihn immer noch **anziehen**.	▪ Although he's five, his mother still has to **dress** him.
ausziehen *v-sep-irr*	**to take off**
▪ Haben Sie etwas dagegen, wenn ich meine Jacke **ausziehe**?	▪ Do you mind if I **take off** my jacket?
tragen, trägt, trug, hat getragen *v-irr*	**to wear**
▪ Du solltest am Strand Hut und Sonnenbrille **tragen**.	▪ You should **wear** a hat and sunglasses on the beach.
anhaben *v-sep-irr*	**to wear**
▪ Heute **hat** sie ein grünes T-Shirt **an**.	▪ Today she **is wearing** a green T-shirt.
anprobieren *v-sep*	**to try on**
▪ Darf ich diese Hose **anprobieren**?	▪ Can I **try** these trousers **on**?
sich umziehen *v-sep-irr*	**to change**
▪ Wo kann ich **mich umziehen**?	▪ Where can I **change**?
j-m stehen *phrase*	**to suit sb.**
▪ Dunkle Farben **stehen** dir am besten.	▪ Dark colours **suit** you best.
passen *v*	**to fit**
▪ Dieses Kleid **passt** überhaupt nicht.	▪ This dress doesn't **fit** at all.
gut zu etw. passen *phrase*	**to go well**
▪ Diese Krawatte **passt** wirklich **gut zu** Ihrem Hemd.	▪ This tie **goes** really **well** with your shirt.
eng *adj*	**tight**
▪ Dieser Rock ist zu **eng**.	▪ This skirt is too **tight**.

weit *adj* ▪ Diese Jacke ist mir zu **weit**. ▪ Ich liebe es, **weite** Hemden und Hosen zu tragen.	**wide; loose** ▪ This jacket is too **wide** for me. ▪ I love wearing **loose** shirts and trousers.
kurz *adj* ▪ Karen würde nie einen **kurzen** Rock tragen.	**short** ▪ Karen would never wear a **short** skirt.
lang *adj* ▪ Sophie ging in einem **langen** roten Kleid aus.	**long** ▪ Sophie went out in a **long** red dress.
die **Kleidergröße,** Kleidergrößen *n* ▪ Welche **Kleidergröße** tragen Sie?	**size** ▪ What **size** do you take?
der **Mantel,** Mäntel *n*	**coat**
die **Jacke,** Jacken *n*	**jacket**
die **Hose,** Hosen *n*	**(pair of) trousers**
die **Jeans,** Jeans *n f pl*	**(pair of) jeans**
das **T-Shirt,** T-Shirts *n*	**T-shirt**
der **Pullover,** Pullover *n*	**pullover; sweater; jumper**
das **Kleid,** Kleider *n*	**dress**
der **Rock,** Röcke *n*	**skirt**
die **Bluse,** Blusen *n*	**blouse**
das **Hemd,** Hemden *n*	**shirt**
der **Anzug,** Anzüge *n*	**suit**
die **Socke,** Socken *n*	**sock**
der **Schuh,** Schuhe *n*	**shoe**
der **Schlafanzug,** Schlafanzüge *n*	**(pair of) pyjamas**
das **Nachthemd,** Nachthemden *n*	**nightdress**
der **Slip,** Slips *n*	**(pair of) briefs**
die **Unterhose,** Unterhosen *n*	**(pair of) briefs**
der **Badeanzug,** Badeanzüge *n*	**swimsuit**
der **Bikini,** Bikinis *n*	**bikini**
die **Badehose,** Badehosen *n*	**swimming trunks**

Accessories

das **Portemonnaie,** Portemonnaies *n*	**purse**

➡ Other common words for **purse** include **der Geldbeutel**, **die Geldbörse** and **die Brieftasche**.

die **Handtasche,** Handtaschen *n*	**purse**
die **Tasche,** Taschen *n*	**bag**

➡ In the supermarket you can often get a **Tüte** made out of plastic or paper to put your shopping in. If youre using a cloth bag, you can also call it a **Beutel**.

der **Hut,** Hüte *n*	**hat**
die **Mütze,** Mützen *n*	**cap**
der **Handschuh,** Handschuhe *n*	**glove**
der **Regenschirm,** Regenschirme *n*	**umbrella**
der **Ring,** Ringe *n*	**ring**
die **Armbanduhr,** Armbanduhren *n*	**(wrist)watch**
die **Brille,** Brillen *n*	**glasses**
die **Sonnenbrille,** Sonnenbrillen *n*	**sunglasses**
der **Ohrring,** Ohrringe *n*	**earring**
die **Halskette,** Halsketten *n*	**necklace**
das **Armband,** Armbänder *n*	**bracelet**

Social Relationships

Family

die **Familie,** Familien *n*	**family**
die **Eltern** *n m-f pl*	**parents**
die **Mutter,** Mütter *n*	**mother**
der **Vater,** Väter *n*	**father**

➡ In everyday language, Germans call their mothers Mama or Mutti and their fathers Papa or Vati.

der **Sohn,** Söhne *n*	**son**
die **Tochter,** Töchter *n*	**daughter**
der **Bruder,** Brüder *n*	**brother**
die **Schwester,** Schwestern *n*	**sister**
der **Onkel,** Onkel *n*	**uncle**
die **Tante,** Tanten *n*	**aunt**
der **Cousin,** Cousins *n*	**cousin**
die **Cousine,** Cousinen *n*	**cousin**
die **Großeltern** *n m-f pl*	**grandparents**
die **Großmutter,** Großmütter *n*	**grandmother**
der **Großvater,** Großväter *n*	**grandfather**

➡ In everyday language, Germans call their grandfathers Opa and their grandmothers Oma.

die **Geschwister** *n m-f pl*	**brothers and sisters; siblings**
der **Nachwuchs** *n*	**offspring**

➡ The term Nachwuchs can be used both for people and animals.

zusammenleben *v-sep* ■ Sie **leben** alle **zusammen** unter einem Dach.	**to live together** ■ They all **live together** under one roof.
sich kümmern um *phrase* ■ Niemand **kümmert sich um** den alten Mann nebenan.	**to care about** ■ Nobody **cares about** the old man next door.

Partnership and Marriage

die **Liebe** *n* ▪ Glaubst du an die wahre **Liebe**?	**love** ▪ Do you believe in true **love**?
lieben *v* ▪ Ich **liebe** sie, seit ich sie kennengelernt habe.	**to love** ▪ I've **loved** her from the moment I met her.
sich verlieben *v* ▪ Ich **habe mich** noch nie in einen meiner Lehrer **verliebt**.	**to fall in love** ▪ **I've** never **fallen in love** with one of my teachers.
verliebt sein *phrase* ▪ Thomas und Christina **sind** hoffnungslos **verliebt**.	**to be in love** ▪ Thomas and Christina **are** hopelessly **in love**.
der **Hass** *n* ▪ Ich kann ihren **Hass** auf Männer nicht verstehen.	**hatred** ▪ I don't understand her **hatred** of men.
hassen *v* ▪ Ich **hasse** es, wenn er mit seiner Sekretärin ausgeht.	**to hate** ▪ I **hate** it when he's going out with his secretary.
der **Kuss, Küsse** *n* ▪ Anna gab den Kindern einen **Kuss** und schloss die Tür.	**kiss** ▪ Anna gave the children a **kiss** and closed the door.
küssen *v* ▪ Ich **habe** sie nur einmal auf die Wange **geküsst**.	**to kiss** ▪ I **kissed** her only once on the cheek.
die **Umarmung, Umarmungen** *n* ▪ Eine **Umarmung** ist eine herzliche Begrüßung.	**hug** ▪ A **hug** is an affectionate greeting.
sich umarmen *v* ▪ Und dann **umarmten** und küssten wir **uns**.	**to hug** ▪ And then we **hugged** and kissed.
die **Hochzeit, Hochzeiten** *n* ▪ Nicole wird zur **Hochzeit** ein weißes Kleid tragen.	**wedding** ▪ Nicole's going to wear a white dress for her **wedding**.
heiraten *v* ▪ Meine Eltern **heirateten** vor 30 Jahren in London.	**to get married** ▪ My parents **got married** in London 30 years ago.

die **Ehe,** Ehen *n* ▪ Es ist Jennifers zweite **Ehe**.	**marriage** ▪ It's Jennifer's second **marriage**.
der **Ehemann,** Ehemänner *n* ▪ Tim ist ein treuer **Ehemann**.	**husband** ▪ Tim is a faithful **husband**.
die **Ehefrau,** Ehefrauen *n* ▪ Tom ist Lehrer und seine **Ehefrau** ist Architektin.	**wife** ▪ Tom is a teacher, and his **wife** is an architect.
die **Verlobung,** Verlobungen *n* ▪ Maria hat ihre **Verlobung** gelöst.	**engagement** ▪ Maria has broken off her **engagement**.
verlobt sein *phrase* ▪ Schau, mein neuer Ring! Frank und ich **sind** jetzt **verlobt**.	**to be engaged** ▪ Look, my new ring! Frank and I **are engaged** now.
das **Paar,** Paare *n* ▪ Nebenan ist ein **Paar** eingezogen.	**couple** ▪ A **couple** moved in next door.
treu *adj* ▪ Seine Freundin arbeitet meist im Ausland, doch er bleibt ihr **treu**.	**faithful** ▪ His girlfriend works abroad at lot, but he stays **faithful**.
untreu *adj*	**unfaithful**
die **Trennung,** Trennungen *n* ▪ Nach der **Trennung** begann sich Lena besser zu fühlen.	**separation** ▪ After the **separation** Lena began to feel better.
sich trennen *v* ▪ Sie **haben sich getrennt** und lassen sich scheiden.	**to separate** ▪ They **have separated** and are getting divorced.

Friendship and Other Social Contacts

der **Freund,** die **Freundin,** Freunde *n*	**friend**
▪ Zunächst mochten wir uns nicht, aber jetzt ist Tim mein **Freund.**	▪ At first we didn't like each other, but now Tim is my **friend.**

➡ The words Freund and Freundin are also used to translate **boyfriend** and **girlfriend** respectively.

die **Freundschaft,** Freundschaften *n*	**friendship**
▪ Es gibt keine wahre **Freundschaft** ohne Vertrauen.	▪ There is no real **friendship** without trust.
befreundet sein mit j-m *phrase*	**to be friends with**
▪ Ich will nur **mit** ihr **befreundet sein.**	▪ I only want **to be friends with** her.
persönlich *adj*	**personal**
▪ Vaters Unfall war eine **persönliche** Tragödie für unsere Familie.	▪ Father's accident was a **personal** tragedy for our family.
die **Person,** Personen *n*	**person**
▪ Jane ist eine sehr nette **Person.**	▪ Jane is a very nice **person.**
die **Leute** *n m-f pl*	**people**
▪ Manche **Leute** wissen einfach nicht, wie man sich benimmt.	▪ Some **people** just don't know how to behave.
gemeinsam *adv*	**in common**
▪ Habt ihr irgendetwas **gemeinsam**?	▪ Do you have anything **in common**?
der **Nachbar,** die **Nachbarin,** Nachbarn *n*	**neighbour**
▪ Ich hatte noch nie Ärger mit meinem **Nachbarn.**	▪ I've never had any trouble with my **neighbour.**
der **Typ,** Typen *n*	**guy**
▪ Simon sieht wie ein netter **Typ** aus.	▪ Simon looks like a nice **guy.**
das **Treffen,** Treffen *n*	**meeting**
▪ Robert hat nächste Woche ein **Treffen** mit seinen Kunden.	▪ Robert has a **meeting** with his clients next week.
treffen, trifft, traf, hat getroffen *v-irr*	**to meet**
▪ Ich **habe** einen alten Freund **getroffen.**	▪ I **met** an old friend.

der **Gast,** Gäste *n*
- Wir benutzen es als Schlafzimmer, wenn wir **Gäste** haben.

guest
- We use it as a bedroom when we have **guests**.

besuchen *v*
- Wir **besuchen** sie jeden zweiten Tag im Krankenhaus.

to visit
- We **visit** her in hospital every other day.

einladen *v-sep-irr*
- Sie **haben** alle ihre Freunde zur Verlobungsfeier **eingeladen**.

to invite
- They **invited** all their friends to the engagement party.

der **Kontakt,** Kontakte *n*
- Wir waren gute Freunde, aber wir haben den **Kontakt** verloren.

contact
- We were good friends, but we've lost **contact**.

(sich) kennenlernen *v-sep*
- Auf Partys kann man viele interessante Leute **kennenlernen**.

to meet
- You can **meet** a lot of interesting people at parties.

Life Cycle

der **Mensch,** Menschen *n*
- Alle **Menschen** sind gleich erschaffen.
- Der moderne **Mensch** stammt aus Ostafrika.

man; human
- All **men** are created equal.
- Modern **humans** originate in East Africa.

menschlich *adj*
- Das Unglück wurde durch **menschliches** Versagen verursacht.

human
- The disaster was caused by **human** error.

das **Leben,** Leben *n*
- Gibt es **Leben** auf dem Mars?

life
- Is there **life** on Mars?

leben *v*
- Charlotte **lebt** schon seit 15 Jahren in England.

to live
- Charlotte **has been living** in England for 15 years.

die **Geburt,** Geburten *n*
- Wir feierten alle die **Geburt** ihres dritten Kindes.

birth
- We all celebrated the **birth** of her third child.

geboren werden *phrase* ▪ Laura **wurde** 1877 **geboren** und starb 67 Jahre später.	**to be born** ▪ Laura **was born** in 1877 and died 67 years later.
das **Baby, Babys** *n* ▪ Peter ist sieben Jahre alt, Anne ist noch ein **Baby**.	**baby** ▪ Peter is seven years old, Anne is still a **baby**.
jung *adj* ▪ Er ist unser neuer Lehrer? Er sieht zu **jung** aus.	**young** ▪ He's our new teacher? He looks too **young**.
die **Jugend** *n* ▪ Martin verbrachte seine Kindheit und **Jugend** in Indien.	**youth** ▪ Martin spent his childhood and **youth** in India.
jugendlich *adj* ▪ **Jugendliche** Straftäter bereiten der Polizei Schwierigkeiten.	**juvenile** ▪ **Juvenile** offenders cause trouble for the police.
der **Erwachsene,** die **Erwachsene, Erwachsenen** *n m-f* ▪ Alle Kinder müssen von einem **Erwachsenen** begleitet werden.	**adult** ▪ All children must be accompanied by an **adult**.
erwachsen *adj* ▪ Johanna hat eine **erwachsene** Schwester.	**grown-up** ▪ Johanna has a **grown-up** sister.
wachsen, wächst, wuchs, ist gewachsen *v-irr* ▪ Ich **bin** inzwischen zweieinhalb Zentimeter **gewachsen**.	**to grow** ▪ **I've grown** an inch since then.
das **Alter, Alter** *n* ▪ Er verhält sich nicht seinem **Alter** entsprechend.	**age** ▪ He doesn't behave his **age**.
alt *adj* ▪ Im Park sah ich viele **alte** Menschen, die mit Kindern spielten.	**old** ▪ I saw a lot of **old** people playing with children in the park.
... Jahre alt sein *phrase* ▪ Helen **war** erst zwölf **Jahre alt**, als sie nach Deutschland zog.	**to be ... years old** ▪ Helen **was** only twelve **years old** when she moved to Germany.
der **Tod, Tode** *n* ▪ Ich habe keine Angst vor dem **Tod**.	**death** ▪ I'm not scared of **death**.

tot *adj*	**dead**
▪ Ich glaube, diese Pflanze ist **tot**. Hast du sie jemals gegossen?	▪ I think this plant is **dead**. Did you ever water it?
sterben, **stirbt, starb, ist gestorben** *v-irr*	**to die**
▪ Er **starb** mit 42 Jahren an einem Herzinfarkt.	▪ He **died** of a heart attack at the age of 42.
die **Trauer** *n*	**mourning**
▪ Patrick war über ein Jahr lang in tiefer **Trauer**.	▪ Patrick was in deep **mourning** for over a year.
betroffen *adj*	**taken aback**
▪ Simon war ziemlich **betroffen**, als er von ihrem Tod erfuhr.	▪ Simon was pretty **taken aback** when he heard the news of her death.
das **Grab, Gräber** *n*	**grave**
▪ Am Ende der Beerdigung wurde der Sarg ins **Grab** gelassen.	▪ At the end of the funeral the coffin was lowered into the **grave**.
die **Beerdigung, Beerdigungen** *n*	**funeral**
▪ Viele von Bens Freunden waren auf der **Beerdigung**.	▪ Many of Ben's friends were at the **funeral**.
beerdigen *v*	**to bury**
▪ Ihr Mann **wurde** in seiner Heimatstadt **beerdigt**.	▪ Her husband **was buried** in his home town.
der **Witwer, Witwer** *n*	**widower**
▪ Peters Frau starb jung. Er ist fast sein Leben lang **Witwer**.	▪ Peter's wife died young. He's been a **widower** most of his life.
die **Witwe, Witwen** *n*	**widow**
▪ Nach dem Tod ihres Gatten gründete sie ein Forum für **Witwen**.	▪ After her husband's death she founded a forum for **widows**.

Perceptions, Communication and Activities

Thinking and Feeling

Thoughts

der **Gedanke,** Gedanken *n* ▪ Das wollte ich gerade sagen. Kannst du **Gedanken** lesen?	**thought** ▪ That's what I wanted to say. Can you read my **thoughts**?
denken, denkt, dachte, hat gedacht *v-irr* ▪ Woran **denkst** du, wenn du eine rote Rose siehst?	**to think** ▪ What **do you think** of when you see a red rose?
nachdenken *v-sep-irr* ▪ Worüber **denkst** du **nach**?	**to think** ▪ What **are** you **thinking** about?
sich fragen *v* ▪ Ich **frage mich**, was sie als Nächstes tun werden.	**to wonder** ▪ I **wonder** what they'll do next.
die **Erinnerung,** Erinnerungen *n* ▪ Simon hat schöne **Erinnerungen** an seine Kindheit.	**memory** ▪ Simon has pleasant **memories** of his childhood.
(sich) erinnern *v* ▪ Ich kann **mich** nicht an ihren Namen **erinnern**.	**to remember** ▪ I can't **remember** her name.
vergessen, vergisst, vergaß, hat vergessen *v-irr* ▪ Lisa ist böse, weil ihr Mann ihren Hochzeitstag **vergessen hat**.	**to forget** ▪ Lisa is angry because her husband **forgot** their wedding anniversary.
die **Hoffnung,** Hoffnungen *n* ▪ Gibt es irgendeine **Hoffnung,** dass der Hund wieder gesund wird?	**hope** ▪ Is there any **hope** that the dog will recover?
hoffen *v* ▪ Ich **hoffe**, dass Benjamin zur Party kommen kann.	**to hope** ▪ I **hope** Benjamin can come to the party.

scheinen, scheint, schien, hat geschienen *v-irr*	**to seem**
▪ Sophie ist nicht so ruhig, wie sie **scheint**.	▪ Sophie is not as calm as she **seems**.
wahrscheinlich *adj, adv*	**likely; probably**
▪ Es ist sehr **wahrscheinlich**, dass sie das Spiel gewinnen.	▪ It's very **likely** that they'll win the game.
▪ Ich bin nicht sicher, aber **wahrscheinlich** fahren wir am Freitag.	▪ I'm not sure, but we'll **probably** leave on Friday.
möglich *adj*	**possible**
▪ Weitere Regenschauer sind **möglich**, aber nicht wahrscheinlich.	▪ Further showers are **possible** but unlikely.
unmöglich *adj*	**impossible**
▪ Es ist **unmöglich**, schneller als Lichtgeschwindigkeit zu fliegen.	▪ It's **impossible** to fly faster than the speed of light.
vielleicht *adv*	**by any chance; maybe; perhaps**
▪ Hast du **vielleicht** mein grünes T-Shirt gesehen?	▪ Have you seen my green T-shirt **by any chance**?
▪ **Vielleicht** wird uns Kathrin helfen. Fragen wir sie doch!	▪ **Maybe** Kathrin will help us. Let's ask her.
▪ **Vielleicht** hat Carolin einen Tag freigenommen.	▪ **Perhaps** Carolin has taken a day off.
der **Eindruck,** Eindrücke *n*	**impression**
▪ Mein erster **Eindruck** von New York war fantastisch.	▪ My first **impression** of New York was fantastic.
bemerken *v*	**to notice**
▪ David **bemerkte** nicht, dass sie ihn anlächelte.	▪ David didn't **notice** that she smiled at him.
erwarten *v*	**to expect**
▪ Unsere Besucher kamen viel früher an, als wir **erwartet hatten**.	▪ Our visitors arrived much earlier than we **had expected**.

Feelings

das **Gefühl,** Gefühle *n* ▪ Ich habe das **Gefühl**, wir werden beobachtet.	**feeling** ▪ I have the **feeling** we are being watched.
sich fühlen *v* ▪ Wie **fühlst** du **dich**?	**to feel** ▪ How **are** you **feeling**?
die **Freude,** Freuden *n* ▪ Es macht mir sehr viel **Freude**, mit Kindern zu spielen.	**pleasure** ▪ I get a lot of **pleasure** out of playing with children.
erfreut *adj* ▪ **Erfreut**, Sie kennenzulernen!	**pleased** ▪ **Pleased** to meet you!
sich freuen *v* ▪ Amanda **hat sich** sehr über ihre Geschenke **gefreut**.	**to be pleased** ▪ Amanda **was** very **pleased** with her presents.
angenehm *adj* ▪ Diese Rosen haben einen sehr **angenehmen** Duft.	**pleasant** ▪ These roses have a very **pleasant** smell.
unangenehm *adj*	**unpleasant**
das **Glück** *n* ▪ Mit ein bisschen **Glück** wirst du den Test bestehen.	**luck** ▪ With a little bit of **luck** you'll pass the test.
glücklich *adj* ▪ Wir wünschen dir ein langes und **glückliches** Leben.	**happy** ▪ We wish you a long and **happy** life.
unglücklich *adj*	**unhappy**
froh *adj* ▪ Ich bin **froh** zu hören, dass du eine neue Arbeit gefunden hast.	**glad** ▪ I'm **glad** to hear that you've found a new job.
das **Lächeln** *n* ▪ Die Wirtin begrüßte uns mit einem freundlichen **Lächeln**.	**smile** ▪ The landlady welcomed us with a friendly **smile**.
lächeln *v* ▪ Gloria **lächelte** das Baby an und es **lächelte** zurück.	**to smile** ▪ Gloria **smiled** at the baby and it **smiled** back.

das **Lachen** *n*	**laughter**
▪ Die Clowns waren irrsinnig komisch. Wir brüllten vor **Lachen**.	▪ The clowns were hilarious. We roared with **laughter**.
lachen *v*	**to laugh**
▪ Es war so komisch, dass wir **lachen** mussten.	▪ It was so funny that we had to **laugh**.
mögen, mag, mochte, hat gemocht *v-irr*	**to like**
▪ **Magst** du Kartoffelbrei?	▪ Do you **like** mashed potato?
etw. gern tun *phrase*	**to like doing sth.**
▪ Robert **fährt gern** bei lauter Musik mit seinem Auto **herum**.	▪ Robert **likes driving around** in his car listening to loud music.
Lieblings- *n*	**favourite**
▪ Was ist deine **Lieblings**popgruppe?	▪ What's your **favourite** pop group?
nicht leiden können *phrase*	**can't stand**
▪ Ich **kann** es **nicht leiden**, wenn Menschen arrogant sind.	▪ I **can't stand** it when people are arrogant.
die **Überraschung,** Überraschungen *n*	**surprise**
▪ Zu meiner **Überraschung** hatte mein Freund eine Party organisiert.	▪ To my **surprise** my boyfriend had organized a party.
langweilig *adj*	**boring**
▪ In dieser Stadt ist nicht viel los, es ist so **langweilig**.	▪ Nothing much happens in this town, it's so **boring**.
die **Angst,** Ängste *n*	**fear**
▪ Amy hat **Angst** vor Insekten aller Art.	▪ Amy has a **fear** of insects of all kinds.
sich fürchten *v*	**to be afraid**
▪ Es gibt keinen Grund, **sich** vor Spinnen zu **fürchten**.	▪ There's no need to **be afraid** of spiders.
sich Sorgen machen *phrase*	**to worry**
▪ **Mach dir keine Sorgen**! Alles wird gut.	▪ **Don't worry**! Everything will be all right.
weinen *v*	**to cry**
▪ Lydia **weinte**, als ihr Lieblingsschauspieler starb.	▪ Lydia **cried** when her favourite film star died.

traurig *adj*	**sad**
▪ Als wir „Titanic" sahen, wurden wir alle ein wenig **traurig**.	▪ Watching "Titanic" made us all a bit **sad**.
allein *adj*	**alone**
▪ Plötzlich war Sarah ganz **allein** in diesem riesigen Schloss.	▪ Suddenly Sarah was all **alone** in that huge castle.

Sensory Impressions

sehen, sieht, sah, hat gesehen *v-irr*	**to see**
▪ Es war so dunkel, dass wir nichts **sehen** konnten.	▪ It was so dark that we couldn't **see** anything.
nachsehen *v-sep-irr*	**to go and check**
▪ Habe ich den Herd ausgeschaltet? Könntest du **nachsehen**?	▪ Did I turn off the cooker? Could you **go and check**?
schauen *v*	**to look**
▪ Wir wollten nichts kaufen. Wir **schauten** nur.	▪ We didn't want to buy anything. We **were** just **looking**.
anschauen *v-sep*	**to look at**
▪ Wir gingen zum Zeitungskiosk, um uns die Zeitschriften **anzuschauen**.	▪ We went to the newsstand to **look at** the magazines.
der **Blick,** Blicke *n*	**look**
▪ Sie warf mir einen wütenden **Blick** zu, als ich Stefan küsste.	▪ She gave me an angry **look** when I kissed Stefan.
hören *v*	**to hear**
▪ Es war so laut, dass Michael nichts **hören** konnte.	▪ There was so much noise that Michael couldn't **hear** anything.
das **Geräusch,** Geräusche *n*	**sound**
▪ Kevin hörte ein **Geräusch** im Zimmer, sah aber nichts.	▪ Kevin heard a **sound** in the room but he didn't see anything.
der **Lärm** *n*	**noise**
▪ Ich kann nicht schlafen bei all dem **Lärm**.	▪ I can't sleep with all that **noise**.
berühren *v*	**to touch**
▪ Bitte **berühren** Sie nichts, bevor die Polizei kommt.	▪ Do not **touch** anything before the police arrive.

der **Geruch,** Gerüche *n* ■ Ich mag den **Geruch** von Hyazinthen nicht.	**smell** ■ I don't like the **smell** of hyacinths.
riechen, riecht, roch, hat gerochen *v-irr* ■ Wenn Fisch schlecht **riecht**, dann ist er nicht mehr frisch.	**to smell** ■ When fish **smells** bad, it's no longer fresh.
duften *v* ■ Diese Rosen **duften** sehr angenehm.	**to be fragrant** ■ These roses **are** very **fragrant**.
stinken, stinkt, stank, hat gestunken *v-irr* ■ Nach der Party **stank** die ganze Wohnung nach Zigaretten.	**to stink** ■ After the party the whole flat **stank** of cigarettes.

Speaking Situations

Conversations

das **Gespräch,** Gespräche *n* ■ Die Tagung sollte Zeit für private **Gespräche** einräumen.	**conversation** ■ The conference should allow time for private **conversations**.
sprechen, spricht, sprach, hat gesprochen *v-irr* ■ Ich möchte bitte mit dem Manager **sprechen**. ■ Wir müssen über dieses Problem **sprechen**.	**to speak; to talk** ■ I'd like to **speak** to the manager, please. ■ We need to **talk** about this problem.
sagen *v* ■ **Hat** er das wirklich **gesagt**? ■ Ich kann dir nicht **sagen**, wie froh ich bin, dich zu sehen.	**to say; to tell** ■ **Did** he really **say** that? ■ I can't **tell** you how glad I am to see you.
die **Rede,** Reden *n* ■ Gestern Abend hielt der neue Präsident eine eindrucksvolle **Rede**.	**speech** ■ The new president gave an impressive **speech** last night.

reden *v* — **to talk**
- Leonard **redet** immer davon, mir das Geld zurückzuzahlen.
- Leonard**'s** always **talking** about paying me the money back.

die **Erklärung,** Erklärungen *n* — **explanation**
- Die Polizei hat keine **Erklärung** für seine Motive.
- The police have no **explanation** for his motives.

erklären *v* — **to explain**
- Kannst du mir **erklären**, was dieses Wort bedeutet?
- Can you **explain** to me what this word means?

erzählen *v* — **to tell**
- Nicole **erzählt** ihren Kindern eine Geschichte.
- Nicole is **telling** her children a story.

rufen, ruft, rief, hat gerufen *v-irr* — **to call**
- Martin **rief** ihren Namen, aber sie hörte ihn nicht.
- Martin **called** her name but she didn't hear him.

das **Schweigen** *n* — **silence**
- Ich traute mich nicht, das **Schweigen** zu brechen.
- I didn't dare break the **silence**.

schweigen, schweigt, schwieg, hat geschwiegen *v-irr* — **to remain silent**
- Sie haben das Recht zu **schweigen**.
- You have the right **to remain silent**.

still *adj* — **quiet**
- Seid **still**! Ich versuche mich zu konzentrieren.
- Be **quiet**! I'm trying to concentrate.

Questions, Requests and Answers

die **Frage,** Fragen *n*	**question**
▪ Ich habe ihn gefragt, aber er hat meine **Frage** nicht beantwortet.	▪ I asked him but he didn't answer my **question**.
fragen *v*	**to ask**
▪ Michael **fragte** mich, ob ich einen Spaziergang machen wolle.	▪ Michael **asked** me if I wanted to go for a walk.
bitten, bittet, bat, hat gebeten *v-irr*	**to ask**
▪ Mein Bruder **bat** mich, seine CDs zurückzugeben.	▪ My brother **asked** me to return his CDs.
die **Antwort,** Antworten *n*	**answer; reply**
▪ Wenn Sie mich fragen, ist die **Antwort** Ja.	▪ If you're asking me, the **answer** is yes.
▪ Jan hatte vom Schulleiter persönlich eine **Antwort** erhalten.	▪ Jan got a **reply** from the head teacher himself.
antworten *v*	**to answer; to reply**
▪ Der Polizist hat zweimal gefragt, aber er **hat** nicht **geantwortet**.	▪ The policeman asked twice, but he didn't **answer**.
▪ Er hat eine E-Mail geschickt und sie **haben** sofort **geantwortet**.	▪ He sent an e-mail, and they **replied** immediately.
beantworten *v*	**to answer**
▪ **Haben** Sie alle Fragen auf dem Formular **beantwortet**?	▪ Did you **answer** all the questions on the form?
ja *adv*	**yes**
▪ Sind Sie Australier? – **Ja.**	▪ Are you Australian? – **Yes,** I am.
doch *adv*	**yes**
▪ Sie ist nicht 80 Jahre alt. – Oh **doch,** sie ist 80.	▪ She's not 80 years old. – Oh **yes,** she is 80.

➡ The word **doch** is used in German when answering a negative question with **yes.**

nein *adv*	**no**
▪ Wohnen Sie hier? – **Nein.**	▪ Do you live here? – **No,** I don't.
nicht *adv*	**not**
▪ Du bist **nicht** alt genug, um ein Auto zu fahren.	▪ You are **not** old enough to drive a car.

bitte *interj* ▪ Könntest du mir **bitte** die Butter herüberreichen?	**please** ▪ Could you pass me the butter, **please**?
Wie bitte? *interj*	**Pardon?; Sorry?**
Würden Sie bitte ...? *phrase*	**Would you ..., please?**
Würdest du bitte ...? *phrase*	**Would you ..., please?**
danken *v* ▪ Richard **dankte** ihnen für ihre Gastfreundschaft.	**to thank** ▪ Richard **thanked** them for their hospitality.
sich bedanken *v* ▪ Ich möchte **mich** bei dir **bedanken** für alles, was du getan hast.	**to say thank you** ▪ I would like to **say thank you** for everything you've done.
Danke (schön)! *interj*	**Thank you!**
Vielen (herzlichen) Dank! *interj*	**Thank you (very much)!**
Keine Ursache! *interj*	**You're welcome!**

➡ Other ways of saying **You're welcome** in German are **Bitte!**, **Bitte schön!** und **Gern geschehen!**

Entschuldigung. *interj*	**Excuse me.**
Entschuldigung! *interj*	**Sorry!**
wollen, will, wollte, hat gewollt *v-irr* ▪ Tim **wollte** gehen, aber sie baten ihn zu bleiben. ▪ Tut mir leid, ich **wollte** dir nicht wehtun.	**to want; to mean** ▪ Tim **wanted** to leave but they asked him to stay. ▪ Sorry, I didn't **mean** to hurt you.
der **Wunsch, Wünsche** *n* ▪ Sie hat nur einen **Wunsch**: ein erfülltes Leben zu leben.	**wish** ▪ She's only got one **wish**: to live a fulfilled life.
wünschen *v* ▪ Ich **wünsche** dir frohe Weihnachten!	**to wish** ▪ I **wish** you a merry Christmas!
versprechen *v-irr* ▪ Ihre Eltern **haben** ihr ein Auto **versprochen**, wenn sie besteht.	**to promise** ▪ Her parents have **promised** her a car if she passes.

Orders and Prohibitions

der **Befehl,** Befehle *n* ▪ Robert ist daran gewöhnt, **Befehle** zu empfangen.	**order** ▪ Robert is used to receiving **orders**.
befehlen, befiehlt, befahl, hat befohlen *v-irr* ▪ Der Feldwebel **befahl** seinen Männern, disziplinierter zu sein.	**to order** ▪ The sergeant **ordered** his men to be more disciplined.
die **Erlaubnis,** Erlaubnisse *n* ▪ Wir brauchen eine **Erlaubnis**, um in den Park zu fahren.	**permit** ▪ We need a **permit** to enter the park.
erlauben *v* ▪ Der Vermieter **erlaubt** keine Haustiere in der Wohnung.	**to allow** ▪ The landlord doesn't **allow** pets in the flat.
die **Genehmigung,** Genehmigungen *n* ▪ Vor der Landung muss der Pilot die **Genehmigung** einholen.	**permission** ▪ Before landing the pilot has to ask for **permission**.
dürfen, darf, durfte, hat gedurft *v-irr* ▪ Sie **dürfen** hier drinnen nicht rauchen.	**to be allowed to** ▪ You**'re** not **allowed** to smoke in here.
in Ordnung *phrase* ▪ Alles ist **in Ordnung**. Wir können jetzt nach Hause gehen.	**all right** ▪ Everything is **all right**. We can go home now.
das **Verbot,** Verbote *n* ▪ Die Aktivisten forderten ein **Verbot** von Motorfahrzeugen.	**ban** ▪ The activists demanded a **ban** on motor vehicles.
verbieten *v-irr* ▪ Abfall herumliegen zu lassen, **ist** hier strengstens **verboten**.	**to prohibit** ▪ Dropping litter **is** strictly **prohibited** here.
hindern *v* ▪ Wir **wurden** daran **gehindert**, unsere Reise fortzusetzen.	**to prevent** ▪ We **were prevented** from continuing our journey.

Discussions and Agreements

die **Diskussion,** Diskussionen *n* ▪ Ich habe eine interessante **Diskussion** über neue Gesetze gesehen.	**discussion** ▪ I watched an interesting **discussion** about some new laws.
diskutieren *v* ▪ Die Gäste **werden** über das Problem der Drogensucht **diskutieren.**	**to discuss** ▪ The guests **will discuss** the problem of drug addiction.
die **Meinung,** Meinungen *n* ▪ Meiner **Meinung** nach sind ihre Bücher langweilig.	**opinion** ▪ In my **opinion** her books are boring.
meinen *v* ▪ **Meinen** Sie mich? – Ja, ich **meine** Sie.	**to mean** ▪ Do you **mean** me? – Yes, I **mean** you.
der **Rat** *n* ▪ Ich möchte dir einen guten **Rat** geben.	**advice** ▪ Let me give you a piece of good **advice.**
die **Empfehlung,** Empfehlungen *n* ▪ Jack ignorierte meine **Empfehlung,** mit dem Rauchen aufzuhören.	**recommendation** ▪ Jack ignored my **recommendation** to stop smoking.
die **Einigung,** Einigungen *n* ▪ Sie kamen zu einer **Einigung** über den Schutz der Wale.	**agreement** ▪ They reached an **agreement** on protecting whales.
einverstanden sein *phrase* ▪ Ich **bin einverstanden,** dass etwas getan werden muss.	**to agree** ▪ I **agree** with you that something must be done.
Einverstanden! *interj*	**Okay!**
In Ordnung! *interj*	**Okay!**
akzeptieren *v* ▪ Ich habe Phillipp gesagt, wir **würden** seinen Vorschlag **akzeptieren.**	**to accept** ▪ I told Phillipp we**'d accept** his proposal.
überzeugen *v* ▪ Er **überzeugte** mich nicht, dass er der Richtige dafür ist.	**to convince** ▪ He didn't **convince** me that he is the right man for it.
recht haben *phrase* ▪ Peter ist so ein Besserwisser. Er muss immer **recht haben.**	**to be right** ▪ Peter is such a know-all. He always has to **be right.**

unrecht haben *phrase* — **to be wrong**
- Ich denke, dieses Mal **hast** du **unrecht**. Sie ist älter als ich. — I think this time you**'re wrong**. She is older than me.

klar *adj* — **clear**
- Eines ist **klar**: Er starb nicht infolge eines Kampfes. — One thing is **clear**: he did not die as the result of a fight.

genau *adj* — **exact**
- Der Junge führte die Polizei an **genau** die Stelle. — The boy led the police to the **exact** spot.

wichtig *adj* — **important**
- Eine gute Ernährung ist **wichtig**, wenn man gesund bleiben möchte. — A good diet is **important** if you want to stay healthy.

unwichtig *adj* — **unimportant**

die **Kritik, Kritiken** *n* — **criticism**
- Ein Politiker muss offen für **Kritik** sein. — A politician must be open to **criticism**.

kritisieren *v* — **to criticize**
- Jeder hat das Recht, die Regierung zu **kritisieren**. — Everybody has the right to **criticize** the government.

das heißt *phrase* — **that is to say**
- Wir müssen Geld sparen. **Das heißt**, wir müssen weniger ausgeben. — We need to save money. **That is to say**, we need to spend less.

zum Beispiel *phrase* — **for example**
- In Australien gibt es viele Tiere, **zum Beispiel** das Känguru. — There are many animals in Australia, **for example** the kangaroo.

gegen *prep* — **against**
- Karl ist **gegen** jede Art von Gewalt. — Karl is **against** violence of any kind.

Conflicts

der **Streit,** Streite *n*	**argument**
▪ Sie hatten einen **Streit** über sein ständiges Fremdgehen.	▪ They got into an **argument** about his constantly two-timing her.
streiten, streitet, stritt, hat gestritten *v-irr*	**to argue**
▪ Sie **streiten** darüber, welches Programm sie anschauen wollen.	▪ They **are arguing** about which programme they want to watch.
die **Wut** *n*	**rage**
▪ Papa geriet in heftige **Wut**, als er das zerbrochene Fenster sah.	▪ Dad flew into a **rage** when he saw the broken window.
wütend *adj*	**angry**
▪ Ich werde **wütend**, wenn du mir nicht zuhörst!	▪ I'll be **angry** if you don't listen to me.
der **Zorn** *n*	**wrath**
▪ Er fürchtete sich vor dem **Zorn** seines Bruders.	▪ He feared the **wrath** of his brother.
zornig *adj*	**angry**
▪ Mein Fahrlehrer wird sehr **zornig**, wenn ich wieder zu spät komme.	▪ My driving instructor will be very **angry** if I'm late again.
der **Ärger** *n*	**trouble**
▪ Im Winter habe ich oft **Ärger** mit meinem Wagen.	▪ In winter I often have **trouble** with my car.
ärgerlich *adj*	**annoying**
▪ Es ist wirklich **ärgerlich**, dass du dein Handy verloren hast.	▪ It's really **annoying** that you've lost your mobile.
verärgert *adj*	**upset**
▪ Gina war wirklich **verärgert** über die Entscheidung der Jury.	▪ Gina was really **upset** about the decision of the jury.
sich aufregen *v-sep*	**to get upset**
▪ Paula **hat sich** sehr **aufgeregt**, als sie die Nachricht erfuhr.	▪ Paula **got** very **upset** when she heard the news.
schreien, schreit, schrie, hat geschrien *v-irr*	**to shout**
▪ Es gibt keinen Grund zu **schreien**. Ich bin nicht taub.	▪ There's no need to **shout**. I'm not deaf.

sauer *adj* ▪ Wir waren wirklich **sauer** auf ihn, als er uns das sagte.	**annoyed** ▪ We got really **annoyed** with him when he told us that.
stören *v* ▪ Es **stört** mich wirklich, dass sie immer vor unserem Haus parken. ▪ **Störe** sie nicht, wenn sie arbeitet.	**to bother; to disturb** ▪ It really **bothers** me that they always park in front of our house. ▪ Don't **disturb** her when she's working.
sich beschweren *v* ▪ Unsere Nachbarn sind häufig laut, aber wir **beschweren uns** nicht.	**to complain** ▪ Our neighbours are often noisy, but we don't **complain**.
j-m etw. übel nehmen *phrase* ▪ Ich kann es ihm nicht **übel nehmen**. Er ist jung und unerfahren.	**to hold sth. against sb.** ▪ I can't **hold** it **against** him. He's young and inexperienced.

Greeting and Taking Leave

Hallo! *interj*	**Hello!; Hi!**
Guten Tag! *interj*	**Good afternoon!**

➡ You can often hear different greetings being used in different parts of Germany, or in Austria and Switzerland: **Grüß Gott!**, **Servus** (in Southern Germany/Austria), **Grüezi** (in Switzerland) and **Moin, Moin!** (in Northern Germany) are often used instead of **Guten Tag!** or **Hallo!**

Guten Morgen! *interj*	**Good morning!**
Guten Abend! *interj*	**Good evening!**
Gute Nacht! *interj*	**Good night!**
Auf Wiedersehen!; Auf Wiederluege! *CH interj*	**Goodbye!**
Tschüss! *interj*	**Bye!**

➡ When saying goodbye in German you can choose between the following: **(Auf) Wiedersehen!** (polite and neutral), **Tschüs(s)!** (among friends) or **Bis bald!** (neutral).

Bis dann! *interj*	**See you!**
Bis später! *interj*	**See you later!**
Bis morgen! *interj*	**Till tomorrow!**

Willkommen! *interj*	**Welcome!**
Herein! *interj*	**Come in!**
Sehr erfreut! *interj*	**Nice to meet you.**
Schönen Tag! *interj*	**Have a nice day!**

Common Phrases

Wie geht es Ihnen? *phrase*	**How are you?**
Wie geht es dir? *phrase*	**How are you?**
Wie geht's? *phrase*	**How are you?**
Danke, gut. *phrase*	**Fine, thank you.**
Möchten Sie ...? *phrase*	**Would you like to ...?**
Möchtest du ...? *phrase*	**Would you like to ...?**
Könnten Sie ... ? *phrase*	**Could you ... ?**
Könntest du ... ? *phrase*	**Could you ... ?**
Kann ich Ihnen helfen? *phrase*	**Can I help you?**
Kann ich dir helfen? *phrase*	**Can I help you?**
Nehmen Sie doch bitte Platz! *phrase*	**Have a seat, please.**
Bedienen Sie sich! *phrase*	**Please, help yourself.**
Bedien dich! *phrase*	**Please, help yourself.**
Ja, gern. *phrase*	**Yes, please.**
Hoffentlich! *interj*	**Hopefully!**
Alles klar! *interj*	**All right.**
Was ist los? *phrase*	**What's the matter?**
Das macht nichts. *phrase*	**That doesn't matter.**

Actions and Behaviour

General Activities

tun, tut, tat, hat getan *v-irr*	**to do**
▪ Ich habe heute Morgen viel zu **tun**.	▪ I've got a lot of things to **do** this morning.
machen *v*	**to do; to make**
▪ Was **machst** du gerade? – Ich mache das Frühstück.	▪ What **are** you **doing**? – I'm making breakfast.
▪ **Hast** du dieses Kleid selbst **gemacht**?	▪ **Did** you **make** that dress yourself?

➡ The verb tun is often combined with adjectives to form phrases: Das tut weh. **That hurts.** Das tut gut. **That feels good.** Otherwise, the verb machen is generally the more common way of expressing **to do** in German: Ich mache meine Hausaufgaben. **I'm doing my homework.**

die **Sache,** Sachen *n*	**matter; thing**
▪ Könntest du mir in dieser **Sache** irgendeinen Rat geben?	▪ Could you give me any advice on this **matter**?
▪ Lisa sammelte ihre **Sachen** auf und verließ das Zimmer.	▪ Lisa gathered up her **things** and left the room.
das **Ding,** Dinge *n*	**thing**
▪ Ich betrat das Kaufhaus, um ein paar **Dinge** zu kaufen.	▪ I went into the department store to buy a few **things**.
die **Tätigkeit,** Tätigkeiten *n*	**activity**
▪ Vielen Menschen in Altersheimen gibt man keine **Tätigkeiten**.	▪ Many people in retirement homes don't do any kind of **activity**.
der **Gebrauch** *n*	**use**
▪ Der **Gebrauch** von elektrischen Geräten aller Art ist verboten.	▪ The **use** of any kind of electrical device is prohibited.
brauchen *v*	**to need**
▪ Um das Haus zu streichen, **brauchst** du Farbe und eine Leiter.	▪ To paint the house you will **need** paint and a ladder.
benutzen *v*	**to use**
▪ Katrina **benutzt** einen Computer für ihre gesamte Korrespondenz.	▪ Katrina **uses** a computer for all her correspondence.
legen *v*	**to put**
▪ Will **legte** sich den Schal um den Hals.	▪ Will **put** the scarf round his neck.

stellen *v*	**to put**
▪ **Stell** die Bücher zurück in den Bücherschrank!	▪ **Put** the books back in the bookcase.
tragen, trägt, trug, hat getragen *v-irr*	**to carry**
▪ Sie müssen ihr Gepäck selbst **tragen**.	▪ You have to **carry** your luggage yourself.
halten, hält, hielt, hat gehalten *v-irr*	**to hold**
▪ Könntest du bitte meine Tasche einen Moment lang **halten**?	▪ Could you **hold** my bag for a moment, please?
ziehen, zieht, zog, hat gezogen *v-irr*	**to pull**
▪ Dieser Koffer hat Räder, damit du ihn **ziehen** kannst.	▪ The suitcase has wheels so you can **pull** it.
drücken	**to push**
▪ Schau auf das Schild! Du musst die Tür **drücken**.	▪ Look at the sign. You have to **push** the door.
drehen *v*	**to turn**
▪ Um die Tür fest zu verschließen, **dreh** den Schlüssel zweimal um.	▪ To lock the door securely, **turn** the key twice.
suchen *v*	**to look for**
▪ Ich **suche** meinen Schlüssel, kann ihn aber nicht finden.	▪ I **am looking for** my key, but I can't find it.
finden, findet, fand, hat gefunden *v-irr*	**to find**
▪ Jemand hat die Uhr gefunden, die du **verloren hast**.	▪ Someone **found** the watch you lost.
lassen, lässt, ließ, hat gelassen *v-irr*	**to leave; to let**
▪ Alex **lässt** seinen Wagen oft in der Garage und nimmt das Fahrrad.	▪ Alex often **leaves** his car in the garage and takes his bike.
▪ **Lass** den Hund nicht raus!	▪ Don't **let** the dog out!
entfernen *v*	**to remove**
▪ Es ist nicht leicht, Graffiti von den Wänden zu **entfernen**.	▪ It isn't easy to **remove** graffiti from the walls.
beenden *v*	**to finish; to end**
▪ Ich **habe** meine Arbeit vor einer Stunde **beendet**.	▪ I **finished** my work an hour ago.
▪ Sie hat die Beziehung zu ihrem Freund **beendet**.	▪ She **ended** the relationship with her boyfriend.

fertig *adj* ▪ Mein Aufsatz über den Klimawandel ist fast **fertig**.	**finished** ▪ My essay on climate change is almost **finished**.
sich fertig machen *phrase* ▪ Wir sollten **uns fertig machen**. Der Zug fährt in einer Stunde ab.	**to get ready** ▪ We should **get ready**. The train is leaving in an hour.
schlafen, schläft, schlief, hat geschlafen *v-irr* ▪ Nach einem langen Arbeitstag wollte ich nur noch **schlafen**.	**to sleep** ▪ After a long day at work I only wanted to **sleep**.
ins Bett gehen *phrase* ▪ Ich denke, die Kleine sollte vor acht **ins Bett gehen**.	**to go to bed** ▪ I think the little one should **go to bed** before eight.
müde *adj* ▪ Wenn die Kinder draußen spielen, werden sie später **müde** sein.	**tired** ▪ If the kids play outside, they'll be **tired** later.
wecken *v* ▪ Mein Hund **weckte** mich heute Morgen, weil er Hunger hatte.	**to wake** ▪ My dog **woke** me this morning because he was hungry.
stehen, steht, stand, hat gestanden *v–irr* ▪ Linda **steht** auf dem Bahnsteig und wartet auf den Zug.	**to stand** ▪ Linda **is standing** on the platform and is waiting for the train.
aufstehen *v-sep-irr* ▪ Sie **stand auf**, um zur Arbeit zu gehen.	**to get up** ▪ She **got up** to go to work.
fallen, fällt, fiel, ist gefallen *v-irr* ▪ Das Buch ist auf den Fußboden **gefallen**.	**to fall** ▪ The book has **fallen** on the floor.

Endeavours and Plans

der **Plan,** Pläne *n* ▪ Wir haben für heute Abend noch keine konkreten **Pläne**.	**plan** ▪ We have no definite **plans** for tonight yet.
planen *v* ▪ Lukas **plant**, seinen nächsten Urlaub in Spanien zu verbringen.	**to plan** ▪ Lukas **plans** to spend his next holiday in Spain.
vorhaben *v-sep-irr* ▪ Was **hast** du heute Abend **vor**? Ich weiß es noch nicht.	**to plan** ▪ **Have** you anything **planned** for this evening? I don't know yet.
der **Versuch,** Versuche *n* ▪ Dies ist mein letzter **Versuch**. Wenn das nicht geht, gebe ich auf.	**attempt** ▪ This is my last **attempt**. If it doesn't work I'll give up.
versuchen *v* ▪ Ich glaube nicht, dass du es schaffst, aber du kannst es **versuchen**.	**to try** ▪ I don't think you'll make it, but you can **try**.
sich bemühen *v* ▪ Ich **werde mich** wirklich **bemühen**, pünktlich zu sein.	**to try hard** ▪ I'll really **try hard** to be on time.
vorbereiten *v-sep* ▪ Sarah wird ihm dabei helfen, die Party **vorzubereiten**.	**to prepare** ▪ Sarah is going to help him **prepare** the party.
anstrengend *adj* ▪ Mein Beruf als Kassiererin kann manchmal **anstrengend** sein.	**tiring** ▪ My job as a cashier can be **tiring** at times.
die **Entscheidung,** Entscheidungen *n* ▪ Kommen wir zu einer **Entscheidung**.	**decision** ▪ Let's come to a **decision**.
entscheiden *v-irr* ▪ Ein Tor in der letzten Minute **entschied** das Spiel.	**to decide** ▪ A goal in the last minute **decided** the match.
sich entscheiden *v-irr* ▪ Helen **entschied sich**, ihre Mutter anzurufen.	**to decide** ▪ Helen **decided** to phone her mum.

sicher *adj* ▪ Ich glaube, sie haben geöffnet, aber ich bin nicht **sicher**.	**certain** ▪ I think they are open, but I'm not **certain**.
unsicher *adj*	**uncertain**

Help, Duty and Reliability

die **Hilfe,** Hilfen *n* ▪ Ich brauche deine **Hilfe** in dieser Angelegenheit.	**help** ▪ I need your **help** in this matter.
helfen, hilft, half, hat geholfen *v-irr* ▪ Einige Studenten **helfen** alten Menschen, die allein leben.	**to help** ▪ Some students **help** old people who live alone.
j-m helfen, etw. zu tun *phrase* ▪ Kannst du deiner Schwester **helfen**, den Müll hinauszutragen?	**to help sb. (to) do sth.** ▪ Can you **help** your sister put the rubbish out?
der **Gefallen,** Gefallen *n* ▪ Dürfte ich dich um einen **Gefallen** bitten?	**favour** ▪ Can I ask a **favour** of you?
j-m einen Gefallen tun *phrase* ▪ Würdest du mir **einen Gefallen tun** und mir dein Rad leihen?	**to do sb. a favour** ▪ Would you **do** me **a favour** and lend me your bike?
sich bereit erklären *phrase* ▪ Lauras Eltern **erklärten sich bereit**, ihre Fahrstunden zu bezahlen.	**to agree to do sth.** ▪ Laura's parents **agreed to** pay for her driving lessons.
die **Unterstützung,** Unterstützungen *n* ▪ Diese Wohlfahrtsorganisation braucht finanzielle **Unterstützung**.	**support** ▪ This charity needs financial **support**.
unterstützen *v* ▪ Die Zeitung **unterstützte** offen den Wahlkampf eines Kandidaten.	**to support** ▪ The newspaper openly **supported** one candidate's campaign.

Owning, Giving and Taking

haben, hat, hatte, hat gehabt *v-irr*
- Im Mai **habe** ich immer Heuschnupfen.
- Kevin **hat** viel Geld, aber keine Manieren.

to have; have got
- I always **have** hay fever in May.
- Kevin**'s got** lots of money but no manners.

bekommen *v-irr*
- Philipp **hat** gestern 20 E-Mails zum Geburtstag **bekommen**.

to get
- Philipp **got** 20 e-mails yesterday for his birthday.

der **Besitz,** Besitze *n*
- Johanna verkaufte all ihren **Besitz** und fuhr nach Indien.

property
- Johanna sold all her personal **pro-perty** and went to India.

besitzen *v-irr*
- Sie sind ziemlich wohlhabend. Sie **besitzen** drei Häuser.

to own
- They're fairly wealthy. They **own** three houses.

eigen *adj*
- Meine Großmutter backt ihr **eigenes** Brot.

own
- My grandmother bakes her **own** bread.

behalten *v-irr*
- Du kannst das Buch **behalten**, ich brauche es nicht.

to keep
- You can **keep** the book, I don't need it.

geben, gibt, gab, hat gegeben *v-irr*
- Ich **habe** meinem Nachbarn eine Flasche Wein für seine Hilfe **gegeben**.

to give
- I **gave** my neighbour a bottle of wine for his help.

zurückgeben *v-sep-irr*
- Ich muss diese Bücher bis spätestens Freitag **zurückgeben**.

to return
- I have to **return** these books to the library by Friday.

bringen, bringt, brachte, hat gebracht *v-irr*
- Der Postbote **brachte** heute dieses Paket.

to bring
- The postman **brought** this parcel today.

mitbringen *v-sep-irr*
- Kann ich meinen Freund zur Party **mitbringen**?

to bring
- Can I **bring** my boyfriend to the party?

nehmen, nimmt, nahm, hat genommen *v-irr*	**to take**
▪ Wir **nahmen** ein Taxi zum Flughafen.	▪ We **took** a taxi to the airport.
mitnehmen *v-sep-irr*	**to take**
▪ Ich **nehme** zum Wandern immer mein Schweizer Messer **mit**.	▪ I always **take** my Swiss Army knife when I go hiking.
wegnehmen *v-sep-irr*	**to take**
▪ Wer **hat** meine Schlüssel **weggenommen**?	▪ Who **took** my keys?
holen *v*	**to get**
▪ Könntest du mir eine Flasche Wasser aus der Küche **holen**?	▪ Could you **get** me a bottle of water from the kitchen?
(ver)leihen, leiht, lieh, hat geliehen *v-irr*	**to lend**
▪ Die Bank will mir kein Geld **leihen**, weil ich nicht genug verdiene.	▪ The bank won't **lend** me any money because I don't earn enough.
(sich) ausleihen *v-sep-irr*	**to borrow**
▪ Kann ich **mir** bis morgen dein Fahrrad **ausleihen**?	▪ Can I **borrow** your bike till tomorrow?
erhalten *v-irr*	**to receive**
▪ Ich habe es gestern abgeschickt und Martin **hat** es heute **erhalten**.	▪ I sent it yesterday, and Martin **received** it today.
annehmen *v-sep-irr*	**to accept**
▪ Ich **nehme** Ihre Einladung dankbar **an**.	▪ I gladly **accept** your invitation.

Body and Health

Body Parts and Organs

der **Körper,** Körper *n*	**body**
der **Kopf,** Köpfe *n*	**head**
die **Nase,** Nasen *n*	**nose**
das **Auge,** Augen *n*	**eye**
das **Ohr,** Ohren *n*	**ear**
der **Mund,** Münder *n*	**mouth**
der **Zahn,** Zähne *n*	**tooth**
die **Zunge,** Zungen *n*	**tongue**
der **Hals,** Hälse *n*	**neck; throat**
die **Lippe,** Lippen *n*	**lip**
die **Stirn,** Stirnen *n*	**forehead**
das **Gehirn,** Gehirne *n*	**brain**
die **Brust,** Brüste *n*	**breast; chest**
der **Bauch,** Bäuche *n*	**belly**
der **Rücken,** Rücken *n*	**back**
das **Gesäß,** Gesäße *n*	**bottom; buttocks**
der **Knochen,** Knochen *n*	**bone**
der **Arm,** Arme *n*	**arm**
die **Hand,** Hände *n*	**hand**
der **Finger,** Finger *n*	**finger**
das **Bein,** Beine *n*	**leg**
das **Knie,** Knie *n*	**knee**
der **Fuß,** Füße *n*	**foot**
das **Blut** *n*	**blood**
das **Herz,** Herzen *n*	**heart**

Illness and Physical Impairments

die **Gesundheit** *n*	**health**
▪ Mein Vater ist bei bester **Gesundheit**.	▪ My father is in good **health**.
gesund *adj*	**healthy**
▪ Der Chef wirkt äußerst **gesund** trotz seines Alters.	▪ The boss looks extremely **healthy** despite his age.
gesund werden *phrase*	**to recover**
▪ Emma war gestern krank, **ist** aber schnell wieder **gesund geworden**.	▪ Emma was ill yesterday, but she quickly **recovered**.
gut gehen *phrase*	**to be well**
▪ Mir **geht** es heute nicht **gut**.	▪ **I'm** not very **well** today.
schlecht gehen *phrase*	**to be doing badly**
▪ Nach der Operation **geht** es ihr immer noch sehr **schlecht**.	▪ She **is** still **doing badly** after the operation.
die **Krankheit**, Krankheiten *n*	**illness**
▪ Meine Tante starb nach langer **Krankheit**.	▪ My aunt died after a long **illness**.
krank *adj*	**ill**
▪ Ich war **krank** und musste zwei Wochen im Bett bleiben.	▪ I was **ill** and had to stay in bed for a couple of weeks.
krank werden *phrase*	**to get ill**
▪ Ich bin sehr gesund und **werde** fast nie **krank**.	▪ I'm very healthy and hardly ever **get ill**.
leiden, leidet, litt, hat gelitten *v-irr*	**to suffer**
▪ Michael **leidet** an Multipler Sklerose.	▪ Michael **suffers** from multiple sclerosis.
körperlich *adj*	**physical**
▪ Meine geistigen und **körperlichen** Fähigkeiten wurden getestet.	▪ Both my mental and **physical** abilities were tested.
psychisch *adj*	**mentally**
▪ Er ist von Geburt an **psychisch** krank.	▪ He's been **mentally** ill since he was born.
die **Erkältung**, Erkältungen *n*	**cold**

sich erkälten *v* ■ Niklas **erkältete sich**, weil er stundenlang im kalten Regen stand.	**to catch a cold** ■ Niklas **caught a cold** standing in the cold rain for hours.
der **Husten** *n*	**cough**
husten *v* ■ Wegen der Autoabgase musste ich **husten**.	**to cough** ■ The exhaust fumes made me **cough**.
das **Fieber** *n*	**temperature**
die **Kopfschmerzen** *n m pl*	**headache**
die **Übelkeit** *n*	**sickness**
übel *adj* ■ Leider kann ich heute nicht kommen. Mir ist so **übel**.	**sick to one's stomach** ■ Unfortunately I can't come today. I feel **sick to my stomach**.
schlecht *adj* ■ Mir wird **schlecht**, wenn ich hinten im Auto sitze.	**sick** ■ I feel **sick** when I sit in the back of a car.
der **Schmerz**, Schmerzen *n* ■ Tobias spürte einen **Schmerz** in seinem Rücken, als er den Koffer hob.	**pain** ■ Tobias felt a **pain** in his back when he lifted the suitcase.
schmerzen *v* ■ Meine Schultern **schmerzen**. Könntest du sie massieren?	**to hurt** ■ My shoulders **hurt**. Could you give them a massage?
wehtun *v-sep-irr* ■ Mein Rücken **tut weh**, weil ich im Garten gearbeitet habe.	**to hurt** ■ My back **hurts** from working in the garden.
(sich) verletzen *v* ■ Tom fiel von der Leiter und **verletzte sich** am Bein.	**to hurt** ■ Tom fell off the ladder and **hurt** his leg.
sich brechen, bricht, brach, hat gebrochen *v-irr* ■ Ich **habe mir** beim Handballspielen den Arm **gebrochen**.	**to break** ■ I **broke** my arm playing handball.
die **Wunde**, Wunden *n* ■ Es ist nur eine kleine **Wunde**. Kein Grund zur Panik.	**wound** ■ It's only a small **wound**. No reason to panic.

bluten *v*	**to bleed**
▪ Mein Finger **blutete** stark, nachdem ich mich geschnitten hatte.	▪ My finger **bled** heavily when I cut it.
die **Kraft,** Kräfte *n*	**strength**
▪ Seit Jahren arbeitet Julia daran, ihre **Kraft** aufzubauen.	▪ Julia's been working on building up her **strength** for years.
stark *adj*	**strong**
▪ Ich bin nicht **stark** genug, diesen Koffer zu heben.	▪ I'm not **strong** enough to lift this suitcase.
schwach *adj*	**weak**
▪ Ich fühlte mich **schwach** und müde nach der Wanderung.	▪ I felt **weak** and tired after the hike.
bewusstlos *adj*	**unconscious**
▪ Wie lange war er **bewusstlos**?	▪ How long was he **unconscious**?
in Ohnmacht fallen *phrase*	**to faint**
▪ Barbara **fiel in Ohnmacht**, als man ihr die Nachricht überbrachte.	▪ Barbara **fainted** when they broke the news to her.
der **Schock,** Schocks *n*	**shock**
der **Behinderte,** die **Behinderte,** Behinderten *n m-f*	**disabled person**
▪ Die Toilette ist für **Behinderte** konzipiert.	▪ The toilet is designed to be used by a **disabled person**.
behindert *adj*	**disabled**
▪ Seit einem Autounfall vor einem Jahr ist Lena **behindert**.	▪ Lena has been **disabled** since having a car accident a year ago.
rauchen *v*	**to smoke**
▪ Jonas hat vor zwei Wochen aufgehört zu **rauchen**.	▪ Jonas stopped **smoking** two weeks ago.
betrunken *adj*	**drunk**
▪ Michael war sehr **betrunken**, als er gestern Abend nach Hause kam.	▪ Michael was very **drunk** when he came home last night.

Medical Examinations and Hospital

das **Krankenhaus**, Krankenhäuser *n*	**hospital**
die **Klinik**, Kliniken *n*	**clinic**
der **Patient**, die **Patientin**, Patienten *n*	**patient**
die **Untersuchung**, Untersuchungen *n* ▪ Ich musste mich einer medizinischen **Untersuchung** unterziehen.	**examination** ▪ I had to undergo a medical **examination**.
untersuchen *v* ▪ Dominik **wurde** von einer Ärztin **untersucht**.	**to examine** ▪ Dominik **was examined** by a woman doctor.
die **Behandlung**, Behandlungen *n* ▪ Ich erhielt eine **Behandlung** gegen meine Schwindelanfälle.	**treatment** ▪ I received **treatment** for my dizzy spells.
behandeln *v* ▪ Annas Symptome **wurden** von einem Spezialisten **behandelt**.	**to treat** ▪ Anna's symptoms **were treated** by a specialist.
medizinisch *adj* ▪ Sie darf aus **medizinischen** Gründen keinen Alkohol trinken.	**medical** ▪ She can't drink alcohol for **medical** reasons.
die **Operation**, Operationen *n* ▪ Ich hatte eine **Operation** am Bein.	**operation** ▪ I had an **operation** on my leg.
operieren *v* ▪ Wir müssen Sie leider am Magen **operieren**.	**to operate** ▪ I'm afraid we'll have to **operate** on your stomach.
das **Rezept**, Rezepte *n* ▪ Der Arzt gab Felix ein **Rezept** gegen seinen Husten.	**prescription** ▪ The doctor gave Felix a **prescription** for his cough.
verschreiben *v-irr* ▪ Dieses Medikament **wurde** ihr von ihrem Arzt **verschrieben**.	**to prescribe** ▪ This drug **was prescribed** by her doctor.
die **Sprechstunde**, Sprechstunden *n* ▪ Die **Sprechstunde** ist von 8 bis 13 Uhr.	**surgery hours** ▪ **Surgery hours** are from 8 am to 1 pm.

die **Praxis,** Praxen *n*	**surgery**
die **Medizin** *n*	**medicine**
das **Medikament,** Medikamente *n*	**medication**
die **Tablette,** Tabletten *n*	**pill**

Emergencies

die **Gefahr,** Gefahren *n* ▪ Während und nach dem Erdbeben waren sie in großer **Gefahr**.	**danger** ▪ During and after the earthquake they were in great **danger**.
gefährlich *adj* ▪ Es ist ziemlich **gefährlich**, von dieser Klippe herunterzuspringen.	**dangerous** ▪ It's quite **dangerous** to jump off this cliff.
der **Unfall,** Unfälle *n*	**accident**
der **Brand,** Brände *n*	**blaze**
sich verbrennen *v-irr* ▪ Ich habe **mir** fast die Hand **verbrannt**, als ich es anfasste.	**to burn** ▪ I almost **burnt** my hand when I touched it.
der **Zusammenstoß,** Zusammenstöße *n*	**collision; crash**
zusammenstoßen *v-sep-irr* ▪ Zwei U-Boote **stießen** im Nordatlantik **zusammen**. ▪ Der Personenzug **stieß** mit dem Güterzug **zusammen**.	**to collide; to crash** ▪ Two submarines **collided** in the North Atlantic. ▪ The local train **crashed** into the freight train.
abstürzen *v-sep* ▪ Das Flugzeug **stürzte** gleich nach dem Start **ab**.	**to crash** ▪ The plane **crashed** right after take-off.
retten *v* ▪ Alles Erdenkliche sollte getan werden, um die Gorillas zu **retten**. ▪ Minuten bevor das Schiff sank, **wurde** die Crew **gerettet**.	**to save; to rescue** ▪ Everything imaginable should be done to **save** the gorillas. ▪ The crew **was rescued** minutes before the ship sank.

überleben *v* — **to survive**

- Nur drei Seeleute **überlebten** den Zusammenstoß. — Only three sailors **survived** the collision.

um Hilfe rufen *phrase* — **to call for help**

- Der Junge brach ins Eis ein und seine Freunde **riefen um Hilfe**. — The boy fell through the ice and his friends **called for help**.

Vorsicht! — **Look out!**

- **Vorsicht!** Da kommt ein Auto. — **Look out**! There's a car coming.

➡ In German you shout **Achtung!** or **Vorsicht!** to warn somebody of danger. If it's you who is in need of assistance, then you shout **Hilfe!**

die **Polizei** *n* — **police**

die **Feuerwehr,** Feuerwehren *n* — **fire brigade**

der **Rettungsdienst,** Rettungsdienste *n* — **rescue service**

der **Krankenwagen,** Krankenwagen *n* — **ambulance**

der **Alarm,** Alarme *n* — **alarm**

die **Notrufnummer,** Notrufnummern *n* — **emergency number**

Personal Hygiene

sich waschen *v-irr* — **to wash**

- Simon stand auf, **wusch sich** und verließ eilends das Haus. — Simon got up, **washed** and left the house in a hurry.

duschen *v* — **to have a shower**

- Warum klingelt das Telefon immer dann, wenn ich **dusche**? — Why does the phone always ring when **I'm having a shower**?

baden *v* — **to have a bath**

- Ich **badete** gerade, als der Postbote an der Tür klopfte. — I **was** just **having a bath** when the postman knocked at the door.

abtrocknen *v-sep* — **to dry**

- Gibst du mir bitte das Handtuch? Ich möchte mich **abtrocknen**. — Could you hand me the towel? I want to **dry** myself.

(sich) kämmen *v* ▪ Bitte **kämm** deine Haare, bevor du das Haus verlässt.	**to comb** ▪ Please **comb** your hair before you leave the house.
bürsten *v* ▪ Könntest du deine Haare nicht wenigstens einmal am Tag **bürsten**?	**to brush** ▪ Could you **brush** your hair at least once a day?
Zähne putzen *phrase* ▪ Warum nutzt du nicht die Werbepause, um dir die **Zähne** zu **putzen**?	**to brush one's teeth** ▪ Why don't you use the commercial break to **brush your teeth**?
sich rasieren *v* ▪ Mein Bart wächst schnell. Ich muss **mich** zweimal am Tag **rasieren**.	**to shave** ▪ My beard grows quickly. I have to **shave** twice a day.
das **Shampoo,** Shampoos *n*	**shampoo**
das **Duschgel,** Duschgele *n*	**shower gel**
die **Seife,** Seifen *n*	**soap**
die **Creme,** Cremes *n*	**cream**
der **Kamm,** Kämme *n*	**comb**
die **Haarbürste,** Haarbürsten *n*	**hairbrush**
die **Zahnbürste,** Zahnbürsten *n*	**toothbrush**
die **Zahnpasta,** Zahnpasten *n*	**toothpaste**
der **Rasierapparat,** Rasierapparate *n*	**razor**
das **Taschentuch,** Taschentücher *n*	**handkerchief; tissue**
das **Parfum,** Parfums *n*	**perfume**

Education

Learning

lernen *v*	**to learn; to study**
▪ Ich würde gern Russisch **lernen**, aber ich habe nicht genug Zeit.	▪ I'd love to **learn** Russian, but I don't have enough time.
▪ **Hast** du für deinen Grammatiktest **gelernt**?	▪ **Have** you **studied** for your grammar test?
studieren *v*	**to study**
▪ Annika **hat** Medizin **studiert**.	▪ Annika **studied** medicine.
das **Wissen** *n*	**knowledge**
▪ Meines **Wissens** schreiben wir keinen Test am nächsten Montag.	▪ To my **knowledge**, we don't have a test next Monday.
wissen, weiß, wusste, hat gewusst *v-irr*	**to know**
▪ **Weißt** du etwas über Indianergrabstätten?	▪ Do you **know** anything about Indian burial sites?
verstehen *v-irr*	**to catch; to understand**
▪ Tut mir leid, ich **habe** nicht **verstanden**, was Sie gesagt haben.	▪ Sorry, I didn't **catch** what you said.
▪ **Hast** du **verstanden**, was sie gesagt hat?	▪ **Did** you **understand** what she said?
das **Interesse, Interessen** *n*	**interest**
▪ Die Studenten hörten dem Professor mit **Interesse** zu.	▪ The students listened to the lecturer with **interest**.
interessiert *adj*	**interested**
▪ Ich wäre sehr daran **interessiert**, deine Hausarbeit zu lesen.	▪ I'd be very **interested** to read your assignment.
interessant *adj*	**interesting**
▪ Shilpa belegt einen **interessanten** Kurs.	▪ Shilpa is taking an **interesting** course.
sich interessieren für *phrase*	**to take an interest in**
▪ Plötzlich **interessierte** er **sich für** unsere Diskussion.	▪ He suddenly **took an interest in** our discussion.

der **Kurs,** Kurse *n*	**course**
▪ Nächstes Jahr werde ich einen **Kurs** in Chinesisch belegen.	▪ I'm going to take a **course** in Chinese next year.
die **Lektion,** Lektionen *n*	**lesson**
▪ Die erste **Lektion** ist immer sehr einfach.	▪ The first **lesson** is always very easy.
das **Beispiel,** Beispiele *n*	**example**
▪ Was würden Sie zum **Beispiel** vorschlagen?	▪ What would you suggest, for **example**?
die **Übung,** Übungen *n*	**practice; exercise**
▪ Ich bin völlig außer **Übung**.	▪ I'm totally out of **practice**.
▪ Unsere Lehrerin bat uns, **Übung** 14 als Hausaufgabe zu machen.	▪ Our teacher asked us to do **exercise** 14 for homework.
üben *v*	**to practise**
▪ Wenn du den Wettkampf gewinnen willst, musst du viel **üben**.	▪ If you want to win the competition, you need to **practise** a lot.
wiederholen *v*	**to repeat**
▪ Wenn man die Prüfung nicht besteht, kann man sie **wiederholen**.	▪ If you fail the test, you can **repeat** it.
das **Heft,** Hefte *n*	**exercise book**
▪ Bitte übertragt die Übungen 2 und 4 in euer **Heft**.	▪ Please copy exercises 2 and 4 into your **exercise book**.
die **Seite,** Seiten *n*	**page**
▪ Bitte schlagt eure Bücher auf **Seite** 125 auf.	▪ Please open your books at **page** 125.
richtig *adj*	**correct; right**
▪ Du hast die Sache gut gemacht: neun von zehn Fragen sind **richtig**.	▪ You did a good job: nine out of ten answers are **correct**.
▪ Das ist die **richtige** Antwort.	▪ That's the **right** answer.
falsch *adj*	**wrong**
▪ Ich glaube, ich habe es ganz **falsch** gemacht.	▪ I think I've done it all **wrong**.
der **Fehler,** Fehler *n*	**mistake**
▪ Der Artikel war voller **Fehler**.	▪ The article was full of **mistakes**.
einen Fehler machen *phrase*	**to make a mistake**
▪ **Mach** nie denselben **Fehler** zweimal!	▪ Never **make** the same **mistake** twice.

sich irren *v*	**to be wrong**
■ Nick **irrt sich**. Die Antwort ist 26.	■ Nick **is wrong**. The answer is 26.
die **Prüfung,** Prüfungen *n*	**test; examination**
■ Ihr werdet eine **Prüfung** ablegen müssen, um den Kurs zu bestehen.	■ You'll have to take a **test** to pass the course.
■ Die **Prüfung** in Mathematik beginnt um 9 Uhr.	■ The maths **examination** begins at 9 am.

➡ You can also say **der Test** in German to mean a **test**.

der **Abschluss,** Abschlüsse *n*	**degree**
■ Man muss einen **Abschluss** in Informatik haben.	■ You must have a **degree** in computer science.
das **Zeugnis,** Zeugnisse *n*	**certificate**
■ Sie bekommen ein **Zeugnis,** nachdem Sie den Test bestanden haben.	■ You'll get a **certificate** after you've passed the test.
die **Note,** Noten *n*	**mark**
■ Welche **Note** hast du im letzten Vokabeltest bekommen?	■ What **mark** did you get in the latest vocabulary test?
sich verbessern *v*	**to improve**
■ Glaubst du, mein Deutsch **hat sich verbessert**?	■ Do you think my German **has improved**?
die **Sorgfalt** *n*	**care**
■ Harry macht seine Arbeit mit größter **Sorgfalt**.	■ Harry takes the utmost **care** over his work.
gut *adj*	**good**
■ Mario spricht **gutes** Englisch.	■ Mario speaks **good** English.
besser *adj*	**better**
■ Bernhards Deutsch wäre **besser,** wenn er Deutschland besuchen würde.	■ Bernhard's German would be **better** if he visited Germany.
am besten *adj*	**best**
■ Welches der beiden Bücher gefiel dir **am besten**?	■ Which of the two books did you like **best**?
gut *adv*	**well**
■ Oliver spricht **gut** Deutsch, kann es aber kaum schreiben.	■ Oliver speaks German **well** but he can hardly write it.

schlecht *adj*
- Hast du eine **schlechte** Note für dein Referat bekommen?

bad
- Did you get a **bad** mark on your report?

leicht *adj*
- Deutschen fällt es **leichter**, Englisch zu lernen als Französisch.

easy
- Germans find it **easier** to learn English than French.

einfach *adj*
- Es war ein ziemlich **einfacher** Test.
- Es ist eine **einfache** Frage, aber ich kann sie nicht beantworten.

easy; simple
- It was quite an **easy** test.
- It is a **simple** question, but I can't answer it.

schwer *adj*
- Einige der Prüfungsfragen waren wirklich **schwer**.

hard
- Some of the questions on the exam paper were really **hard**.

schwierig *adj*
- Fangen wir mit einer leichten Frage an, und dann kommt eine **schwierige**.

difficult
- Let's begin with an easy question, and then a **difficult** one.

das **Problem, Probleme** *n*
- Die Fahrprüfung stellte keinerlei **Problem** für mich dar.
- Das ist das **Problem**: Tim will nicht auf die Universität gehen.

problem; trouble
- The driving test didn't pose any **problems** at all.
- That's the **trouble**: Tim doesn't want to go to university.

die **Anmeldung, Anmeldungen** *n*
- Die **Anmeldung** für diesen Kurs ist am 1. März.

registration
- **Registration** for this course is on March 1st.

sich anmelden *v-sep*
- Wo **meldet** man **sich** für den Kurs **an**?

to register
- Where do you **register** for the course?

besuchen *v*
- Welche Universität **haben** Sie **besucht**?

to attend
- Which university did you **attend**?

anwesend *adj*
- Nur fünf von 15 Personen waren **anwesend**.

present
- Only five out of 15 people were **present**.

abwesend *adj*
- Kein einziger meiner Studenten war heute **abwesend**.

absent
- Not a single one of my students was **absent** today.

fehlen *v*
- Anne ist eine der Studentinnen, die regelmäßig **fehlen**.

to be absent
- Anne is one of the students who **are** regularly **absent**.

Language

das **Alphabet,** Alphabete *n*
- Was ist der 17. Buchstabe des **Alphabets**?

alphabet
- What's the 17th letter of the **alphabet**?

der **Buchstabe,** Buchstaben *n*
- Das deutsche Alphabet hat 30 **Buchstaben**.

letter
- The German alphabet has 30 **letters**.

buchstabieren *v*
- Wie **buchstabiert** man Diarrhö?

to spell
- How do you **spell** diarrhoea?

das **Wort,** Wörter *n*
- Mir fiel das französische **Wort** dafür nicht ein.

word
- I couldn't think of the French **word** for it.

der **Satz,** Sätze *n*
- Bitte beantworten Sie die Fragen in vollständigen **Sätzen**.

sentence
- Please answer the questions using complete **sentences**.

die **Grammatik,** Grammatiken *n*
- Martin hat drei Bücher über deutsche **Grammatik** geschrieben.

grammar
- Martin's written three books on German **grammar**.

das **Substantiv,** Substantive *n*
- Vorschlag ist ein **Substantiv**, vorschlagen ist ein Verb.

noun
- Suggestion is a **noun**, to suggest is a verb.

das **Adjektiv,** Adjektive *n*
- Ich mag seinen Stil nicht, er benutzt viel zu viele **Adjektive**.

adjective
- I don't like his style, he uses far too many **adjectives**.

das **Adverb,** Adverbien *n*
- Unnötigerweise ist das **Adverb** und unnötig das Adjektiv.

adverb
- Unnecessarily is the **adverb** and unnecessary is the adjective.

das **Verb,** Verben *n*
- Das **Verb** ist das wichtigste Wort in einem Satz.

verb
- The **verb** is the most important word in a sentence.

der **Singular,** Singulare *n*	**singular**
▪ Ich frage mich, wie das Wort Medien im **Singular** heißt.	▪ I wonder what the word media is in the **singular**.
der **Plural,** Plurale *n*	**plural**
▪ Es gibt keinen **Plural** für das englische Wort Information.	▪ There's no **plural** for the English word information.
die **Bedeutung,** Bedeutungen *n*	**meaning**
▪ Ich weiß nicht, ob ich die **Bedeutung** von all dem verstehe.	▪ I don't know if I understand the **meaning** of all this.
bedeuten *v*	**to mean**
▪ Was **bedeutet** das Wort Tautologie?	▪ What does the word tautology **mean**?
die **Übersetzung,** Übersetzungen *n*	**translation**
▪ Der Roman ist toll, aber die **Übersetzung** ist miserabel.	▪ The novel is great but the **translation** is lousy.
übersetzen *v*	**to translate**
▪ Thomas **übersetzte** den Roman ins Schwedische.	▪ Thomas **translated** the novel into Swedish.
das **Wörterbuch,** Wörterbücher *n*	**dictionary**
▪ Frank konnte den Artikel nicht ohne ein **Wörterbuch** verstehen.	▪ Frank wasn't able to understand the article without a **dictionary**.
die **Sprache,** Sprachen *n*	**language**
▪ Christina spricht fünf **Sprachen**.	▪ Christina speaks five **languages**.
die **Muttersprache,** Muttersprachen *n*	**native language; mother tongue; first language**
▪ Meine **Muttersprache** ist Chinesisch.	▪ My **native language** is Chinese.
▪ Für die Mehrzahl der Amerikaner ist Englisch die **Muttersprache**.	▪ For the majority of Americans, English is their **mother tongue**.
▪ Obwohl Karl Deutscher ist, ist seine **Muttersprache** nicht Deutsch.	▪ Although Karl is German, his **first language** is not German.
die **Fremdsprache,** Fremdsprachen *n*	**foreign language**
▪ Ute unterrichtet Deutsch als **Fremdsprache**.	▪ Ute teaches German as a **foreign language**.
die **Aussprache,** Aussprachen *n*	**pronunciation**
▪ Ihr Deutsch ist gut, aber Ihre **Aussprache** muss man verbessern.	▪ Your German is good, but your **pronunciation** needs improving.

aussprechen *v-sep-irr*	**to pronounce**
▪ Wie **spricht** man dieses Wort **aus**?	▪ How do you **pronounce** this word?

School, University and Training

die **Schule, Schulen** *n*	**school**
▪ Die Kinder sind momentan in der **Schule**.	▪ The children are at **school** at the moment.
der **Schüler,** die **Schülerin, Schüler** *n*	**pupil**
▪ Wegen des warmen Wetters wurden die **Schüler** nach Hause geschickt.	▪ The **pupils** were sent home because of the hot weather.
der **Student,** die **Studentin, Studenten** *n*	**student**
▪ Ich habe 32 **Studenten** in meinem Geografiekurs.	▪ I've got 32 **students** in my geography course.

➡ **Student** and **Studentin** are only used in German to refer to a person who is matriculated at a university or college. Young people attending school are referred to as **Schüler** and **Schülerinnen**.

der **Unterricht, Unterrichte** *n*	**classes**
▪ Der **Unterricht** beginnt um 8.30 Uhr.	▪ **Classes** begin at 8:30 in the morning.
die **Unterrichtsstunde, Unterrichtsstunden** *n*	**lesson**
▪ An unserer Schule dauert eine **Unterrichtsstunde** 60 Minuten.	▪ At our school a **lesson** lasts for 60 minutes.
unterrichten *v*	**to teach**
▪ Wie viele Klassen **unterrichten** Sie?	▪ How many classes do you **teach**?
die **Klasse, Klassen** *n*	**class**
▪ Wir haben nur sieben Mädchen in unserer **Klasse**.	▪ We've got only seven girls in our **class**.
das **Klassenzimmer, Klassenzimmer** *n*	**classroom**
▪ Mein **Klassenzimmer** ist im zweiten Stock.	▪ My **classroom** is on the second floor.

das **Fach,** Fächer *n*	**subject**
▪ Welche **Fächer** unterrichten Sie?	▪ Which **subjects** do you teach?
der **Stundenplan,** Stundenpläne *n*	**timetable**
▪ Geografie ist die erste Stunde auf unserem **Stundenplan**.	▪ Geography is the first lesson on our **timetable**.
die **Pause,** Pausen *n*	**break**
▪ Wir nutzen die **Pause** zum Spielen.	▪ We use the **break** to play.
die **Hausaufgaben** *n f pl*	**homework**
▪ Paul macht nie **Hausaufgaben**, aber ist der Klassenbeste.	▪ Paul never does any **homework** but he's top of his class.
die **Universität,** Universitäten *n*	**university**
▪ Mark hat einen Abschluss in Biologie der **Universität** von Exeter.	▪ Mark has a degree in biology from the **University** of Exeter.
die **Hochschule,** Hochschulen *n*	**college**
▪ Wenn ich erwachsen bin, will ich auch zur **Hochschule** gehen.	▪ When I grow up I want to go to **college** too.
das **Studium,** Studien *n*	**studies**
▪ Sie hat ihr gesamtes **Studium** in Kanada absolviert.	▪ She did all her **studies** in Canada.
die **Ausbildung,** Ausbildungen *n*	**education**
▪ Seine **Ausbildung** kostete 40.000 Euro.	▪ His **education** cost EUR 40,000.
ausbilden *v-sep*	**to educate**
▪ Melanie **wurde** an einer amerikanischen Universität **ausgebildet**.	▪ Melanie **was educated** at an American university.
der **Kindergarten,** Kindergärten *n*	**nursery (school)**
▪ Ich habe eine Schwester, die noch in den **Kindergarten** geht.	▪ I've got a sister who is still at **nursery school**.

Career

Professional Life

der **Beruf,** Berufe *n*	**profession**
▪ Es ist an der Zeit, dass ich den **Beruf** wechsele.	▪ It's about time I changed my **profession**.
die **Arbeit** *n*	**work; job**
▪ Ich habe im Moment so viel **Arbeit**.	▪ I've got so much **work** to do at the moment.
▪ Warum suchst du dir keine neue **Arbeit**?	▪ Why don't you find yourself a new **job**?
die **Stelle,** Stellen *n*	**job**
▪ Ich suche eine **Stelle** mit besserer Bezahlung.	▪ I'm looking for a **job** with better pay.
der **Job,** Jobs *n*	**job**
▪ Ich suche einen neuen **Job**, weil meine Fabrik schließt.	▪ I'm looking for a new **job** because my factory is closing down.
der **Arbeitsplatz,** Arbeitsplätze *n*	**post**
▪ Ich werde bald meinen neuen **Arbeitsplatz** als Mechaniker antreten.	▪ I'm going to take up my new **post** as a mechanic soon.
arbeiten *v*	**to work**
▪ Am Wochenende **arbeitet** Connor in einem Nachtclub.	▪ Connor **works** in a night club at the weekend.
arbeiten als *phrase*	**work as**
▪ Ich habe eine Ausbildung als Krankenschwester, aber ich **arbeite als** Sekretärin.	▪ I trained to be a nurse, but I **work as** a secretary.
zur Arbeit gehen *phrase*	**to go to work**
▪ Normalerweise **gehe** ich um 8 Uhr morgens **zur Arbeit**.	▪ I usually **go to work** at 8 in the morning.
beschäftigt *adj*	**busy**
▪ Ich bin sehr **beschäftigt** und kann mich nicht mit dir treffen.	▪ I'm very **busy** and won't be able to see you.

leiten *v* ▪ Herr Peters **leitet** diese Abteilung.	**to run** ▪ Mr Peters **is running** this department.
verantwortlich *adj* ▪ Niklas wurde für den Ausfall der Maschine **verantwortlich** gemacht.	**responsible** ▪ Niklas was held **responsible** for the breakdown of the machine.
sich qualifizieren *v* ▪ Claudia **hat sich** als Computerspezialistin **qualifiziert**.	**to qualify** ▪ Claudia**'s qualified** as a computer specialist.
das **Personal** *n*	**staff**
der **Kollege,** die **Kollegin,** Kollegen *n*	**colleague; co-worker**
der **Mitarbeiter,** die **Mitarbeiterin,** Mitarbeiter *n*	**collaborator**
der **Chef,** die **Chefin,** Chefs *n*	**boss**
die **Geschäftsleitung,** Geschäftsleitungen *n*	**management**
die **Abteilung,** Abteilungen *n*	**department**
das **Team,** Teams *n*	**team**

Occupations

der **Geschäftsführer,** die **Geschäftsführerin,** Geschäftsführer *n*	**manager**

➡ Unlike in English, in German the indefinite article is not used when talking about a person's profession, e.g. **Mark is a teacher.** Mark ist Lehrer. or **Julia is a police officer.** Julia ist Polizistin.

der **Sekretär,** die **Sekretärin,** Sekretäre *n*	**secretary**
der **Hausmann,** Hausmänner *n*	**house husband**
die **Hausfrau,** Hausfrauen *n*	**housewife**
der **Verkäufer,** die **Verkäuferin,** Verkäufer *n*	**shop assistant**

der **Assistent,** die **Assistentin,** Assistenten *n*	**assistant**
der **Mechaniker,** die **Mechanikerin,** Mechaniker *n*	**mechanic**
der **Handwerker,** die **Handwerkerin,** Handwerker *n*	**tradesman**
der **Bäcker,** die **Bäckerin,** Bäcker *n*	**baker**
der **Metzger,** die **Metzgerin,** Metzger *n*	**butcher**
der **Friseur,** die **Friseurin,** Friseure *n*	**hairdresser**
der **Polizist,** die **Polizistin,** Polizisten *n*	**policeman; policewoman**
der **Lehrer,** die **Lehrerin,** Lehrer *n*	**teacher**
der **Professor,** die **Professorin,** Professoren *n*	**professor**
der **Anwalt,** die **Anwältin,** Anwälte *n*	**lawyer**
der **Arzt,** die **Ärztin,** Ärzte *n*	**doctor**
der **Zahnarzt,** die **Zahnärztin,** Zahnärzte *n*	**dentist**
der **Apotheker,** die **Apothekerin,** Apotheker *n*	**pharmacist; chemist**
der **Kellner,** die **Kellnerin,** Kellner *n*	**waiter; waitress**
der **Krankenpfleger,** die **Krankenpflegerin,** Krankenpfleger *n*	**male nurse; nurse**

Office Activities and Equipment

schreiben, schreibt, schrieb, hat geschrieben *v-irr*	**to write**
▪ Frau Schwarz **schrieb** eine E-Mail an alle ihre Kollegen.	▪ Frau Schwarz **wrote** an e-mail to all her colleagues.
notieren *v*	**to note down**
▪ Katharina **notierte** die An- und Abfahrtszeiten in ein Notizbuch.	▪ Katharina **noted down** the arrival and departure times in a notebook.
kopieren *v*	**to copy**
▪ Warum **kopierst** du nicht einfach den Brief?	▪ Why don't you just **copy** the letter?
das **Büro,** Büros *n*	**office**
der **Bürostuhl,** Bürostühle *n*	**office chair**
der **Schreibtisch,** Schreibtische *n*	**desk**
der **Kopierer,** Kopierer *n*	**photocopier**
die **Fotokopie,** Fotokopien *n*	**photocopy**
der **Kalender,** Kalender *n*	**calendar; diary**
die **Unterlagen** *n f pl*	**documents**
die **Notiz,** Notizen *n*	**note**
das **Papier,** Papiere *n*	**paper**
der **Zettel,** Zettel *n*	**piece of paper**
das **Blatt,** Blätter *n*	**sheet**
der **Kugelschreiber,** Kugelschreiber *n*	**pen**

➡ Alternative German words for **pen** are der Stift and der Füller.

der **Abfallkorb,** Abfallkörbe *n*	**wastepaper basket**

Application, Recruitment and Termination

der **Arbeitgeber**, die **Arbeitgeberin**, Arbeitgeber *n*	**employer**
▪ Die Automobilindustrie gehört zu den größten **Arbeitgebern**.	▪ The automotive industry is one of the biggest **employers**.
die **Anstellung**, Anstellungen *n*	**employment**
▪ Die **Anstellung** von Kindern unter 14 Jahren ist gegen das Gesetz.	▪ The **employment** of children under 14 is against the law.
der **Angestellte**, die **Angestellte**, Angestellten *n m-f*	**employee**
▪ Die **Angestellten** machen sich Sorgen um ihre Arbeitsplätze.	▪ The **employees** are worried about their jobs.
angestellt *adj*	**employed**
▪ Es ist eine kleine Firma. Nur 20 Personen sind dort **angestellt**.	▪ It's a small firm. Only 20 people are **employed** there.
einstellen *v-sep*	**to employ; to hire**
▪ Sie **haben** einen neuen Produktmanager **eingestellt**.	▪ They **employed** a new product manager.
▪ Die Presseabteilung **hat** eine neue Sekretärin **eingestellt**.	▪ The public relations department **hired** a new secretary.
der **Arbeiter**, die **Arbeiterin**, Arbeiter *n*	**worker**
▪ Die **Arbeiter** verlangen höhere Löhne.	▪ The **workers** are demanding higher wages.
der **Mitarbeiter**, die **Mitarbeiterin**, Mitarbeiter *n*	**employee**
▪ Er zwingt seine **Mitarbeiter** dazu, Überstunden zu machen.	▪ He forces his **employees** to work overtime.
die **Arbeitslosigkeit** *n*	**unemployment**
▪ **Arbeitslosigkeit** ist ein ernstes Problem.	▪ **Unemployment** is a serious problem.
arbeitslos *adj*	**unemployed**
▪ Jan hat eine Stelle gefunden, nachdem er **arbeitslos** war.	▪ Jan found a job after being **unemployed**.
die **Bewerbung**, Bewerbungen *n*	**application**
▪ Bitte schicken Sie Ihre **Bewerbung** per E-Mail.	▪ Please send your **application** by e-mail.

sich bewerben *v-irr* — **to apply**
- David **hat sich** schon auf fünf Stellen **beworben**. — David **has applied** for five jobs so far.

Conditions of Employment

der **Lohn,** Löhne *n* — **wage**
- Die **Löhne** in Asien sind viel niedriger. — **Wages** in Asia are much lower.

die **Bezahlung,** Bezahlungen *n* — **pay**
- Ich mag meine Arbeit, obwohl die **Bezahlung** schlecht ist. — I like my work although the **pay** is bad.

das **Gehalt,** Gehälter *n* — **salary**
- Ich werde ein **Gehalt** von 42.000 Euro bekommen. — I'll be on a **salary** of EUR 42,000.

verdienen *v* — **to earn**
- Vor zehn Jahren **verdiente** er mehr als heute. — He **was earning** more ten years ago than he does today.

seinen Lebensunterhalt verdienen *phrase* — **to do sth. for a living; to make a living**
- Wie **verdient** sie **ihren Lebensunterhalt**? — What **does** she **do for a living**?
- Christian **verdient seinen Lebensunterhalt** als Sprachlehrer. — Christian **makes a living** as a language teacher.

der **Vertrag,** Verträge *n* — **contract**
- Du kannst den **Vertrag** sofort unterschreiben. — You can sign the **contract** straight away.

die **Forderung,** Forderungen *n* — **demand**
- Ich bin nicht in der Position, **Forderungen** zu stellen. — I am not in the position to make **demands**.

fordern *v* — **to demand**
- Ich denke, ich sollte eine Gehaltserhöhung **fordern**. — I think I should **demand** a pay rise.

die **Gewerkschaft, Gewerkschaften** *n*	**trade union**
▪ Gespräche mit den **Gewerkschaften** finden statt.	▪ Talks are being held with the **trade unions**.
der **Streik, Streiks** *n*	**strike**
▪ Die Gewerkschaft der Stahlarbeiter hat einen **Streik** ausgerufen.	▪ The steelworkers' union has called a **strike**.
streiken *v*	**to be on strike**
▪ Das halbe Land **wird** nächsten Montag **streiken**.	▪ Half the country **will be on strike** next Monday.
die **Pause, Pausen** *n*	**rest**
▪ Wir sollten einen Moment anhalten. Ich brauche eine **Pause**.	▪ We should stop for a moment. I need a **rest**.
die **Rente, Renten** *n*	**pension; retirement**
▪ Vaters **Rente** entspricht 70 Prozent seines letzten Einkommens.	▪ Dad's **pension** is equivalent to 70 percent of his final income.
▪ Er plant, an seinem 60. Geburtstag in **Rente** zu gehen.	▪ He is planning to go into **retirement** on his 60th birthday.
der **Ruhestand** *n*	**retirement**
▪ Ich denke ernsthaft über einen vorgezogenen **Ruhestand** nach.	▪ I'm seriously thinking about going into early **retirement**.
in Ruhestand gehen *phrase*	**to retire**
▪ Sandra **wird** Ende des Jahres **in Ruhestand gehen**.	▪ Sandra **is going to retire** at the end of the year.

Cultural Interests

Reading

das **Buch**, Bücher *n*	**book**
der **Leser**, die **Leserin**, Leser *n*	**reader**
lesen, liest, las, hat gelesen *v-irr* ▪ Ich kenne den Film nicht, aber ich **habe** das Buch **gelesen**.	**to read** ▪ I don't know the film but **I've read** the book.
vorlesen *v-sep-irr* ▪ Meine Mutter **las** mir jeden Abend vor dem Zubettgehen **vor**.	**to read** ▪ My mum used to **read** to me every night before I went to bed.
verfassen *v* ▪ Wann **hat** Zola seinen offenen Brief „Ich klage an" **verfasst**?	**to write** ▪ When **did** Zola **write** the open letter "I accuse"?
der **Text**, Texte *n* ▪ Du solltest einen kurzen Aufsatz schreiben. Der **Text** ist zu lang.	**text** ▪ You were supposed to write a short essay. This **text** is too long.
der **Titel**, Titel *n* ▪ Kennst du den vollen **Titel** von Shakespeares Hamlet?	**title** ▪ Do you know the full **title** of Shakespeare's Hamlet?
die **Geschichte**, Geschichten *n* ▪ Es ist eine **Geschichte** von Piraten auf einer Schatzinsel.	**story** ▪ It's a **story** about pirates on a treasure island.
die **Kurzgeschichte**, Kurzgeschichten *n*	**short story**
der **Roman**, Romane *n*	**novel**
der **Kriminalroman**, Kriminalromane *n*	**detective story**
die **Erzählung**, Erzählungen *n*	**story**
das **Märchen**, Märchen *n*	**fairy tale**
das **Sachbuch**, Sachbücher *n*	**non-fiction book**
die **Bibliothek**, Bibliotheken *n*	**library**

Music

die **Musik,** Musiken *n* ■ Ich höre **Musik** von meinem iPod, wenn ich jogge.	**music** ■ I listen to **music** on my iPod when I go jogging.
(zu)hören *v-sep* ■ Jill **hörte** dem Lied **zu**.	**to listen** ■ Jill **was listening** to the song.

➡ In German you use the verb zuhören (+ Dative) to mean **to listen** in the sense of paying close attention to what a person is saying. Hören is also used in the sense of **to hear** a random noise.

das **Lied,** Lieder *n* ■ Der Chor sang ein paar melancholische **Lieder**.	**song** ■ The choir sang a few melancholy **songs**.
die **Stimme,** Stimmen *n* ■ Wenn sie so weitersingt, wird sie ihre **Stimme** ruinieren.	**voice** ■ If she keeps on singing like that she's going to ruin her **voice**.
singen, singt, sang, hat gesungen *v-irr* ■ Carla **singt** im Kirchenchor.	**to sing** ■ Carla **sings** in the church choir.
spielen *v* ■ Seit Jahren **spielt** Christina Gitarre.	**to play** ■ Christina**'s been playing** the guitar for years.
leise *adj* ■ Dies ist ein **leiser** Abschnitt der Melodie.	**quiet** ■ This is a **quiet** part of the melody.
laut *adj* ■ Trompeten sind sehr **laut**.	**loud** ■ Trumpets are very **loud**.
hoch *adj* ■ Ihre Stimme ist wirklich sehr **hoch**.	**high** ■ Her voice is really very **high**.
tief *adj* ■ Das Stück endet auf einer **tiefen** Note. ■ Johnny Cash hatte eine schöne **tiefe** Stimme.	**low; deep** ■ The piece ends on a **low** note. ■ Johnny Cash had a beautiful **deep** voice.
das **Konzert,** Konzerte *n* ■ Die Beatles gaben 1969 ihr letztes **Konzert**.	**concert** ■ The Beatles gave their last **concert** in 1969.

die **Oper,** Opern *n* ▪ Möchtest du gern mit mir in die **Oper** gehen?	**opera** ▪ Would you like to go to the **opera** with me?
das **Instrument,** Instrumente *n* ▪ Ich singe gern, aber ich spiele kein **Instrument**.	**instrument** ▪ I like to sing but I don't play any **instrument**.
das **Klavier,** Klaviere *n*	**piano**
die **Geige,** Geigen *n*	**violin**
die **Gitarre,** Gitarren *n*	**guitar**
die **E-Gitarre,** E-Gitarren *n*	**electric guitar**
der **Bass,** Bässe *n*	**bass**
die **Trommel,** Trommeln *n*	**drum**
das **Schlagzeug,** Schlagzeuge *n*	**drums**
die **Flöte,** Flöten *n*	**flute**
die **Stereoanlage,** Stereoanlagen *n*	**stereo**
der **Lautsprecher,** Lautsprecher *n*	**loudspeaker**
die **CD,** CDs *n*	**CD**
der **CD-Spieler,** CD-Spieler *n*	**CD player**
der **MP3-Player,** MP3-Player *n*	**MP3 player**

Art

die **Kunst,** Künste *n* ▪ Muss man **Kunst** studieren, um Maler zu werden?	**art** ▪ Do you have to study **art** in order to become a painter?
das **Bild,** Bilder *n* ▪ Auf Seite 6 ist ein **Bild** des neuen Gouverneurs. ▪ Ein paar berühmte **Bilder** wurden aus dem Museum gestohlen.	**picture; painting** ▪ There's a **picture** of the new governor on page 6. ▪ A couple of famous **paintings** were stolen from the museum.
malen *v* ▪ Ich wünschte, ich könnte wie Rembrandt **malen**.	**to paint** ▪ I wish I could **paint** like Rembrandt.
zeichnen *v* ▪ Alexander kann innerhalb von zehn Minuten jedermanns Porträt **zeichnen**.	**to draw** ▪ Alexander can **draw** anybody's portrait in ten minutes.
das **Werk,** Werke *n* ▪ Dies ist die erste öffentliche Ausstellung seiner **Werke**.	**work** ▪ This is the first public exhibition of his **works**.
die **Galerie,** Galerien *n* ▪ Ich habe mir in einer **Galerie** eine Ausstellung angesehen.	**gallery** ▪ I went to a **gallery** to see an exhibition.
die **Ausstellung,** Ausstellungen *n* ▪ Viele Menschen sahen die **Ausstellung** mit Bildern von Rubens.	**exhibition** ▪ Many people saw the **exhibition** of paintings by Rubens.
zeigen *v* ▪ Jenny **hat** mir ihre neuesten Zeichnungen **gezeigt**.	**to show** ▪ Jenny **showed** me her most recent drawings.
antik *adj* ▪ Das Pergamonmuseum zeigt viele **antike** Kunstwerke.	**ancient** ▪ The Pergamon Museum has a lot of **ancient** works of art on display.
modern *adj* ▪ Der Expressionismus ist mir viel zu **modern**.	**modern** ▪ Expressionism is much too **modern** for me.

Theatre and Film

das **Theater,** Theater *n*	**theatre**
▪ In London solltest du dir ein Stück in einem der **Theater** ansehen.	▪ You must see a play at one of the **theatres** when you're in London.
das **Theaterstück,** Theaterstücke *n*	**play**
▪ Der Film wurde nach einem **Theaterstück** von Shaw geschrieben.	▪ The film was based on a **play** by Shaw.
die **Bühne,** Bühnen *n*	**stage**
▪ Es gab Applaus, als die Stars die **Bühne** betraten.	▪ There was applause when the stars came on the **stage**.
die **Aufführung,** Aufführungen *n*	**performance**
▪ Der Schauspieler hat eine fantastische **Aufführung** gegeben.	▪ The actor gave a fantastic **performance**.
inszenieren *v*	**to stage**
▪ Sie **hätten** „Tannhäuser" nicht auf Englisch **inszenieren** sollen.	▪ They shouldn't **have staged** "Tannhäuser" in English.
der **Film,** Filme *n*	**film**
▪ Sie spielt die Hauptrolle im neuen **Film** von Coppola.	▪ She's starring in the new **film** by Coppola.
das **Kino,** Kinos *n*	**cinema**
▪ Filme sind im **Kino** eindrucksvoller als auf Video.	▪ Films are more impressive at the **cinema** than on video.
die **Eintrittskarte,** Eintrittskarten *n*	**ticket**
▪ Es ist schwierig, **Eintrittskarten** für seine Stücke zu bekommen.	▪ It's difficult to get **tickets** for his plays.
die **DVD,** DVDs *n*	**DVD**
▪ Lass uns doch einen Film auf **DVD** ausleihen.	▪ Let's get a film out on **DVD**, shall we?
der **DVD-Player,** DVD-Player *n*	**DVD player**
▪ Er hat keinen **DVD-Player**. Er schaut DVDs über seine Playstation.	▪ He doesn't have a **DVD-player**. He watches DVDs on his playstation.
sich ansehen *v-sep-irr*	**to see**
▪ Ich finde, wir sollten **uns** heute Abend diesen Film **ansehen**.	▪ I think we should **see** that film tonight.

Leisure Time

Celebrations

das **Fest,** Feste *n*	**party**
die **Party,** Partys *n*	**party**
der **Geburtstag,** Geburtstage *n*	**birthday**
der **Jahrestag,** Jahrestage *n*	**anniversary**
feiern *v* ▪ Meine Mutter **feiert** ihren Geburtstag im Januar.	**to celebrate** ▪ My mother **celebrates** her birthday in January.
gratulieren *v* ▪ Tim **gratulierte** Peter zum Hochzeitstag.	**to congratulate** ▪ Tim **congratulated** Peter on his wedding anniversary.
Glückwunsch! *interj*	**Congratulations!**
Alles Gute! *interj*	**Good luck!**
Frohe Weihnachten! *interj*	**Merry Christmas!**

➡ Just as you can also say **Happy Christmas!** in English, in German you can also wish somebody **Fröhliche Weihnachten!**

Frohe Ostern! *interj*	**Happy Easter!**
das **Geschenk,** Geschenke *n*	**present**
schenken *v* ▪ Was **schenkst** du deinem Bruder zum Geburtstag?	**to give** ▪ What **are** you **giving** your brother for his birthday?
toll *adj* ▪ Das war eine **tolle** Party. Danke für die Einladung.	**great** ▪ It was a **great** party. Thanks for inviting me.
klasse *adj* ▪ Was für ein **klasse** Konzert!	**cool** ▪ What a **cool** concert!

Public Holidays

der **Neujahrstag,** Neujahrstage *n*	**New Year's Day**
der **Karneval,** Karnevale, Karnevals *n*	**carnival**
der **Fasching,** Faschinge, Faschings *n*	**carnival**
die **Fastnacht** *CH*, Fastnachten *n*	**carnival**
der **Karfreitag** *n*	**Good Friday**
Ostern *n*	**Easter**
der **Ostersonntag** *n*	**Easter Sunday**
der **Ostermontag** *n*	**Easter Monday**
Pfingsten *n*	**Whitsun**
Weihnachten, Weihnachten *n*	**Christmas**
der **Heiligabend** *n*	**Christmas Eve**
der **erste Weihnachtstag** *n*	**Christmas Day**
der **zweite Weihnachtstag** *n*	**Boxing Day**
Silvester *n*	**New Year's Eve**

Going Out and Recreation

ausgehen *v-sep-irr* ▪ Ich habe Sarah gebeten, mit mir Freitagabend **auszugehen.**	**to go out** ▪ I asked Sarah **to go out** with me on Friday night.
einen trinken gehen *phrase* ▪ Ich habe Durst. Lass uns **einen trinken gehen.**	**to go for a drink** ▪ I'm thirsty. Let's **go for a drink.**
die **Unterhaltung,** Unterhaltungen *n* ▪ Tom organisierte die **Unterhaltung** für die Party.	**entertainment** ▪ Tom organized the **entertainment** for the party.
das **Vergnügen,** Vergnügen *n* ▪ Sind Sie beruflich hier oder zu Ihrem **Vergnügen?**	**pleasure** ▪ Are you here for business or **pleasure?**

Viel Vergnügen! *interj*	**Enjoy yourself!**
Viel Spaß! *interj*	**Have fun!**
Spaß haben *phrase* ▪ Wir **hatten** bei der Party gestern Abend viel **Spaß**.	**to have fun** ▪ We **had** a lot of **fun** at the party last night.
genießen, genießt, genoss, genossen, hat genossen *v-irr* ▪ Das Wetter war toll, wir **haben** unsere Ferien richtig **genossen**.	**to enjoy** ▪ The weather was great, we really **enjoyed** our holidays.
sich amüsieren *v* ▪ Das Wetter war toll, wir **haben uns** richtig **amüsiert**.	**to enjoy oneself** ▪ The weather was great, we really **enjoyed ourselves**.
amüsant *adj* ▪ Wir haben einen recht **amüsanten** Film im Fernsehen gesehen.	**amusing** ▪ We watched quite an **amusing** film on TV.
tanzen *v* ▪ Ian geht immer **tanzen**, wenn er schlechter Laune ist.	**to dance** ▪ Ian always goes **dancing** when he's in a bad mood.
j-n zum Lachen bringen *phrase* ▪ Tony ist mein bester Freund, er **bringt** mich ständig **zum Lachen**.	**to make sb. laugh** ▪ Tony's my best friend, he always **makes me laugh**.
die **Tanzveranstaltung,** Tanzveranstaltungen *n*	**dance**
die **Disko,** Diskos *n*	**disco**
die **Abendgesellschaft,** Abendgesellschaften *n*	**dinner party**
die **Show,** Shows *n*	**show**

Sport

der **Sport** *n* ▪ Baseball ist ein **Sport**, der in Europa nicht sehr bekannt ist.	**sport** ▪ Baseball is a **sport** which is not very well known in Europe.
Sport treiben *phrase* ▪ Michael **treibt** viel **Sport**, um fit zu bleiben.	**to do sport** ▪ Michael **does** a lot of **sport** to keep fit.
trainieren *v* ▪ Spitzensportler **trainieren** mehrere Stunden am Tag.	**to train** ▪ Top athletes **train** for several hours a day.
laufen, läuft, lief, ist gelaufen *v-irr* ▪ Wie schnell kann ein Weltklassesprinter **laufen**?	**to run** ▪ How fast can a world-class sprinter **run**?
das **Rennen, Rennen** *n* ▪ Ich bin im ersten **Rennen** gestartet, habe aber nicht gewonnen.	**race** ▪ I competed in the first **race** but didn't win.
der **Wettkampf, Wettkämpfe** *n* ▪ Jan hat einen **Wettkampf** gewonnen und 50 Euro bekommen.	**competition** ▪ Jan won a **competition** and got EUR 50.
der **Teilnehmer,** die **Teilnehmerin, Teilnehmer** *n*	**competitor**
teilnehmen *v-sep-irr* ▪ Paul will am Lauf **teilnehmen**.	**to participate** ▪ Paul wants to **participate** in the run.
schnell *adv* ▪ Die Rennwagen fuhren **schnell**.	**fast** ▪ The racing cars were going **fast**.
langsam *adv* ▪ Er wird das Rennen nicht gewinnen. Er läuft zu **langsam**.	**slowly** ▪ He won't win the race. He's running too **slowly**.
die **Sporthalle, Sporthallen** *n*	**gym**
der **Spieler,** die **Spielerin, Spieler** *n*	**player**
der **Ball, Bälle** *n*	**ball**
werfen, wirft, warf, hat geworfen *v-irr* ▪ Der Torwart ist der einzige Spieler, der den Ball **werfen** darf.	**to throw** ▪ The goalkeeper is the only player allowed to **throw** the ball.

fangen, fängt, fing, hat gefangen *v-irr*	**to catch**
▪ Beim Volleyball ist es nicht gestattet, den Ball zu **fangen**.	▪ In volleyball you are not allowed to **catch** the ball.
Fußball *n*	**football**
▪ **Fußball** ist der beliebteste Sport in Europa und Südamerika.	▪ **Football** is the most popular sport in Europe and South America.
der **Wintersport** *n*	**winter sports**
▪ Meine Großmutter schaute jede Art von **Wintersport** im Fernsehen.	▪ My grandmother used to watch all sorts of **winter sports** on TV.
der **Ski,** Ski, Skier *n*	**ski**
Ski laufen *phrase*	**to go skiing**
▪ Wir gehen immer zu Ostern **Ski laufen**.	▪ We always **go skiing** at Easter.
Schlitten fahren *phrase*	**to go sledging**
▪ Ich muss in die Berge fahren, um **Schlitten** zu **fahren**.	▪ I have to drive into the mountains to **go sledging**.
schwimmen, schwimmt, schwamm, ist geschwommen *v-irr*	**to swim**
▪ Man braucht neun Stunden, um durch den Ärmelkanal zu **schwimmen**.	▪ It takes nine hours to **swim** across the English Channel.
das **Schwimmbad,** Schwimmbäder *n*	**swimming pool**
die **Wanderung,** Wanderungen *n*	**hike**
▪ Lukas plant eine ausgedehnte **Wanderung** durch die südlichen Alpen.	▪ Lukas is planning an extended **hike** through the Southern Alps.
bergsteigen gehen *phrase*	**to go climbing**
▪ Simon **geht bergsteigen**, wann immer er die Zeit dazu findet.	▪ Simon **goes climbing** whenever he finds the time.
reiten, reitet, ritt, hat/ist geritten *v-irr*	**to ride**
▪ Im Derby **reiten** die Jockeys drei Jahre alte Pferde.	▪ In the Derby, the jockeys **ride** three-year old horses.

das **Spiel,** Spiele *n*	**game; match**
▪ Ihr Quarterback wurde in der ersten Hälfte des **Spiels** verletzt.	▪ Their quarterback was injured during the first half of the **game**.
▪ Wir haben uns das **Spiel** zwischen den beiden Mannschaften der Stadt angesehen.	▪ We watched the **match** between the two local teams.
der **Gegner,** die **Gegnerin,** Gegner *n*	**opponent**
der **Start,** Starts *n*	**start**
das **Ziel,** Ziele *n*	**finish**

➡ The words Start and Ziel are used when talking about the **start** and **finish** of a race. When talking about other activities the words Anfang or Beginn are used for the **start** or **beginning** and Ende is used for the **end**.

der **Sieg,** Siege *n*	**victory**
▪ Wir feierten den **Sieg** unserer Mannschaft mit einem Glas Sekt.	▪ We celebrated our team's **victory** with a glass of champagne.
der **Sieger,** die **Siegerin,** Sieger *n*	**winner**
siegen *v*	**to win**
▪ Sie **siegte** im Halbfinale, doch wurde im Finale nur Dritte.	▪ She **won** in the semi-final but only came third in the final.
gewinnen, gewinnt, gewann, hat gewonnen *v-irr*	**to win**
▪ Das Schwimmteam **hat** drei Goldmedaillen **gewonnen**.	▪ The swimming team **won** three gold medals.
die **Niederlage,** Niederlagen *n*	**defeat**
▪ Das kanadische Team erlitt eine 5:4-**Niederlage** gegen Russland.	▪ The Canadian team suffered a 5–4 **defeat** against Russia.
der **Verlierer,** die **Verliererin,** Verlierer *n*	**loser**
verlieren, verliert, verlor, hat verloren *v-irr*	**to lose**
▪ Schottland **hat** 3:4 gegen Irland **verloren**.	▪ Scotland **lost** 3–4 to Ireland.
fair *adj*	**fair**
▪ Ich finde, der Schiedsrichter war nicht allzu **fair**.	▪ I don't think the referee was very **fair**.

berühmt *adj* ▪ Pelé ist wahrscheinlich der **berühmteste** Fußballer der Welt.	**famous** ▪ Pelé is probably the most **famous** football player in the world.

Hobbies

das **Hobby, Hobbys** *n*	**hobby**
das **Foto, Fotos** *n*	**photo**
der **Fotoapparat, Fotoapparate** *n*	**camera**
die **Digitalkamera, Digitalkameras** *n*	**digital camera**
der **Blitz, Blitze** *n*	**flash**
das **Spiel, Spiele** *n*	**game**
der **Würfel, Würfel** *n*	**dice**
die **Spielkarten** *n f pl*	**playing cards**
die **Freizeit** *n* ▪ Sam treibt in seiner **Freizeit** viel Sport.	**free time** ▪ Sam does a lot of sport in his **free time**.
fotografieren *v* ▪ Ich **habe** sie Hunderte Male **fotografiert**.	**to take pictures** ▪ I **took** hundreds of **pictures** of her.
spielen *v* ▪ Kinder **spielen** gern draußen.	**to play** ▪ Children like to **play** outdoors.
Glücksspiele spielen *phrase* ▪ Peter verbringt Stunden im Kasino und **spielt Glücksspiele**.	**to gamble** ▪ Peter spends hours **gambling** at the casino.
das **Glück** *n* ▪ Mit ein bisschen **Glück** wirst du den ersten Preis gewinnen.	**luck** ▪ With a little bit of **luck** you'll win first prize.
das **Pech** *n* ▪ Durch ein Tor in der letzten Minute zu verlieren war **Pech**.	**bad luck** ▪ Losing by a goal in the last minute was **bad luck**.

einen Spaziergang machen *phrase* ▪ Lasst uns nach dem Abendessen **einen Spaziergang machen**.	**to go for a walk** ▪ Let's **go for a walk** after dinner.
picknicken *v* ▪ Wir fingen an zu **picknicken**, als es zu regnen begann.	**to have a picnic** ▪ We were just starting **to have a picnic** when it began to rain.
angeln *v* ▪ Onkel Harry **angelt** gern.	**to fish** ▪ Uncle Harry loves to **fish**.
basteln *v* ▪ Monica **bastelt** viel und ist sehr talentiert.	**to do handicrafts** ▪ Monica **does** a lot of **handicrafts** and is very talented.
das **Spielzeug,** Spielzeuge *n*	**toy**
das **Werkzeug,** Werkzeuge *n*	**tool**
das **Taschenmesser,** Taschenmesser *n*	**pocket knife**

Shopping

Choosing and Paying

der **Kauf,** Käufe *n* ▪ Der **Kauf** eines neuen Computersystems wird uns Millionen kosten.	**acquisition** ▪ The **acquisition** of a new computer system will cost us millions.
kaufen *v* ▪ Angela **hat** dieses Fahrrad gebraucht **gekauft**.	**to buy** ▪ Angela **bought** this bike second-hand.
der **Verkauf,** Verkäufe *n* ▪ Der **Verkauf** von Alkohol an Minderjährige ist gesetzlich verboten.	**sale** ▪ The **sale** of alcohol to people under 18 is prohibited by law.
verkaufen *v* ▪ Mia **hat** ihren alten Wagen **verkauft** und sich einen neuen zugelegt.	**to sell** ▪ Mia **sold** her old car and got herself a new one.

das **Angebot**, Angebote *n*	**offer**
▪ Sie haben mir ein **Angebot** gemacht, das ich nicht ablehnen konnte.	▪ They made me an **offer** I couldn't refuse.
bieten, bietet, bot, hat geboten *v-irr*	**to offer**
▪ Das Hotel **bietet** eine Vielzahl an Aktivitäten und Sportarten.	▪ The hotel **offers** a wide range of sports and activities.
anbieten *v-sep-irr*	**to offer**
▪ Er **bot** mir 1.000 Euro **an** und ich nahm an.	▪ He **offered** me EUR 1,000 and I accepted.
geöffnet *adj*	**open**
▪ Dieser Laden ist ab 6 Uhr **geöffnet**.	▪ This shop is **open** from 6 am.
geschlossen *adj*	**closed**
▪ Michael ist zum Supermarkt gegangen, doch er war **geschlossen**.	▪ Michael went to the supermarket but it was **closed**.
bedienen *v*	**to serve**
▪ **Werden** Sie schon **bedient**?	▪ **Are** you being **served**?
einkaufen gehen *phrase*	**to go shopping**
▪ Lass uns **einkaufen gehen**. Ich fühle mich deprimiert.	▪ Let's **go shopping**. I feel depressed.
shoppen gehen *phrase*	**to go shopping**
▪ Ich liebe es, am Samstag **shoppen** zu **gehen**.	▪ I love to **go shopping** on Saturdays.
aussuchen *v-sep*	**to choose**
▪ Alice **suchte** ein Buch **aus** und brachte es zur Kasse.	▪ Alice **chose** a book and took it to the cash desk.
(aus)wählen *v-sep*	**to choose**
▪ Ich musste zwischen dieser Hose hier und dem Rock dort **auswählen**.	▪ I had to **choose** between these trousers and that skirt.
gefallen *v-irr*	**to like**
▪ **Gefällt** dir mein neues Kleid? Ich habe es neulich gekauft.	▪ Do you **like** my new dress? I bought it the other day.
Ich hätte gerne … *phrase*	**I'd like …**
▪ **Ich hätte gerne** einen Haarschnitt.	▪ **I'd like** a haircut, please.

➡ You can also say: **Ich möchte gerne einen Haarschnitt.**

Kann ich Ihnen helfen? *phrase*	**Can I help you?**

neu *adj* — **latest; new**
- Hast du schon ihre **neueste** CD gekauft? — Have you bought their **latest** CD?
- Meine Taschenlampe braucht **neue** Batterien. — My torch needs **new** batteries.

gebraucht *adv* — **second-hand**
- Ich kann es **gebraucht** im Internet kaufen. — I can buy it **second-hand** on the Internet.

vollständig *adj* — **complete**
- Er hat die **vollständige** Sammlung von DVDs gekauft. — He bought the **complete** set of DVDs.

ausverkauft sein *phrase* — **to be sold out**
- Es tut mir leid, aber das blaue T-Shirt **ist ausverkauft**. — I'm afraid the blue T-shirt **is sold out**.

der **Preis, Preise** *n* — **price**
- Wird der **Preis** dieses Produkts nach Weihnachten steigen? — Will the **price** of this product go up after Christmas?

kosten *v* — **to cost**
- Wie viel **kosten** diese Schuhe? — How much do these shoes **cost**?

Was kostet …? *phrase* — **How much is …?**

ausgeben *v-sep-irr* — **to spend**
- Nina **gab** viel Geld im Buchladen **aus**. — Nina **spent** a lot of money in the bookshop.

teuer *adj* — **expensive**
- Angela hat das Parfüm nicht gekauft, weil es so **teuer** war. — Angela didn't buy the perfume because it was so **expensive**.

billig *adj* — **cheap**
- Dieses T-Shirt war **billig**, hatte aber keine gute Qualität. — This T-shirt was **cheap**, but it's not of good quality.

günstig *adj* — **cheap**
- Ich habe den Wein gekauft, weil er **günstig** war. — I bought the wine because it was **cheap**.

preiswert *adj* — **reasonably priced**
- Ich suche nach einem **preiswerten** Flug nach Los Angeles. — I'm looking for a **reasonably priced** flight to Los Angeles.

umtauschen *v-sep* ▪ Kann ich diesen Pullover gegen einen größeren **umtauschen**?	**to exchange** ▪ Can I **exchange** this sweater for a larger one?
zufrieden *adj* ▪ Diese Firma hat viele **zufriedene** Kunden.	**satisfied** ▪ This company has a lot of **satisfied** customers.
unzufrieden *adj*	**dissatisfied**
j-m sein Geld zurückgeben *phrase* ▪ Ich werde sie bitten, **mir** mein **Geld** vollständig **zurückzugeben**.	**to refund one's money** ▪ I'm going to ask them to **refund** my **money** in full.
bei j-m kassieren *phrase* ▪ Darf ich **bei** Ihnen **kassieren**?	**to give sb. his/her bill** ▪ May I **give** you your **bill**?
passend *adj* ▪ Für diesen Automaten muss man **passendes** Kleingeld haben.	**exact** ▪ You have to have the **exact** change for this vending machine.
anstehen *v-sep-irr* ▪ Ich musste 20 Minuten **anstehen**, bevor ich mein Ticket bekam.	**to queue** ▪ I had to **queue** for 20 minutes before I got my ticket.
an der Reihe sein *phrase* ▪ Ich **war** beim Zahlen **an der Reihe**, aber ich hatte kein Geld dabei.	**to be one's turn** ▪ It **was my turn** to pay, but I didn't have any money on me.
der **Kunde,** die **Kundin,** Kunden *n*	**customer**
die **Einkaufstasche,** Einkaufstaschen *n*	**shopping bag**
die **Warteschlange,** Warteschlangen *n*	**queue**
die **Kasse,** Kassen *n*	**checkout; cash desk; till**
das **Wechselgeld,** Wechselgelder *n*	**change**
der **Kassenzettel,** Kassenzettel *n*	**receipt**
die **Quittung,** Quittungen *n*	**receipt**

Shops

das **Geschäft,** Geschäfte *n*	**shop; store**
der **Laden,** Läden *n*	**shop**
das **Warenhaus,** Warenhäuser *n*	**store**
das **Kaufhaus,** Kaufhäuser *n*	**department store**
der **Supermarkt,** Supermärkte *n*	**supermarket**
das **Einkaufszentrum,** Einkaufszentren *n*	**shopping centre**
das **Lebensmittelgeschäft,** Lebensmittelgeschäfte *n*	**grocer's**
der **Markt,** Märkte *n*	**market**
die **Bäckerei,** Bäckereien *n*	**bakery**
die **Metzgerei,** Metzgereien *n*	**butcher's (shop)**
der **Obst- und Gemüseladen,** Obst- und Gemüseläden *n*	**greengrocer's**
das **Schuhgeschäft,** Schuhgeschäfte *n*	**shoe shop**
die **Buchhandlung,** Buchhandlungen *n*	**bookshop**
das **Bekleidungsgeschäft,** Bekleidungsgeschäfte *n*	**clothes shop**
die **Boutique,** Boutiquen *n*	**boutique**
die **Drogerie,** Drogerien *n*	**chemist's**

Nutrition

Nutrition — General Terms

das **Lebensmittel,** Lebensmittel *n* ▪ Wir müssen mehr **Lebensmittel** produzieren.	**food** ▪ We must produce more **food**.
essen, isst, aß, hat gegessen *v-irr* ▪ Du wirst dick, wenn du so viel **isst**.	**to eat** ▪ You'll get fat if you **eat** so much.
trinken, trinkt, trank, hat getrunken *v-irr* ▪ Es ist gesund, zum Essen viel Wasser zu **trinken**.	**to drink** ▪ It's healthy to **drink** a lot of water with your meals.
der **Hunger** *n* ▪ Eines Tages wird es keinen **Hunger** mehr auf der Welt geben.	**hunger** ▪ One day there won't be any more **hunger** in the world.
hungrig *adj* ▪ Ich bin so **hungrig**. Was gibt's zu Mittag?	**hungry** ▪ I'm so **hungry**. What's for lunch?
der **Durst** *n* ▪ Ich hatte ganz schönen **Durst** nach dem Joggen.	**thirst** ▪ I had quite a **thirst** after jogging.
durstig *adj* ▪ Bei dieser Hitze zu arbeiten, macht mich **durstig**.	**thirsty** ▪ Working in this heat makes me **thirsty**.
der **Appetit,** Appetite *n* ▪ Wenn man vor den Mahlzeiten isst, verdirbt man sich den **Appetit**.	**appetite** ▪ Eating before meals will spoil your **appetite**.
Guten Appetit! *interj*	**Enjoy your meal!**
Prost! *interj*	**Cheers!**
schmecken *v* ▪ Dieser Eintopf sieht fürchterlich aus, aber er **schmeckt** toll.	**to taste** ▪ This stew looks terrible but it **tastes** great.
köstlich *adj* ▪ Die Hauptmahlzeit war **köstlich**, aber das Dessert war noch besser.	**delicious** ▪ The main course was **delicious** but the dessert was even better.

süß *adj*	**sweet**
▪ Dieser Wein ist zu **süß**. Haben Sie keinen trockenen?	▪ This wine is too **sweet**. Don't you have a dry one?
sauer *adj*	**sour**
▪ Bewahre die Milch im Kühlschrank auf, sonst wird sie **sauer**.	▪ Keep the milk in the fridge or it'll go **sour**.
salzig *adj*	**salty**
▪ Diese Suppe ist viel zu **salzig**.	▪ This soup is much too **salty**.
scharf *adj*	**hot; spicy**
▪ Mein Kollege aus Thailand isst sein Essen gern extrem **scharf**.	▪ My colleague from Thailand loves his food extremely **hot**.
▪ Ich mag **scharfes** Essen, doch in Indien war es zu scharf für mich.	▪ I like **spicy** food, but in India it was too hot for me.
frisch *adj*	**fresh**
▪ Könntest du **frisches** Gemüse vom Markt mitbringen?	▪ Could you get some **fresh** vegetables from the market?
roh *adj*	**raw**
▪ Joe macht eine Diät. Er isst im Moment nur **rohes** Gemüse.	▪ Joe is on a diet. He's only eating **raw** vegetables at the moment.
kochen *v*	**to cook; to boil**
▪ Ich **werde** heute Abend **kochen** und du kannst den Abwasch machen.	▪ I'**m going to cook** tonight and you can do the dishes.
▪ Das Wasser **kocht**. Könntest du den Herd ausmachen?	▪ The water is **boiling**. Could you turn off the cooker?
backen, backt/bäckt, backte, hat gebacken *v-irr*	**to bake; to roast**
▪ Meine Mutter **hat** unser Brot immer selbst **gebacken**.	▪ My mother used to **bake** our bread herself.
▪ **Backe** das Fleisch im Ofen bei 200 Grad Celsius.	▪ **Roast** the meat in the oven at 200 degrees centigrade.
warm machen *phrase*	**to warm up**
▪ Wir müssen die Reste **warm machen**.	▪ We'll have to **warm up** the leftovers.
schneiden, schneidet, schnitt, hat geschnitten *v-irr*	**to cut**
▪ Wir bestellten eine große Pizza und **schnitten** sie in vier Teile.	▪ We ordered a large pizza and **cut** it into four pieces.

die **Scheibe,** Scheiben *n* ▪ Marie bestrich eine **Scheibe** Toast mit Butter und Konfitüre.	**slice** ▪ Marie spread butter and jam on a **slice** of toast.
die **Flasche,** Flaschen *n* ▪ Wir bestellten eine **Flasche** Wein zum Essen.	**bottle** ▪ We ordered a **bottle** of wine with our meal.
Tiefkühl- *n* ▪ Warum, glaubst du, essen die Menschen immer mehr **Tiefkühl**kost?	**frozen** ▪ Why do you think people are eating more and more **frozen** food?
vegetarisch *adj* ▪ Ich habe ein **vegetarisches** Kochbuch zum Geburtstag bekommen.	**vegetarian** ▪ I got a **vegetarian** cookbook for my birthday.
vegan *adj* ▪ Sie macht eine streng **vegane** Diät.	**vegan** ▪ She's been on a strict **vegan** diet.

Bread, Pastries and Cereals

das **Brot,** Brote *n*	**bread**
das **Brötchen,** die **Semmel** *A* Brötchen, Semmeln *n*	**roll**
die **Brezel,** Brezeln *n*	**pretzel**
der **Toast,** Toaste, Toasts *n*	**toast**
die **Nudeln** *n f pl*	**noodles; pasta**
der **Reis** *n*	**rice**
der **Kuchen,** Kuchen *n*	**cake**
die **Torte,** Torten *n*	**gateau**
der **Keks,** Kekse *n*	**biscuit**
➡ In Austria **das Keks** is also common.	
der **Muffin,** Muffins *n*	**muffin**

Fruit and Vegetables

das **Gemüse,** Gemüse *n*	**vegetable**
der **Salat,** Salate *n*	**salad**

➡ Salat can refer to Kopfsalat **lettuce** as well as the prepared dish, e.g. Kartoffelsalat **potato salad,** gemischter Salat **mixed salad** or Tomatensalat **tomato salad.**

die **Kartoffel,** der **Erdapfel** *A* Kartoffeln, Erdäpfel *n*	**potato**
die **Tomate,** der **Paradeiser** *A* Tomaten, Paradeiser *n*	**tomato**
die **Mohrrübe,** Mohrrüben *n*	**carrot**

➡ Other common translations are Karotte or Möhre. In Switzerland, das Rüebli is also used.

die **Gurke,** Gurken *n*	**cucumber**
die **Paprika,** Paprika, Paprikas *n*	**bell pepper**
die **Paprika,** die **Peperoni** *CH* Paprikas, Peperoni *n*	**sweet pepper**
das **Sauerkraut** *n*	**sauerkraut**
die **Zwiebel,** Zwiebeln *n*	**onion**
das **Obst** *n*	**fruit**
die **Frucht,** Früchte *n*	**fruit**
der **Apfel,** Äpfel *n*	**apple**
die **Birne,** Birnen *n*	**pear**
die **Kirsche,** Kirschen *n*	**cherry**
die **Erdbeere,** Erdbeeren *n*	**strawberry**
die **Aprikose,** die **Marille** *A* Aprikosen, Marillen *n*	**apricot**
der **Pfirsich,** Pfirsiche *n*	**peach**
die **Orange,** Orangen *n*	**orange**
die **Zitrone,** Zitronen *n*	**lemon**

Meat, Fish and Dairy Products

das **Fleisch** *n*	**meat**
das **Schweinefleisch** *n*	**pork**
das **Rindfleisch** *n*	**beef**
das **Kalbfleisch** *n*	**veal**
das **Hühnchen,** Hühnchen *n*	**chicken**
das **Steak,** Steaks *n*	**steak**
das **Würstchen,** Würstchen *n*	**sausage**
der **Schinken,** Schinken *n*	**ham**
die **Salami,** Salami, Salamis *n*	**salami**
der **Speck** *n*	**bacon**
der **Fisch,** Fische *n*	**fish**
der **Thunfisch,** der **Thon** *CH* Thunfische, Thons, Thone *n*	**tuna**
der **Lachs,** Lachse *n*	**salmon**
der **Kabeljau,** Kabeljaue, Kabeljaus *n*	**cod**
die **Garnele,** Garnelen *n*	**prawn**
die **Milch** *n*	**milk**
die **Butter** *n*	**butter**

➡ In Austria and Southern Germany der Butter is typical.

die **Sahne,** das **Obers** *A n*	**cream**
der **Käse,** Käse *n*	**cheese**

Spices, Herbs and Other Ingredients

das **Salz,** Salze *n*	**salt**
der **Pfeffer,** Pfeffer *n*	**pepper**
der **Essig,** Essige *n*	**vinegar**
das **Öl,** Öle *n*	**oil**
das **Ei,** Eier *n*	**egg**
der **Senf,** Senfe *n*	**mustard**
der **Ketchup,** Ketchups *n*	**ketchup**

Sweets, Snacks and Tobacco

die **Süßigkeiten** *n f pl*	**sweets**
das **Bonbon,** Bonbons *n*	**sweet**
die **Schokolade,** Schokoladen *n*	**chocolate**
das **Eis** *n*	**ice cream**
der **Zucker,** Zucker *n*	**sugar**
der **Honig,** Honige *n*	**honey**
die **Marmelade,** Marmeladen *n*	**marmalade**
die **Kartoffelchips** *n m pl*	**crisps**
die **Zigarette,** Zigaretten *n*	**cigarette**

Beverages

das **Getränk,** Getränke *n*	**drink**
der **Kaffee,** Kaffees *n*	**coffee**
der **Espresso,** Espressos *n*	**espresso**
der **Cappuccino,** Cappuccino, Cappuccinos *n*	**cappuccino**
der **Tee,** Tees *n*	**tea**
das **Mineralwasser,** Mineralwasser *n*	**mineral water**
der **Sprudel** *n*	**sparkling water**
der **Saft,** Säfte *n*	**juice**
die **Zitronenlimonade,** Zitronenlimonaden *n*	**lemonade**
die **Orangenlimonade,** Orangenlimonaden *n*	**orangeade**
die **Cola** *n*	**Coke®**
der **Alkohol,** Alkohole *n*	**alcohol**
der **Wein,** Weine *n*	**wine**
das **Bier,** Biere *n*	**beer**
der **Rotwein,** Rotweine *n*	**red wine**
der **Weißwein,** Weißweine *n*	**white wine**
der **Rosé,** Rosés *n*	**rosé**
der **Sekt,** Sekte *n*	**sparkling wine**
der **Apfelwein,** Apfelweine *n*	**cider**
der **Drink,** Drinks *n*	**drink**
der **Eiswürfel,** Eiswürfel *n*	**ice cube**

Restaurants and Cafes

Restaurants

das **Restaurant,** Restaurants *n*	**restaurant**
die **Gaststätte,** Gaststätten *n*	**restaurant**
das **Gasthaus,** Gasthäuser *n*	**restaurant**
das **Café,** Cafés *n*	**café**
die **Pizzeria,** Pizzerias, Pizzerien *n*	**pizzeria**
die **Konditorei,** Konditoreien *n*	**cake shop**
die **Kneipe,** Kneipen *n*	**pub**

➡ People in German-speaking countries often meet up in a Bar or a Kneipe, which are equivalent to an English **pub**. Other options are to meet in a Wirtshaus or a Schenke, which are pubs offering accommodation, a bit like an English **inn**. Another expression Lokal is very neutral and may refer to both types.

Dishes and Snacks

das **Gericht,** Gerichte *n*	**dish**
die **Spezialität,** Spezialitäten *n*	**speciality**
die **Suppe,** Suppen *n*	**soup**
der **Braten,** Braten *n*	**roast**
das **Schnitzel,** Schnitzel *n*	**schnitzel**
die **Brotzeit,** Brotzeiten *n*	**cold platter**
der **Imbiss,** Imbisse *n*	**snack**
die **Pizza,** Pizzas, Pizzen *n*	**pizza**
das **Sandwich,** Sandwichs, Sandwiches *n*	**sandwich**
der **Hamburger,** Hamburger *n*	**hamburger**
die **Pommes frites** *n f pl*	**chips**

Serving, Ordering and Paying

das **Menü,** Menüs *n* ▪ Auf der Speisekarte standen nur drei **Menüs**.	**set meal** ▪ There were only three **set meals** on the menu.
die **Speisekarte,** Speisekarten *n*	**menu**
der **Gang,** Gänge *n*	**course**
das **Frühstück,** Frühstücke *n*	**breakfast**
frühstücken *v* ▪ Wir **frühstückten** um sieben und fuhren dann zum Flughafen.	**to have breakfast** ▪ We **had breakfast** at seven and then left for the airport.
das **Mittagessen,** Mittagessen *n*	**lunch**
zu Mittag essen *phrase* ▪ Wir **aßen** heute in der Cafeteria schnell **zu Mittag**.	**to have lunch** ▪ We just **had** a quick **lunch** in the cafeteria today.
das **Abendessen,** Abendessen *n*	**supper; dinner**
zu Abend essen *phrase* ▪ Wir **aßen** um 18 Uhr **zu Abend**, weil die Oper um 19 Uhr anfing.	**to have dinner** ▪ We **had dinner** at 6 pm because the opera started at 7 pm.
die **Vorspeise,** Vorspeisen *n*	**starter**
die **Hauptspeise,** Hauptspeisen *n*	**main course**
das **Hauptgericht,** Hauptgerichte *n*	**main dish**
die **Nachspeise,** Nachspeisen *n*	**dessert**
der **Nachtisch,** Nachtische *n*	**dessert**
herüberreichen *v-sep* ▪ Könnten Sie mir bitte die Butter **herüberreichen**?	**to pass** ▪ Could you **pass** the butter, please?
sich etw. nehmen *phrase* ▪ Bitte **nehmen** Sie **sich** Kaffee und Kuchen.	**to help oneself to sth.** ▪ Please **help yourself to** coffee and cake.
den Tisch decken *phrase* ▪ Mama hat gekocht und ich habe **den Tisch gedeckt**.	**to set the table** ▪ Mum made dinner and I **set the table**.

den Tisch abräumen *phrase*	**to clear the table**
▪ Jemand muss **den Tisch abräumen,** bevor wir Karten spielen können.	▪ Somebody has to **clear the table** before we can play cards.
voll *adj*	**full**
▪ Kein Nachtisch für mich, bitte. Ich bin ziemlich **voll**.	▪ No dessert for me, please. I'm quite **full**.
leer *adj*	**empty**
▪ Immer wenn mein Glas halb **leer** war, füllte es die Bedienung auf.	▪ Whenever my glass was half **empty**, the waitress filled it up.
die **Reservierung,** Reservierungen *n*	**reservation**
▪ Braucht man für dieses Restaurant eine **Reservierung**?	▪ Do I need a **reservation** for this restaurant?
reservieren *v*	**to reserve; to book**
▪ Ich möchte einen Tisch für 20 Uhr **reservieren**.	▪ I'd like to **reserve** a table for 8 o'clock.
▪ Ich möchte in Ihrem Restaurant einen Tisch **reservieren**.	▪ I'd like to **book** a table at your restaurant.
die **Rechnung,** Rechnungen *n*	**bill**
▪ Könnten Sie die **Rechnung** prüfen? Ich glaube, da ist ein Fehler.	▪ Could you check the **bill**? I think there's a mistake.
▪ Kann ich die **Rechnung** mit Kreditkarte zahlen?	▪ Can I pay the **check** by credit card?
bezahlen *v*	**to pay for**
▪ Ich möchte eine Tasse Kaffee und ein Stück Kuchen **bezahlen**.	▪ I would like to **pay for** a cup of coffee and a piece of cake.
zahlen *v*	**to pay for**
▪ Man **zahlt** für eine Tasse und kann so viel trinken, wie man möchte.	▪ You **pay for** one cup and you can drink as much as you like.
das **Trinkgeld,** Trinkgelder *n*	**tip**
▪ Ein **Trinkgeld** von 15 Prozent wird für die Bedienung erwartet.	▪ A 15 per cent **tip** is expected for service.
inbegriffen *adj*	**included**
▪ In Deutschland ist die Bedienung meist **inbegriffen**.	▪ In Germany service is usually **included**.

Accommodation

Houses and Apartments

wohnen *v* — **to live; to stay**
- Mit 28 **wohnt** er immer noch bei seinen Eltern. — At 28 he**'s** still **living** with his parents.
- Ben **wohnte** in einem kleinen Hotel außerhalb von San Diego. — Ben **stayed** in a small hotel outside of San Diego.

nach Hause *adv* — **home**
- Ich muss um acht **nach Hause**, bevor es dunkel wird. — I have to go **home** at eight before it gets dark.

zu Hause *adv* — **at home**
- Die meisten deutschen Familien feiern Weihnachten **zu Hause**. — Most German families celebrate Christmas **at home**.

bauen *v* — **to build**
- Das Haus **wurde** in zehn Monaten **gebaut**. — The house **was built** in ten months.

das **Eigentum** *n* — **property**
- Nein, dieser Garten gehört nicht zu meinem **Eigentum**. — No, this garden does not belong to my **property**.

das **Grundstück, Grundstücke** *n* — **property**
- Sie haben das **Grundstück** für drei Millionen Euro verkauft. — They sold the **property** for EUR three million.

die **Miete, Mieten** *n* — **rent**
- Jonas muss ausziehen. Er kann die **Miete** nicht mehr zahlen. — Jonas has to move out. He can't pay the **rent** anymore.

mieten *v* — **to hire**
- Lasst uns nach Malta fliegen und für eine Woche ein Auto **mieten**. — Let's fly to Malta and **hire** a car for a week.

vermieten *v* — **to let**
- Carla **vermietete** einige Zimmer ihres Hauses. — Carla **let** some of the rooms of her house.

(um)ziehen *v-sep-irr*	**to move**
▪ Die Schmidts **sind** nach München **gezogen**.	▪ The Schmidts **have moved** to Munich.

➡ Words with similar meaning are einziehen, **to move in** and ausziehen, **to move out**.

das **Haus,** Häuser *n*	**home; house**

➡ Words for different types of house include Reihenhaus **terraced house,** Hochhaus **high rise** (or Wolkenkratzer **skyscraper**) and Einfamilienhaus **single-family house**.

die **Wohnung,** Wohnungen *n*	**flat**
das **Apartment,** Apartments *n*	**flat**
das **Gebäude,** Gebäude *n*	**building**
der **Wohnblock,** Wohnblocks *n*	**block**
das **Stockwerk,** Stockwerke *n*	**floor**
die **Etage,** Etagen *n*	**floor**
das **Erdgeschoss,** Erdgeschosse *n*	**ground floor**
das **Parterre** *n*	**ground floor**
der **erste Stock** *n*	**first floor**
das **Dach,** Dächer *n*	**roof**
die **Baustelle,** Baustellen *n*	**building site; construction site**

Rooms and Living Areas

öffnen *v*	**to open**
▪ Man braucht keinen Schlüssel, um die Kellertür zu **öffnen**.	▪ You don't need a key to **open** the cellar door.
schließen, schließt, schloss, hat geschlossen *v-irr*	**to shut; to close**
▪ **Schließ** die Fenster! Es regnet gleich.	▪ **Shut** the windows! It's going to rain.
▪ **Schließ** die Tür, damit die Katze nicht rauskann!	▪ **Close** the door so the cat can't get out!
aufräumen *v-sep*	**to tidy up**
▪ Es ist mal wieder an der Zeit, dass du dein Zimmer **aufräumst**.	▪ It's about time you **tidied up** your room again.

innen *adv* ▪ Ich habe das Haus noch nie von **innen** gesehen.	**inside** ▪ I've never seen the building from the **inside**.
drinnen *adv* ▪ Wir bleiben lieber **drinnen**, wenn es so kalt ist.	**inside** ▪ We'd rather stay **inside** when it is so cold.
draußen *adv* ▪ Die Kinder sind **draußen** und spielen mit dem Hund im Garten.	**outside** ▪ The kids are **outside** playing with the dog in the garden.
das **Zimmer**, Zimmer *n*	**room**
die **Küche**, Küchen *n*	**kitchen**
das **Wohnzimmer**, Wohnzimmer *n*	**living room**
das **Esszimmer**, Esszimmer *n*	**dining room**
das **Schlafzimmer**, Schlafzimmer *n*	**bedroom**
das **Bad**, Bäder *n*	**bathroom**
die **Toilette**, Toiletten *n*	**toilet**
der **Keller**, Keller *n*	**cellar**
das **Fenster**, Fenster *n*	**window**
der **Fußboden**, Fußböden *n*	**floor**
die **Treppe**, Treppen *n*	**stairs**
der **Aufzug**, Aufzüge *n*	**lift**

➡ Other German words for **lift** are der Fahrstuhl and der Lift.

die **Wand**, Wände *n*	**wall**
die **Decke**, Decken *n*	**ceiling**

➡ Alternatively, die Zimmerdecke may also be used when referring to the **ceiling**. A second meaning for the word Decke is **blanket**.

der **Eingang**, Eingänge *n*	**entrance**
der **Ausgang**, Ausgänge *n*	**exit**
die **Tür**, Türen *n*	**door**
das **Tor**, Tore *n*	**gate**
der **Garten**, Gärten *n*	**garden**

die **Terrasse,** Terrassen *n*	**terrace**
der **Balkon,** Balkons, Balkone *n*	**balcony**
die **Garage,** Garagen *n*	**garage**

Facilities

Furnishings

das **Möbel,** Möbel *n*	**furniture**
das **Möbelstück,** Möbelstücke *n*	**piece of furniture**
möbliert *adj* ▪ Es ist vielleicht ratsam, nach einer **möblierten** Wohnung zu suchen.	**furnished** ▪ It might be advisable to look for a **furnished** flat.
sitzen, sitzt, saß, hat gesessen *v-irr* ▪ Verzeihung, **sitzt** hier schon jemand?	**to sit** ▪ Excuse me, **is** anyone **sitting** here?
sich hinsetzen *v-sep* ▪ Haben Sie etwas dagegen, wenn ich **mich** hier **hinsetze**?	**to sit** ▪ Do you mind if I **sit** here?
Platz nehmen *phrase* ▪ Bitte **nehmen** Sie **Platz**, ich möchte anfangen.	**to have a seat** ▪ Please **have a seat**, I'd like to begin.
bequem *adj* ▪ Dieser Stuhl ist nicht sehr **bequem**.	**comfortable** ▪ This chair is not very **comfortable**.
einschalten *v-sep* ▪ Der Anrufbeantworter **ist eingeschaltet**.	**to turn on** ▪ The answerphone **is turned on**.
ausschalten *v-sep* ▪ Ich **habe** den Fernseher **ausgeschaltet** und bin eingeschlafen.	**to turn off** ▪ I **turned off** the TV and fell asleep.
heizen *v* ▪ Die meisten Leute **heizen** ihr Haus mit Gas.	**to heat** ▪ Most people use gas to **heat** their homes.

der **Tisch,** Tische *n*	**table**
der **Stuhl,** Stühle *n*	**chair**
der **Sessel,** Sessel *n*	**armchair**
die **Couch,** Couchs, Couchen *n*	**couch**
das **Sofa,** Sofas *n*	**sofa**
der **Schrank,** Schränke *n*	**cupboard**
der **Kleiderschrank,** Kleiderschränke *n*	**wardrobe**
das **Regal,** Regale *n*	**shelf**
das **Bett,** Betten *n*	**bed**
das **Kissen,** Kissen *n*	**pillow**
die **Decke,** Decken *n*	**blanket**
die **Lampe,** Lampen *n*	**lamp**
das **Licht,** Lichter *n*	**light**
der **Teppich,** Teppiche *n*	**carpet**
die **Dusche,** Duschen *n*	**shower**
die **Badewanne,** Badewannen *n*	**bath**
der **Wasserhahn,** Wasserhähne *n*	**tap**
die **Heizung,** Heizungen *n*	**heating**

Housekeeping

der **Haushalt,** Haushalte *n*	**household**
▪ Viele **Haushalte** in England sind Ein-Personen-Haushalte.	▪ Many **households** in England are one-person households.
den Haushalt machen *phrase*	**to run the household**
▪ Becky arbeitet ganztags und **macht den Haushalt**.	▪ Becky works full-time and **runs the household**.
abschließen *v-sep-irr*	**to lock**
▪ Macht die Fenster zu und **schließt** die Türen **ab**, bevor ihr geht.	▪ Close the windows and **lock** the doors before you leave.
klingeln *v*	**to ring the bell**
▪ Keines von den Kindern traute sich zu **klingeln**.	▪ None of the children dared to **ring the bell**.
waschen, wäscht, wusch, hat gewaschen *v-irr*	**to wash**
▪ Muss ich diesen Wollpullover mit der Hand **waschen**?	▪ Do I have to **wash** this wool jumper by hand?
abwaschen *v-sep-irr*	**to do the dishes**
▪ Ich möchte noch **abwaschen**, bevor wir ausgehen.	▪ I'd like to **do the dishes** before we go out.
putzen *v*	**to clean**
▪ Deine Fenster sind schmutzig. Du musst sie öfter **putzen**.	▪ Your windows are dirty. You've got to **clean** them more often.
sauber *adj*	**tidy; clean**
▪ Die Küche war ein Durcheinander, aber jetzt ist sie wieder **sauber**.	▪ The kitchen was a mess, but now it's **tidy** again.
▪ Die Fenster waren schmutzig. Jetzt sind sie wieder **sauber**.	▪ The windows were dirty. Now they're **clean** again.
schmutzig *adj*	**dirty**
▪ Meine Hände sind **schmutzig**. Ich muss sie waschen.	▪ My hands are **dirty**. I've got to wash them.
trocknen *v*	**to dry**
▪ Häng bitte deinen Regenmantel ins Bad, damit er **trocknet**.	▪ Please hang up your raincoat in the bathroom to **dry**.
das **Schloss,** Schlösser *n*	**lock**
der **Schlüssel,** Schlüssel *n*	**key**

der **Kühlschrank,** Kühlschränke *n*	**fridge**
die **Kaffeemaschine,** Kaffeemaschinen *n*	**coffee machine; coffee maker**
der **Herd,** Herde *n*	**cooker**
die **Spülmaschine,** Spülmaschinen *n*	**dish washer**
der **Topf,** Töpfe *n*	**pot**
die **Schüssel,** Schüsseln *n*	**dish**
das **Geschirr,** Geschirre *n*	**dishes**
der **Teller,** Teller *n*	**plate**
die **Tasse,** Tassen *n*	**cup**
die **Untertasse,** Untertassen *n*	**saucer**
das **Glas,** Gläser *n*	**glass**
die **Gabel,** Gabeln *n*	**fork**
das **Messer,** Messer *n*	**knife**
der **Löffel,** Löffel *n*	**spoon**
der **Teelöffel,** Teelöffel *n*	**teaspoon**
das **Feuerzeug,** Feuerzeuge *n*	**lighter**
die **Waschmaschine,** Waschmaschinen *n*	**washing machine**
der **Spiegel,** Spiegel *n*	**mirror**
das **Handtuch,** Handtücher *n*	**towel**
der **Föhn,** Föhne *n*	**hairdryer**
der **Wecker,** Wecker *n*	**alarm clock**
die **Klimaanlage,** Klimaanlagen *n*	**air conditioning**
die **Kiste,** Kisten *n*	**box**

➡ In German Kiste refers to a **large box** or **crate**. A **small box** is called a Schachtel.

der **Mülleimer,** Mülleimer *n*	**rubbish bin**

Tourism and Travel

Travel

der **Urlaub,** Urlaube *n*	**holiday**
▪ Im August haben viele Leute **Urlaub**.	▪ In August many people are on **holiday**.
die **Ferien** *n pl*	**holidays**
▪ In den **Ferien** fahren wir immer nach Spanien.	▪ We always go to Spain during the **holidays**.
die **Reise,** Reisen *n*	**journey; trip**
▪ Es ist eine dreitägige **Reise** mit der Bahn zur Westküste.	▪ It's a three-day **journey** by train to the west coast.
▪ Ich möchte eine **Reise** um die ganze Welt machen.	▪ I'd like to take a **trip** round the whole world.
reisen *v*	**to travel**
▪ Viele Menschen **reisen** gern in exotische Länder.	▪ Many people like **travelling** to exotic countries.
abreisen *v-sep*	**to leave**
▪ Ich muss leider am Samstagmorgen **abreisen**.	▪ I'm afraid I'll have to **leave** on Saturday morning.
abfahren *v-sep-irr*	**to depart**
▪ Der Zug **fährt** von Gleis drei **ab**.	▪ The train **departs** from platform three.
hinkommen *v-sep-irr*	**to get there**
▪ Wie **kommen** wir dort **hin** – mit dem Zug?	▪ How do we **get there** – by train?
die **Rückkehr** *n*	**return**
▪ Eine große Menschenmenge beobachtete die **Rückkehr** der Raumfähre.	▪ A large crowd watched the **return** of the Space Shuttle.
zurückkehren *v-sep*	**to return**
▪ Karl ist am 15. abgereist und **wird** am 20. **zurückkehren**.	▪ Karl left on the 15th and **will return** on the 20th.

zurückkommen *v-sep-irr* ▪ Um wie viel Uhr, denkst du, **werden** wir **zurückkommen**?	**to get back** ▪ What time **will** we **be getting back**, do you think?
das **Reisebüro, Reisebüros** *n* ▪ Benjamin hat alle seine Flüge über sein **Reisebüro** gebucht.	**travel agency** ▪ Benjamin booked all his flights at his **travel agency**.
der **Tourismus** *n* ▪ Das Einkommen vieler Menschen hier ist vom **Tourismus** abhängig.	**tourism** ▪ Many people here depend on **tourism** for their income.
der **Tourist,** die **Touristin, Touristen** *n* ▪ Im Sommer besuchen viele **Touristen** die Hauptstadt.	**tourist** ▪ In summer many **tourists** visit the capital.
touristisch *adj* ▪ Ich mag diese Gegend im Sommer nicht. Sie ist so **touristisch**.	**touristy** ▪ I don't like this area in the summer. It's so **touristy**.
buchen *v* ▪ Maria **hat** einen Flug nach Rom **gebucht**.	**to book** ▪ Maria **booked** a flight to Rome.
absagen *v-sep* ▪ Joe musste seine Reise nach Südafrika **absagen**.	**to cancel** ▪ Joe had to **cancel** his trip to South Africa.
packen *v* ▪ Nicolas fährt morgen, **hat** aber noch nicht **gepackt**.	**to pack** ▪ Nicolas is leaving tomorrow but he **hasn't packed** yet.
das **Gepäck** *n*	**luggage**
der **Koffer, Koffer** *n*	**(suit)case**
die **Papiere** *n n pl*	**documents**
der **Ausweis, Ausweise** *n*	**identification**
der **Personalausweis, Personalausweise** *n*	**identity card**
der **Pass, Pässe** *n*	**passport**
gültig *adj* ▪ Ihr Pass ist nicht mehr **gültig**. Er ist letzte Woche abgelaufen.	**valid** ▪ Your passport is no longer **valid**. It expired last week.
ungültig *adj*	**invalid**

Staying Overnight

die **Übernachtung,** Übernachtungen *n*	**night**
übernachten *v*	**to spend the night**
das **Hotel,** Hotels *n*	**hotel**
die **Unterkunft,** Unterkünfte *n*	**accommodation**
die **Pension,** Pensionen *n*	**guest house; bed and breakfast**
das **Motel,** Motels *n*	**motel**
die **Jugendherberge,** Jugendherbergen *n*	**youth hostel**
die **Rezeption,** Rezeptionen *n*	**reception**
das **Einzelzimmer,** Einzelzimmer *n*	**single room**
das **Doppelzimmer,** Doppelzimmer *n*	**double room**
einchecken *v-sep*	**to check in**
auschecken *v-sep*	**to check out**
das **Camping** *n*	**camping**
der **Campingplatz,** Campingplätze *n*	**campsite**
zelten gehen *phrase*	**to go camping**
das **Zelt,** Zelte *n*	**tent**
der **Schlafsack,** Schlafsäcke *n*	**sleeping bag**

Places of Interest

die **Sehenswürdigkeit,** Sehenswürdigkeiten *n*	**sight**
▪ Ich habe eine Liste mit den wichtigsten **Sehenswürdigkeiten**.	▪ I have a list of the most important **sights**.
die **Besichtigung,** Besichtigungen *n*	**sightseeing tour**
▪ Die **Besichtigung** beginnt um 10 Uhr.	▪ The **sightseeing tour** begins at 10 am.
besichtigen *v*	**to visit**
▪ Wir **haben** viele Schlösser in dieser Gegend **besichtigt**.	▪ We've **visited** many castles in the region.
der **Ausflug,** Ausflüge *n*	**trip**
▪ Was hältst du von einem **Ausflug** ans Meer?	▪ What do you think about taking a **trip** to the seaside?
die **Führung,** Führungen *n*	**guided tour**
▪ Eine **Führung** ist im Eintrittsgeld inbegriffen.	▪ A **guided tour** is included in the admission.
führen *v*	**to lead**
▪ Sie **führte** uns auch durch die Privatgemächer des Prinzen.	▪ She also **led** us through the prince's private chambers.
der **Eintritt,** Eintritte *n*	**admission**
▪ Der **Eintritt** für dieses Museum kostet 9,50 Euro.	▪ **Admission** to this museum costs EUR 9.50.
die **Kirche,** Kirchen *n*	**church**
▪ Diese **Kirche** ist das schönste Gebäude, das ich je gesehen habe.	▪ This **church** is the most beautiful building I've ever seen.
der **Dom,** Dome *n*	**cathedral**
▪ Auf unserer Fahrt rheinabwärts besuchten wir auch den Kölner **Dom**.	▪ On our trip down the Rhine we also visited Cologne **Cathedral**.
die **Synagoge,** Synagogen *n*	**synagogue**
▪ Es dauerte fast fünf Jahre, die **Synagoge** wieder aufzubauen.	▪ It took almost five years to rebuild the **synagogue**.
die **Moschee,** Moscheen *n*	**mosque**
▪ Die Hagia Sophia ist keine **Moschee** mehr, sie ist ein Museum.	▪ Hagia Sophia is not a **mosque** anymore, it's a museum.

das **Museum,** Museen *n*	**museum**
▪ Einige der interessantesten **Museen** sind in Berlin.	▪ Some of the most interesting **museums** are in Berlin.
der **Saal,** Säle *n*	**hall**
▪ Der König gab früher Bankette im Großen **Saal** der Burg.	▪ The king used to give banquets in the Great **Hall** of the castle.
der **Turm,** Türme *n*	**tower**
▪ Dieser **Turm** war früher das höchste Gebäude unseres Landes.	▪ This **tower** used to be the tallest building in our country.
das **Schloss,** Schlösser *n*	**castle**
▪ Das **Schloss** in Heidelberg ist absolut sehenswert.	▪ The **castle** in Heidelberg is definitely worth seeing.
der **Palast,** Paläste *n*	**palace**
▪ Man sagte uns, dass der **Palast** mehr als 250 Zimmer hatte.	▪ They told us the **palace** had more than 250 rooms.

Location Information

der **Ort,** Orte *n*	**place**
▪ Ich kenne diesen **Ort**. Ich war hier schon mal.	▪ I know this **place**. I've been here before.
das **Dorf,** Dörfer *n*	**village**
▪ Ich wurde in einem kleinen **Dorf** geboren.	▪ I was born in a small **village**.
die **Stadt,** Städte *n*	**town; city**
▪ Michael würde gern in eine kleine **Stadt** ziehen.	▪ Michael would like to move to a small **town**.
▪ In der **Stadt** haben es die Menschen immer eilig.	▪ People in the **city** are always in a hurry.
die **Stadtmitte,** Stadtmitten *n*	**city centre**
▪ Fährt dieser Bus in die **Stadtmitte**?	▪ Is this bus going to the **city centre**?
das **Stadtzentrum,** Stadtzentren *n*	
▪ Das **Stadtzentrum** ist nachts ziemlich tot.	▪ **Downtown** is pretty dead at night.

der **Vorort,** Vororte *n* ▪ Viele Menschen wohnen in den **Vororten** großer Städte, arbeiten aber im Zentrum.	**suburb** ▪ Many people live in the **suburbs** of large cities, but work in the city centre.
das **Viertel,** Viertel *n* ▪ Die Wohnungen in diesem **Viertel** sind sehr teuer.	**quarter** ▪ Accommodation in this **quarter** is very expensive.
der **Stadtteil,** Stadtteile *n* ▪ In welchem **Stadtteil** wohnst du?	**part of town** ▪ Which **part of town** do you live in?
die **Kreuzung,** Kreuzungen *n*	**crossroad**
der **Platz,** Plätze *n*	**square**
die **Straße,** Straßen *n*	**street; road**
die **Landstraße,** Landstraßen *n*	**road**
die **Autobahn,** Autobahnen *n*	**motorway**
der **Parkplatz,** Parkplätze *n*	**parking space; car park**
das **Parkhaus,** Parkhäuser *n*	**multi-storey car park**
der **Gehweg,** Gehwege *n*	**pavement**
die **Brücke,** Brücken *n*	**bridge**
der **Park,** Parks *n*	**park**
der **Friedhof,** Friedhöfe *n*	**cemetery**
der **Stadtplan,** Stadtpläne *n*	**map**
die **Landkarte,** Landkarten *n*	**map**

Public Transport

Local Public Transport

der **Fahrgast,** Fahrgäste *n*	**passenger**
die **U-Bahn,** U-Bahnen *n*	**underground**
die **S-Bahn®,** S-Bahnen *n*	**suburban train**
die **Straßenbahn,** Straßenbahnen *n*	**tram**
der **Bus,** Busse *n*	**bus**
die **Linie,** Linien *n*	**line**
die **Haltestelle,** Haltestellen *n*	**(bus) stop**
die **Fahrkarte,** das **Billett** *CH* Fahrkarten, Billetts *n*	**ticket**
umsteigen *v-sep-irr* ■ Sie müssen an der nächsten Haltestelle **umsteigen**.	**to change trains** ■ You have to **change trains** at the next station.
die **Verspätung,** Verspätungen *n* ■ Auf dem Flughafen gab es viele **Verspätungen** wegen Nebels.	**delay** ■ There were lots of **delays** at the airport due to fog.
warten auf *phrase* ■ Wie lange **warten** Sie schon **auf** den Bus?	**to wait for** ■ How long **have** you **been waiting for** the bus?
das **öffentliche Verkehrsmittel,** öffentlichen Verkehrsmittel *n* ■ Sie wohnen in einer Gegend ohne **öffentliche Verkehrsmittel**.	**(means of) public transport** ■ They live in an area without any **means of public transport**.

Railway Transportation

der **Bahnhof,** Bahnhöfe *n* — **station; railway station**

➡ Bahnhof is mostly shortened to Bhf and Hauptbahnhof **main station** to Hbf.

der **Zug,** Züge *n* — **train**

die **Eisenbahn,** Eisenbahnen *n* — **railway**

➡ Another word for Eisenbahn in German is die Bahn, plural die Bahnen. Examples are Deutsche Bahn, Österreichische Bundesbahnen and Schweizerische Bundesbahnen.

der **Fahrplan,** Fahrpläne *n* — **timetable**
- Man kann die Abfahrts- und Ankunftszeiten dem **Fahrplan** entnehmen.
- You can see the departure and arrival times on the **timetable**.

die **Abfahrt,** Abfahrten *n* — **departure**
- Nach der **Abfahrt** des Zuges war der Bahnhof sehr still.
- After the **departure** of the train, the station was very quiet.

die **Ankunft,** Ankünfte *n* — **arrival**
- Wegen Nebels wird es manche verspätete **Ankunft** geben.
- Due to fog there will be some late **arrivals**.

mit dem Zug fahren *phrase* — **to go by train**
- Das letzte Mal **ist** David **mit dem Zug** nach London **gefahren**.
- David **went** to London **by train** last time.

➡ When talking about modes of transport, you need to use the preposition mit in German: mit dem Bus fahren **to go by bus**, mit dem Auto fahren **to go by car**.

verpassen *v* — **to miss**
- Adrian **verpasste** sein Flugzeug, weil der Zug Verspätung hatte.
- Adrian **missed** his plane because the train was late.

der **Fahrkartenschalter,** Fahrkartenschalter *n* — **ticket office**
- Es gibt keinen Grund, am **Fahrkartenschalter** Schlange zu stehen.
- There's no need to queue at the **ticket office**.

die **Auskunft** *n* — **information desk**
- Wenn Sie Informationen brauchen, fragen Sie bitte an der **Auskunft**.
- If you need any information, please ask at the **information desk**.

die **Verbindung,** Verbindungen *n*	**connection; service**
▪ Leider gibt es hier keine direkte **Verbindung**.	▪ Unfortunately there's no direct **connection** here.
▪ Die **Verbindung** in dieses Dorf ist nur in den Ferien in Betrieb.	▪ The **service** in this village only runs during the holidays.
die **Rückfahrkarte,** Rückfahrkarten *n*	**return ticket; round-trip ticket**
▪ Möchten Sie eine einfache oder eine **Rückfahrkarte**?	▪ Do you want a single or a **return ticket**?
▪ Eine **Rückfahrkarte** nach Philadelphia, bitte.	▪ A **round-trip ticket** to Philadelphia, please.
durchgehend *adj*	**direct**
▪ Sonia nahm den **durchgehenden** Zug von Hamburg nach München.	▪ Sonia took the **direct** train from Hamburg to Munich.
das **Abteil,** Abteile *n*	**compartment**
▪ Alle in meinem **Abteil** telefonierten gleichzeitig.	▪ Everybody in my **compartment** was on the phone at the same time.
der **Schaffner,** die **Schaffnerin,** Schaffner *n*	**conductor**
▪ Ich hatte eine Frage, aber der **Schaffner** war nirgendwo in Sicht.	▪ I had a question, but the **conductor** was nowhere in sight.
der **Sitzplatz,** Sitzplätze *n*	**seat**
▪ Entschuldigen Sie, aber Sie sitzen auf meinem **Sitzplatz**.	▪ Excuse me, but you're sitting in my **seat**.
der **Bahnsteig,** der **Perron** *CH* Bahnsteige, Perrons *n*	**platform**
▪ Ihr Anschlusszug fährt vom selben **Bahnsteig**.	▪ Your connection leaves from the same **platform**.
das **Gleis,** Gleise *n*	**platform; track**
▪ Ihr Zug fährt von **Gleis** 5 ab.	▪ Your train departs from **platform** 5.
▪ Nach dem Gewitter lagen einige Bäume auf den **Gleisen**.	▪ Several trees were lying on the **tracks** after the storm.
die **Schiene,** Schienen *n*	**rail**
▪ Reisende dürfen die **Schienen** nicht überqueren.	▪ Passengers must not cross the **rails**.
der **Schnellzug,** Schnellzüge *n*	**express train**
▪ Warum fährst du nicht mit dem **Schnellzug** nach Edinburgh?	▪ Why don't you travel to Edinburgh by **express train**?

der **Regionalzug,** Regionalzüge *n*	**local train**
▪ Gestern ist ein Güterzug mit einem **Regionalzug** zusammengestoßen.	▪ A freight train hit a **local train** yesterday.
der **Vorortzug,** Vorortzüge *n*	**commuter train**
▪ Stewart nimmt jeden Morgen den **Vorortzug**.	▪ Stewart takes the **commuter train** every morning.

Air and Sea Transportation

der **Flug,** Flüge *n*	**flight**
▪ Ich suche nach einem günstigen **Flug** nach Mexiko Stadt.	▪ I'm looking for a reasonable **flight** to Mexico City.
fliegen, fliegt, flog, ist geflogen *v-irr*	**to fly**
▪ **Fliegst** du oder nimmst du den Zug?	▪ Are you going to **fly** or take the train?
die **Fluggesellschaft,** Fluggesellschaften *n*	**airline**
▪ Viele **Fluggesellschaften** bieten Nonstop-Flüge nach New York an.	▪ Many **airlines** offer nonstop flights to New York.
der **Flugplan,** Flugpläne *n*	**schedule**
▪ Ist Julians Flug gemäß **Flugplan** angekommen?	▪ Did Julian's flight arrive according to **schedule**?
das **Flugzeug,** Flugzeuge *n*	**plane**
der **Flughafen,** Flughäfen *n*	**airport**
der **Flugsteig,** Flugsteige *n*	**gate**
das **Terminal,** Terminals *n*	**terminal**
starten *v*	**to take off**
▪ Das Flugzeug nach Tokio **ist** vor zehn Minuten **gestartet**.	▪ The plane for Tokyo **took off** ten minutes ago.
landen *v*	**to land**
▪ Wir **sind** nach einem sechsstündigen Flug in London **gelandet**.	▪ We **landed** in London after a six-hour flight.
das **Schiff,** Schiffe *n*	**ship**; **boat**
das **Boot,** Boote *n*	**boat**
der **Hafen,** Häfen *n*	**port**; **harbour**

die **Fähre,** Fähren *n*	**ferry**
auslaufen *v-sep-irr* ▪ Am letzten Tag **liefen** wir aus dem Hafen von Montevideo **aus.**	**to put to sea** ▪ On our final day we **put to sea** from the port of Montevideo.
sinken, sinkt, sank, ist gesunken *v-irr* ▪ Die Fähre **sank** innerhalb von Minuten.	**to sink** ▪ The ferry **sank** within minutes.

Private Transport

der **Verkehr** *n* ▪ An dem Wochenende ist immer viel **Verkehr** auf den Straßen.	**traffic** ▪ There's always a lot of **traffic** on the roads that weekend.
das **Auto,** Autos *n*	**car**
der **Wagen,** Wagen *n*	**car**
das **Hybridauto,** Hybridautos *n*	**hybrid car**
das **Motorrad,** Motorräder *n*	**motorbike**
das **Taxi,** Taxis *n*	**taxi**
der **Fahrer,** die **Fahrerin,** Fahrer *n*	**driver**
fahren, fährt, fuhr, ist gefahren *v-irr* ▪ Mit 18 hat Chris **fahren** gelernt. ▪ Es ist viel zu kalt, um zu laufen. Lass uns mit dem Bus **fahren.**	**to drive; to go** ▪ Chris learned how to **drive** when he was 18. ▪ It's much too cold to walk. Let's **go** by bus.
der **Führerschein,** Führerscheine *n* ▪ Hier muss man 17 sein, wenn man den **Führerschein** machen will.	**driving licence** ▪ You have to be 17 to get your **driving licence** here.
das **Fahrrad,** das **Velo** *CH* Fahrräder, Velos *n*	**bicycle**
Fahrrad fahren *phrase* ▪ Karen war drei, als ihr Vater ihr beibrachte, **Fahrrad** zu **fahren.**	**to ride a bike** ▪ Karen was three when her father taught her how to **ride a bike.**

die **Route,** Routen *n* ▪ Ich zeigte ihr die **Route** im Internet.	**route** ▪ I showed her the **route** on the Internet.
vorwärts fahren *phrase* ▪ Patrick **fuhr** ein paar Meter **vorwärts** und hielt den Wagen an.	**to go forward** ▪ Patrick **went forward** a few metres and stopped the car.
rückwärts fahren *phrase* ▪ Vorsicht, **fahre** nicht zu weit **rückwärts**. Da ist eine Mauer.	**to reverse** ▪ Careful, don't **reverse** too far. There's a wall.
der **Reifen,** der **Pneu** *CH* Reifen, Pneus *n*	**tyre**
die **Ampel,** Ampeln *n*	**traffic lights**
das **Schild,** Schilder *n*	**road sign**
überqueren *v* ▪ Man darf bei Rot die Straße nicht **überqueren**.	**to cross** ▪ You mustn't **cross** the street when the light is red.
parken, parkieren *CH v* ▪ Wenn du hier **parkst**, wirst du einen Strafzettel bekommen.	**to park** ▪ If you **park** here, you'll get a ticket.
das **Benzin,** Benzine *n*	**petrol**
der **Diesel** *n*	**diesel**
die **Tankstelle,** Tankstellen *n*	**garage; petrol station**
volltanken *v-sep* ▪ Wir müssen den Wagen noch **volltanken**, bevor wir morgen losfahren.	**to fill up** ▪ We have to **fill up** the car before we leave tomorrow.

Nature and the Environment

Animals and Plants

das **Tier,** Tiere *n*	**animal**
die **Kuh,** Kühe *n*	**cow**
der **Stier,** Stiere *n*	**bull**
das **Kalb,** Kälber *n*	**calf**
das **Schwein,** Schweine *n*	**pig**
das **Schaf,** Schafe *n*	**sheep**
die **Ziege,** Ziegen *n*	**goat**
das **Pferd,** Pferde *n*	**horse**
das **Huhn,** Hühner *n*	**chicken**
der **Hund,** Hunde *n*	**dog**
die **Katze,** Katzen *n*	**cat**
die **Maus,** Mäuse *n*	**mouse**
der **Vogel,** Vögel *n*	**bird**
der **Fisch,** Fische *n*	**fish**
die **Pflanze,** Pflanzen *n*	**plant**
der **Wald,** Wälder *n*	**forest**; **wood**
der **Baum,** Bäume *n*	**tree**
das **Blatt,** Blätter *n*	**leaf**
die **Blume,** Blumen *n*	**flower**
die **Rose,** Rosen *n*	**rose**
das **Gras,** Gräser *n*	**grass**
das **Getreide,** Getreide *n*	**grain**

Landscape

die **Landschaft,** Landschaften *n*	**landscape; scenery**
▪ Wir wanderten durch die dramatische **Landschaft** des Lake District.	▪ We walked through the dramatic **landscape** of the Lake District.
▪ Man sieht herrliche **Landschaft** in der Schweiz.	▪ You can see fantastic **scenery** in Switzerland.
das **Gebiet,** Gebiete *n*	**area**
▪ Es gibt viele Schlangen in diesem **Gebiet**.	▪ There are lots of snakes in this **area**.
die **Region,** Regionen *n*	**region**
▪ Diese **Region** Österreichs bekommt viel Sonnenschein ab.	▪ This **region** of Austria gets a lot of sunshine.
regional *adj*	**regional**
▪ Der Konflikt wird nicht mehr als **regional** eingestuft.	▪ The conflict is no longer considered to be **regional**.
überregional *adj*	**national**
▪ Ich habe eine **überregionale** Zeitung abonniert.	▪ I've subscribed to a **national** paper.
der **Kontinent,** Kontinente *n*	**continent**
▪ Der australische **Kontinent** wurde vor 60.000 Jahren besiedelt.	▪ The Australian **continent** was populated 60,000 years ago.
das **Land,** Länder *n*	**country; land**
▪ Würdest du lieber in der Stadt oder auf dem **Land** leben?	▪ Would you rather live in the city or in the **country**?
▪ Um Rinder zu züchten, braucht man viel **Land**.	▪ You need a lot of **land** to raise cattle.
der **Erdboden** *n*	**ground; soil**
▪ In der Arktis ist der **Erdboden** fast das ganze Jahr gefroren.	▪ In the Arctic the **ground** is frozen nearly all year round.

➡ The shorter word for **Erdboden** is **der Boden**.

das **Gebirge,** Gebirge *n*	**mountains**
der **Berg,** Berge *n*	**mountain**
der **Gipfel,** Gipfel *n*	**peak**
der **Hügel,** Hügel *n*	**hill**

das **Wasser** *n*	**water**
das **Meer,** Meere *n*	**sea**
der **Ozean,** Ozeane *n*	**ocean**
das **Mittelmeer** *n*	**Mediterranean (Sea)**
der **Atlantik** *n*	**Atlantic (Ocean)**
der **Pazifik** *n*	**Pacific (Ocean)**
die **Welle,** Wellen *n*	**wave**
die **Küste,** Küsten *n*	**coast; seaside**
der **Strand,** Strände *n*	**beach**
der **Fluss,** Flüsse *n*	**river**
der **See,** Seen *n*	**lake**
das **Ufer,** Ufer *n*	**bank**
die **Insel,** Inseln *n*	**island**
die **Wüste,** Wüsten *n*	**desert**
der **Weg,** Wege *n*	**path**
der **Pfad,** Pfade *n*	**path**

Compass Directions

der **Norden** *n*	**north**
nördlich von *phrase* ▪ Er ist in einem kleinen Dorf **nördlich** der Hauptstadt geboren.	**(to the) north of** ▪ He was born in a village **to the north of** the capital.
der **Süden** *n*	**south**
südlich von *phrase* ▪ Die Altstadt liegt **südlich** der Autobahn.	**(to the) south of** ▪ The old city is **to the south of** the motorway.
der **Westen** *n*	**west**
westlich von *phrase* ▪ Der Vorort liegt **westlich** der Stadtmitte.	**(to the) west of** ▪ The suburb is **west of** the town centre.
der **Osten** *n*	**east**
östlich von *phrase* ▪ Die Küste ist **östlich von** hier.	**(to the) east of** ▪ The coast is **to the east of** here.

Space

die **Welt,** Welten *n*	**world**
die **Erde** *n*	**earth**
das **All** *n*	**space**
der **Weltraum** *n*	**space**
der **Himmel,** Himmel *n*	**sky**
die **Luft,** Lüfte *n*	**air**
der **Mond,** Monde *n*	**moon**
der **Stern,** Sterne *n*	**star**
die **Sonne,** Sonnen *n*	**sun**
der **Satellit,** Satelliten *n*	**satellite**

Environment, Weather and Climate

das **Wetter** *n*	**weather**
▪ Das **Wetter** ist zu mild für Schnee.	▪ The **weather** is too mild for snow.
das **Klima** *n*	**climate**
▪ In Südeuropa ist das **Klima** viel zu warm für mich.	▪ In southern Europe the **climate** is much too warm for me.
die **Temperatur**, Temperaturen *n*	**temperature**
▪ Man muss viel trinken, wenn die **Temperaturen** so hoch sind.	▪ You have to drink a lot when the **temperature** is so high.
die **Hitze** *n*	**heat**
heiß *adj*	**hot**
▪ Im Sommer wird es in Kalifornien sehr **heiß**.	▪ In the summer it gets very **hot** in California.
die **Wärme** *n*	**warmth**
warm *adj*	**warm**
▪ Mir war ziemlich **warm** unter der Decke.	▪ I was quite **warm** under the blanket.
die **Kälte** *n*	**cold**
kalt *adj*	**cold**
▪ New York ist im Sommer zu warm und im Winter zu **kalt**.	▪ New York is too hot in summer and too **cold** in winter.
kühl *adj*	**cool**
▪ Selbst im August ist es in den Bergen angenehm **kühl**.	▪ It's pleasantly **cool** in the mountains, even in August.
die **Wolke**, Wolken *n*	**cloud**
▪ Der Himmel war blau und ohne **Wolken**.	▪ The sky was blue and there were no **clouds**.
bewölkt *adj*	**cloudy**
▪ Die Wettervorhersage lautet: teilweise **bewölkt**, aber kein Regen.	▪ The weather forecast is for it to be partly **cloudy** but no rain.
der **Regen** *n*	**rain**
▪ Es ist so heiß und trocken, wir brauchen **Regen**.	▪ It's so hot and dry, we need some **rain**.

regnen *v*	**to rain**
▪ Ihr könnt nicht zum Strand gehen, es **regnet** noch.	▪ You can't go to the beach, it's still **raining**.

➡ When speaking about the weather in German, the impersonal form is used: Es regnet/schneit. **It's raining/snowing.** Es ist sonnig. **It's sunny.** Es ist bewölkt. **It's cloudy.** (But: Die Sonne scheint. **The sun is shining.**)

trocken *adj*	**dry**
▪ Im letzten Sommer war es sehr heiß und zu **trocken**.	▪ Last summer it was very hot and too **dry**.
nass *adj*	**wet**
▪ Nach dem Regenguss war ich durch und durch **nass**.	▪ After the rainshower I was **wet** through.
der **Wind,** Winde *n*	**wind**
▪ Ich würde gern segeln gehen, aber es ist nicht genug **Wind** da.	▪ I'd like to go sailing but there isn't enough **wind**.
windig *adj*	**windy**
▪ In der Bergen ist es auch im Sommer oft **windig**.	▪ In the mountains it's often **windy** even in summer.
blasen, bläst, blies, hat geblasen *v-irr*	**to blow**
▪ Der starke Wind **blies** die Regenwolken fort.	▪ The strong wind **blew** the rainclouds away.
der **Sturm,** Stürme *n*	**storm**
▪ Das Boot geriet in einen **Sturm** und sank.	▪ The boat got into a **storm** and sank.
stürmisch *adj*	**stormy**
▪ Wir verbrachten eine raue und **stürmische** Nacht in den Bergen.	▪ We spent a rough and **stormy** night in the mountains.
das **Gewitter,** Gewitter *n*	**thunderstorm**
▪ Das Flugzeug geriet in ein **Gewitter** und wurde vom Blitz getroffen.	▪ The plane got into a **thunderstorm** and was struck by lightning.
der **Nebel,** Nebel *n*	**fog**
▪ Wegen **Nebels** war der Flughafen für mehrere Stunden geschlossen.	▪ The airport was closed for several hours because of **fog**.
neblig *adj*	**foggy**
▪ Es war so **neblig**, dass man fast nichts sehen konnte.	▪ It was so **foggy**, you could see hardly anything.

das **Eis** *n*	**ice**
▪ Das **Eis** auf dem Teich ist noch zu dünn, um darauf zu gehen.	▪ The **ice** on the pond is still too thin to walk on.
der **Schnee** *n*	**snow**
▪ Letzten Winter hatten wir kaum **Schnee**; es war zu mild.	▪ We had hardly any **snow** last winter; it was too mild.
schneien *v*	**to snow**
▪ Es **hat** letzte Nacht hier **geschneit**, was nicht häufig geschieht.	▪ It **snowed** here last night, which doesn't happen often.
das **Feuer**, Feuer *n*	**fire**
▪ Das **Feuer** zerstörte mehrere Häuser.	▪ The **fire** destroyed several houses.
brennen, brennt, brannte, hat gebrannt *v-irr*	**to burn**
▪ Der Wald **brannte** die ganze Nacht.	▪ The forest **burnt** throughout the night.
die **Überschwemmung**, Überschwemmungen *n*	**flooding; flood**
▪ Nach den schweren Regenfällen war die Gefahr von **Überschwemmungen** sehr groß.	▪ After the heavy rainfall, there was a very high risk of **flooding**.
▪ Während der Regenzeit gibt es schwere **Überschwemmungen**.	▪ There are severe **floods** during the rainy season.
das **Erdbeben**, Erdbeben *n*	**earthquake**
▪ In einigen Regionen der Welt gibt es immer wieder gefährliche **Erdbeben**.	▪ In some parts of the world, there are **earthquakes** time and again.
die **Umwelt** *n*	**environment**
▪ Nichts verschmutzt die **Umwelt** mehr als das Öl.	▪ Oil pollutes the **environment** more than anything else.
der **Treibhauseffekt**, Treibhauseffekte *n*	**greenhouse effect**
▪ Der **Treibhauseffekt** ist der Prozess, der die Erdatmosphäre erwärmt.	▪ The **greenhouse effect** is the process that warms the earth's atmosphere.
der **Klimawandel** *n*	**climate change**
▪ Viele Menschen glauben, dass der **Klimawandel** nicht mehr aufzuhalten ist.	▪ Many people think that **climate change** is unstoppable.

Communication and Media

Post

die **Post** *n*	**post**
▪ Ich kann Ihnen den Brief mit der **Post** schicken oder ihn faxen.	▪ I can send you the letter by **post** or I can fax it.
aufgeben *v-sep-irr*	**to post**
▪ Denken Sie daran, das Päckchen zwei Wochen vorher **aufzugeben**.	▪ Make sure you **post** the parcel two weeks in advance.
schicken *v*	**to send**
▪ Ich **schicke** Ihnen eine Kopie des Vertrags per E-Mail.	▪ I'll **send** you a copy of the contract by e-mail.
die **Postleitzahl,** Postleitzahlen *n*	**postcode**
das **Postamt,** Postämter *n*	**post office**

➡ An alternative word for Postamt is die Post.

der **Brief,** Briefe *n*	**letter**
die **Postkarte,** Postkarten *n*	**postcard**
das **Päckchen,** Päckchen *n*	**parcel**
die **Briefmarke,** Briefmarken *n*	**stamp**
Liebe …, Lieber … *phrase*	**Dear …**

➡ In German letters or e-mails you normally start by putting Liebe/r **Dear** followed by the persons first name or surname: Lieber Thomas or Liebe Elke or Lieber Herr Meyer. In official correspondence you can use Sehr geehrte Frau Schumann **Dear Mrs Schumann** or Sehr geehrter Herr Müller. Next comes a comma and the following line starts with a lower-case letter.

Mit freundlichen Grüßen *phrase*	**Yours sincerely**
▪ **Mit freundlichen Grüßen** Ihre Emily Post	▪ **Yours sincerely** Emily Post

➡ Germans usually sign off their letters and e-mails with the phrase Viele/Liebe/Herzliche Grüße. In formal letters, however, they often use Mit freundlichen Grüßen.

Print Media and Broadcasting

die **Information,** Informationen *n*	**information**
▪ Die Lokalzeitung enthält **Informationen** über die Gottesdienste.	▪ The local paper contains **information** about church services.
informieren *v*	**to inform**
▪ Dieses Programm **informiert** die Menschen über aktuelle Ereignisse.	▪ This programme **informs** people about current events.
die **Nachrichten** *n f pl*	**news**
▪ Es ist 10 Uhr, lass uns die **Nachrichten** hören.	▪ It's 10 o'clock, let's listen to the **news**.

➡ If die Nachricht is used in the singular, it means **information** or **message**. Ich habe eine wichtige Nachricht für dich. **I have an important message for you.**

die **Zeitung,** Zeitungen *n*	**newspaper; paper**
die **Zeitschrift,** Zeitschriften *n*	**magazine**

➡ Other common terms for **magazine** in German are die Illustrierte or das Magazin.

der **Artikel,** Artikel *n*	**article**
▪ Ich habe gerade einen **Artikel** über die globale Erwärmung gelesen.	▪ I've just finished reading an **article** on global warming.
die **Ausgabe,** Ausgaben *n*	**edition; issue**
▪ Wo ist die letzte **Ausgabe** der Zeitung?	▪ Where's the latest **edition** of the paper?
▪ Der Artikel, den du suchst, war in der letzten **Ausgabe**.	▪ The article you're looking for was in the last **issue**.
das **Abonnement,** Abonnements *n*	**subscription**
▪ Sue kündigte ihr **Abonnement**, als sie wieder die Preise erhöhten.	▪ Sue cancelled her **subscription** when they put up the price again.
das **Radio,** Radios *n*	**radio**
das **Fernsehen** *n*	**television; TV**
der **Fernseher,** Fernseher *n*	**TV**
fernsehen *v-sep-irr*	**to watch TV**
▪ Kinder **sehen** heutzutage zu viel **fern**.	▪ Kids today **watch** too much **TV**.

senden, sendet, sandte/sendete, hat gesandt/gesendet *v-irr*	**to broadcast**
■ Die Nachricht von ihrem Wahlsieg wurde sofort **gesendet**.	■ The news of her victory in the election was **broadcast** immediately.
übertragen *v-irr*	**to broadcast**
■ Die Olympischen Spiele wurden in alle Teile der Welt **übertragen**.	■ The Olympic Games were **broadcast** all over the world.
aufnehmen *v-sep-irr*	**to record**
■ Ich habe einen guten Freund gebeten, das Spiel **aufzunehmen**.	■ I asked a good friend to **record** the match.
die **Sendung,** Sendungen *n*	**programme**
■ Das war eine der besten **Sendungen**, die ich je gesehen habe.	■ That was one of the best **programmes** I've ever seen.
das **Programm,** Programme *n*	**schedule**
■ Im Sommer ist das **Programm** im Fernsehen voller Wiederholungen.	■ In Summer the TV **schedule** is filled with repeats.
der **Werbespot,** Werbespots *n*	**commercial**
■ Der Film war gut, aber die Menge an **Werbespots** nervte mich.	■ The film was good, but the number of **commercials** annoyed me.
die **Wahrheit,** Wahrheiten *n*	**truth**
■ Man glaubte ihr nicht, obwohl sie die **Wahrheit** sagte.	■ People didn't believe her even though she was telling the **truth**.
wahr *adj*	**true**
■ Es klingt seltsam, aber es ist eine **wahre** Geschichte.	■ It sounds strange but it's a **true** story.

Telephone, Mobile Phones and the Internet

das **Telefon,** Telefone *n*	**telephone; phone**
▪ Mein **Telefon** war vorübergehend abgeschaltet.	▪ My **telephone** has been temporarily disconnected.
▪ Darf ich Ihr **Telefon** benutzen?	▪ May I use your **phone**?
das **Telefongespräch,** Telefongespräche *n*	**phone call**
▪ Auf Ihrer Telefonrechnung sind alle **Telefongespräche** aufgelistet.	▪ All your **phone calls** are listed on your phone bill.
telefonieren *v*	**to be on the phone**
▪ Du darfst ihn jetzt nicht stören. Er **telefoniert** gerade.	▪ You mustn't disturb him at the moment. He **is on the phone**.
der **Anruf,** Anrufe *n*	**call**
▪ Wo ist Tom? Da ist ein **Anruf** für ihn.	▪ Where's Tom? There's a **call** for him.
anrufen *v-sep-irr*	**to phone; to ring**
▪ Könntest du mich etwa eine Stunde vor deiner Ankunft **anrufen**?	▪ Could you **phone** me about an hour before you arrive?
▪ Carl hat sie dreimal **angerufen**, aber sie ist nicht rangegangen.	▪ Carl **rang** her three times but she never answered the phone.
zurückrufen *v-sep-irr*	**to phone back**
▪ Ich habe Diane gebeten, mich **zurückzurufen**, sobald sie mehr weiß.	▪ I asked Diane to **phone** me **back** as soon as she knows any more.
wählen *v*	**to dial**
▪ **Wählen** Sie zuerst die 1 und dann die Nummer.	▪ First **dial** 1 and then the number.
Wer ist am Apparat? *phrase*	**Who am I speaking to?**
Auf Wiederhören! *interj*	**Bye!**
besetzt *adj*	**engaged**
▪ Alle Leitungen sind **besetzt**. Bitte versuchen Sie es noch einmal.	▪ All the lines are **engaged**. Please try again.
die **Vorwahl,** Vorwahlen *n*	**dialling code**
▪ Bist du sicher, dass die **Vorwahl** von London 020 ist?	▪ Are you sure the **dialling code** for London is 020?

das **Handy,** Handys *n*	**mobile (phone)**
▪ Du kannst mich immer auf meinem **Handy** erreichen.	▪ You can always reach me on my **mobile phone**.
das **Smartphone,** Smartphones *n*	**smartphone**
▪ Ich checke morgens meine E-Mails mit meinem **Smartphone**.	▪ I check my e-mails on my **smartphone** every morning.
die **SMS,** SMS *n*	**text (message)**
▪ Schick mir eine **SMS**, wenn du weißt, wann der Film anfängt.	▪ Send me a **text message** when you know what time the film starts.
eine SMS schreiben *phrase*	**to text**
▪ Ich habe ihm **eine SMS geschrieben**, wo wir uns treffen.	▪ I **texted** him about where to meet.
das **Internet** *n*	**Internet**
▪ Warum schaust du ihre neue Nummer nicht im **Internet** nach?	▪ Why don't you look up her new number on the **Internet**?
die **E-Mail,** E-Mails *n*	**e-mail**
▪ Sie haben mich gebeten, meine Bewerbung per **E-Mail** zu schicken.	▪ They asked me to send my application by **e-mail**.
➡ In Austria, das E-Mail is also common.	
die **E-Mail-Adresse,** E-Mail-Adressen *n*	**e-mail address**
▪ Ich muss die falsche **E-Mail-Adresse** verwendet haben.	▪ I must have used the wrong **e-mail address**.
der **(E-Mail-)Anhang** *n*	**attachment**
▪ Meine E-Mail kam nicht durch, weil der **Anhang** zu groß war.	▪ My e-mail didn't get through because the **attachment** was too big.
die **Flatrate,** Flatrates *n*	**flat rate**
▪ Mein Internetprovider hat mir eine neue **Flatrate** angeboten.	▪ My Internet service provider offered me a new **flat rate**.
das **WLAN,** WLANs *n*	**Wi-fi**
▪ In allen Zimmern des Hotels gab es **WLAN**.	▪ There was **Wi-fi** in every room of the hotel.

online *adj* ▪ Wirst du heute am späteren Abend **online** sein?	**online** ▪ Are you going to be **online** later this evening?
offline *adj* ▪ Ich wollte dich erreichen, aber dein Computer war **offline**.	**offline** ▪ I tried to reach you, but your computer was **offline**.
aufladen *v-sep-irr* ▪ Ich muss mein Smartphone **aufladen**, mein Akku ist fast leer.	**to charge** ▪ I need to **charge** my smartphone, the battery is almost gone.
(Daten) herunterladen *phrase* ▪ Ist es ungefährlich, die kostenlose Version **herunterzuladen**?	**to download** ▪ Is it safe to **download** the free version?
das **Benutzerkonto, Benutzerkonten** *n* ▪ Du musst dir ein **Benutzerkonto** einrichten, bevor du bei diesem Anbieter bestellen kannst.	**account** ▪ You must open an **account** before you can order from this provider.
der **Benutzername, Benutzernamen** *n* ▪ Um dich einzuloggen musst du nur deinen **Benutzernamen** und ein Passwort eintippen.	**user name** ▪ You just need to type in your **user name** and a password to log on.
einloggen *v-sep* ▪ Sie müssen sich erst auf unserer Website **einloggen**, bevor Sie Ihren Einkauf beginnen.	**to log on** ▪ You need to **log on** to our website first before you start shopping.
ausloggen *v-sep* ▪ Vergiss nicht, dich wieder **auszuloggen**, wenn du fertig bist.	**to log off** ▪ Don't forget to **log off** again when you're done.
die **Suchmaschine, Suchmaschinen** *n* ▪ Es gibt Dutzende von **Suchmaschinen** für alle möglichen Zwecke.	**search engine** ▪ There are dozens of **search engines** for all kinds of purposes.
das **Selfie, Selfies** *n* ▪ Ich habe gestern ein paar **Selfies** gemacht und sie online gestellt.	**selfie** ▪ I took a few **selfies** yesterday and posted them online.

das **soziale Netzwerk** *n*	**social network**
▪ Würdest du mit jemandem, den du nicht kennst, über ein **soziales Netzwerk** kommunizieren?	▪ Would you communicate on a **social network** with someone you don't know?
chatten *v*	**to chat**
▪ Ich liebe es, mit meinen ausländischen Freunden online zu **chatten**.	▪ I love **chatting** online with my friends abroad.
liken *v*	**to like**
▪ 50 Leute haben meine neue Seite schon **gelikt**.	▪ 50 people have **liked** my new page so far.
posten *v*	**to post**
▪ Jeden Morgen **poste** ich ein neues Profilbild.	▪ I **post** a new cover photo every morning.
twittern *v*	**to tweet**
▪ Hast du gelesen, was Jack darüber **getwittert** hat?	▪ Have you read what Jack **tweeted** about that?
der **Blog, Blogs** *n*	**blog**
▪ Sie hat einen interessanten **Blog** geführt, als sie in Kanada wohnte.	▪ She kept an interesting **blog** when she lived in Canada.
der **Shitstorm, Shitstorms** *n*	**shitstorm**
▪ Seine rassistischen Äußerungen lösten sofort einen **Shitstorm** der Entrüstung aus.	▪ His racist remarks caused an immediate **shitstorm** of outrage.
der **Podcast, Podcasts** *n*	**podcast**
▪ Man kann den **Podcast** von unserer Webseite herunterladen.	▪ You can download the **podcast** from our website.
das **Onlinebanking** *n*	**online banking**
▪ Kann jemand mein Konto hacken, wenn ich **Onlinebanking** mache?	▪ Can anyone hack my bank account when I'm doing **online banking**?

Computer and Multimedia

der **Computer,** Computer *n*	**computer**

➡ As well as computer, you often hear the words PC or Laptop used in German.

hochfahren *v-sep-irr* ▪ Das erste, was ich morgens tue, ist meinen Computer **hochzufahren**.	**to boot (up)** ▪ The first thing I do in the morning is to **boot** my computer.
herunterfahren *v-sep-irr* ▪ Dieses Programm **fährt** automatisch **herunter**.	**to shut down** ▪ This program **shuts down** automatically.
neu starten *phrase* ▪ Wenn das Programm nicht mehr reagiert, versuche, deinen Computer **neu zu starten**.	**to restart** ▪ When the program is frozen, try **restarting** your computer.
das **Programm,** Programme *n* ▪ Man kann ein kostenloses **Programm** von der Website herunterladen.	**program** ▪ You can download a free **program** from the website.
programmieren *v* ▪ Kevin hat seinen Computer so **programmiert**, dass er neue Updates automatisch herunterlädt.	**to program** ▪ Kevin **programmed** his computer to download new updates automatically.
die **Hardware,** Hardwares *n*	**hardware**
die **Software,** Softwares *n*	**software**
die **Festplatte,** Festplatten *n*	**hard disk**
das **Laufwerk,** Laufwerke *n*	**drive**
der **Drucker,** Drucker *n*	**printer**
der **Bildschirm,** Bildschirme *n*	**screen**
der **USB-Anschluss,** USB-Anschlüsse *n*	**USB port**
die **Tastatur,** Tastaturen *n*	**keyboard**
die **Taste,** Tasten *n*	**key**
die **Maus,** Mäuse *n*	**mouse**
der **Mauszeiger,** Mauszeiger *n*	**cursor**

klicken *v*	**to click**
▪ **Klicken** Sie auf dieses Symbol und laden Sie das Programm herunter.	▪ Just **click** on this icon and download the program.
ausdrucken *v-sep*	**to print out**
▪ Könntest du dieses Dokument für mich **ausdrucken**?	▪ Could you **print out** this document for me?
digital *adj*	**digital**
▪ **Digitale** Aufnahmen sind okay, aber Schallplatten haben Charme.	▪ **Digital** recordings are okay, but records have charm.
die **Daten** *n pl*	**data**
▪ Die Tastatur verwendet man, um **Daten** in den Computer einzugeben.	▪ The keyboard is used to enter **data** onto the computer.
die **Datei,** Dateien *n*	**file**
▪ Alle **Dateien** von der Festplatte sind gelöscht!	▪ All the **files** from the hard disk have been deleted!
(ab)speichern *v-sep*	**to save**
▪ Wo habe ich die Datei **abgespeichert**, an der ich gearbeitet habe?	▪ Where did I **save** the file I was working on?
kopieren *v*	**to copy**
▪ Ich **kopiere** wichtige Dateien immer auf einen Stick.	▪ I always **copy** important files onto a memory stick.
einfügen *v-sep*	**to paste**
▪ Warum **fügst** du nicht eine Karte der Region in die Einladung **ein**?	▪ Why don't you **paste** a map of the region into the invitation?
löschen *v*	**to delete**
▪ Ach nein, ich habe gerade die ganze Datei **gelöscht**!	▪ Oh no, I actually **deleted** the whole file!
verlinken *v*	**to link**
▪ Ich weiß nicht, wie man auf eine Webseite **verlinkt**.	▪ I don't know how to **link** to a website.
die **Fehlermeldung,** Fehlermeldungen *n*	**error message**
▪ Ich bekomme dauernd diese komische **Fehlermeldung**.	▪ I keep on getting this weird **error message**.

Industry, Technology and Research

Manufacturing, Trade and Services

die **Wirtschaft** *n*	**economy**
▪ Was ist zu tun, wenn sich die **Wirtschaft** im Abschwung befindet?	▪ What can be done when the **economy** is on a downturn?
die **Firma, Firmen** *n*	**firm**
▪ Henrik arbeitet seit 30 Jahren bei derselben **Firma**.	▪ Henrik's worked for 30 years at the same **firm**.
der **Vorstand, Vorstände** *n*	**board**
▪ Der **Vorstand** unserer Firma hat Lohnkürzungen beschlossen.	▪ Our company's Management **Board** has decided on pay cuts.
die **Industrie, Industrien** *n*	**industry**
▪ Die Auto**industrie** ist von der Rezession schwer betroffen.	▪ The car **industry** has been hard hit by the recession.
Geschäfte machen *phrase*	**to do business**
▪ Wir **machen** viele **Geschäfte** mit Firmen in Japan.	▪ We **do** a lot of **business** with companies in Japan.
die **Ware, Waren** *n*	**merchandise; goods**
▪ Alle **Waren** aus China wurden überprüft.	▪ All the **merchandise** imported from China was checked.
▪ Einige der **Waren**, die gestern angekommen sind, waren beschädigt.	▪ Some of the **goods** that arrived yesterday were damaged.
der **Umsatz, Umsätze** *n*	**turnover**
▪ Unsere Firma macht einen **Umsatz** von 200.000 Euro.	▪ Our company has a **turnover** of EUR 200,000.
die **Nachfrage, Nachfragen** *n*	**demand**
▪ Es besteht im Augenblick wieder viel **Nachfrage** nach Schallplattenspielern.	▪ At the moment there's great **demand** for record players again.
ausführen *v-sep*	**to export**
▪ Deutschland **führt** viel mehr **aus** als es einführt.	▪ Germany **exports** much more than it imports.

einführen *v-sep*	**to import**
■ Bulgarien **führt** sein Erdgas zum größten Teil aus Russland **ein**.	■ Bulgaria **imports** most of its natural gas from Russia.
die **Werkstatt, Werkstätten** *n*	**workshop**
■ Mein Bruder hat eine kleine **Werkstatt**, in der er Uhren repariert.	■ My brother has a small **workshop** where he repairs clocks.
reparieren *v*	**to repair**
■ Wir müssen das Auto **reparieren** lassen.	■ We must have the car **repaired**.
der **Auftrag, Aufträge** *n*	**order**
■ Die Firma erhielt letztes Jahr weniger **Aufträge**.	■ The firm got fewer **orders** last year.
die **Agentur, Agenturen** *n*	**agency**
■ Jon arbeitet für eine **Agentur**, die auf Werbung spezialisiert ist.	■ Jon works for an **agency** that specializes in advertising.

Money, Banking and Financial Markets

die **Bank, Banken** *n*	**bank**
■ Sie haben einen Haufen Geld auf der **Bank**.	■ They've got loads of money in the **bank**.
das **Geld, Gelder** *n*	**money**
■ In den USA kostet eine Hochschulausbildung viel **Geld**.	■ A college education costs a lot of **money** in the US.
das **Bargeld** *n*	**cash**
■ Sie akzeptieren keine Schecks. Sie müssen **Bargeld** mitnehmen.	■ They don't accept cheques. You'll have to take some **cash**.

➡ However, you have to say: Kann ich in bar bezahlen? **Can I pay in cash?** or Kann ich mit Karte (EC-Karte oder Kreditkarte) bezahlen? **Can I pay by card?**

die **EC-Karte, EC-Karten** *n*	**debit card**
■ Er informiert die Bank, dass er seine **EC-Karte** verloren hat.	■ He is informing the bank that he's lost his **debit card**.
die **Kreditkarte, Kreditkarten** *n*	**credit card**
■ Kann ich die Hotelrechnung mit **Kreditkarte** zahlen?	■ Can I pay the hotel bill by **credit card**?

die **Überweisung**, Überweisungen *n*	**transfer**
▪ Der Bankangestellte sagte, die **Überweisung** sei schon angekommen.	▪ The bank clerk said the **transfer** had gone through.
finanziell *adj*	**financial**
▪ Die Firma steckt tief in **finanziellen** Problemen.	▪ The company is in deep **financial** trouble.
die **Ersparnisse** *n f pl*	**savings**
▪ Frank ist arbeitslos und hat seine **Ersparnisse** aufgebraucht.	▪ Frank is unemployed and has used up his **savings**.
sparen *v*	**to save**
▪ Radfahren **spart** viel Geld und Treibstoff.	▪ Going by bike **saves** a lot of money and fuel.
die **Schulden** *n f pl*	**debts**
▪ Sie mussten ihr Haus verkaufen, um ihre **Schulden** zu zahlen.	▪ They had to sell their house to pay their **debts**.
schulden *v*	**to owe**
▪ Ich **schulde** dir noch die 50 Euro, die du mir geliehen hast.	▪ I still **owe** you the EUR 50 you lent me.
der **Geldschein**, Geldscheine *n*	**(bank)note**
▪ Bitte geben Sie mir 100 Pfund in **Geldscheinen** zu 5 und 10 Pfund.	▪ Please give me £100 in £5 and £10 **notes**.
die **Münze**, Münzen *n*	**coin**
▪ 25-Cent-Stücke sind die gängigsten **Münzen** in den USA.	▪ Quarters are the most common **coins** in the US.
der **Euro**, Euro, Euros *n*	**euro**
▪ Der **Euro** hat sich als harte Währung herausgestellt.	▪ The **euro** has proved to be a strong currency.
der **Cent**, Cent, Cents *n*	**cent**
▪ Laura hat dieses Buch für nur 50 **Cent** gekauft.	▪ Laura bought this book for only 50 **cents**.
der **Schweizer Franken**, Schweizer Franken *n*	**Swiss Franc**
▪ Die amtliche Währung in der Schweiz heißt **Schweizer Franken**.	▪ The official currency in Switzerland is the **Swiss Franc**.

der **Rappen,** Rappen *n*
- Ein **Rappen** ist ein Hundertstel eines Schweizer Franken.

Rappen
- A **Rappen** is one-hundredth of a Swiss Franc.

der **Dollar,** Dollars *n*
- Der kanadische **Dollar** liegt unter dem US-Dollar.

dollar
- The Canadian **dollar** is worth less than the US dollar.

das **Pfund** *n*
- Der Pulli war im Angebot. Ich habe nur 10 **Pfund** bezahlt.

pound
- The sweater was on special offer. I paid only 10 **pounds**.

der **Penny** *n*
- Ein **Penny** ist ein Hundertstel eines Pfundes.

penny
- A **penny** is one hundredth of a pound.

die **Pence** *n m pl*
- Ich habe 70 **Pence** für die Zeitung bezahlt.

pence
- I paid 70 **pence** for the paper.

wechseln *v*
- Martin möchte nachher zur Bank gehen, um etwas **Geld** zu wechseln.

to change
- Martin wants to go to the bank later to **change** some money.

die **Versicherung,** Versicherungen *n*
- Die laufenden Kosten für ein Auto umfassen auch die **Versicherung**.

insurance
- The upkeep of a car also includes **insurance**.

versichern *v*
- In den meisten westlichen Ländern müssen Autos **versichert** sein.

to insure
- In most western countries cars have to be **insured**.

das **Prozent,** Prozente *n*
- Er bezahlt zehn **Prozent** Zinsen für das Geld, das er geliehen hat.

per cent
- He's paying ten **per cent** interest on the money he borrowed.

steigen,
steigt, stieg, ist gestiegen *v-irr*
- Die führenden Aktien **steigen** im gestrigen Handel um 3,5 Prozent.
- Der DAX **stieg** um acht Punkte, nachdem er zuvor gefallen war.

to rise; to go up
- Leading shares **rose** 3.5 per cent in yesterday's trading.
- The DAX **went up** eight points after falling earlier.

erhöhen *v*
- Die Nachricht hat den Aktienpreis des Unternehmens **erhöht**.

to increase
- The news has **increased** the company's share price.

steigern *v*	to increase
▪ Der Umsatz lässt sich nicht weiter **steigern**.	▪ The turnover can't **be increased** anymore.
sinken, sinkt, sank, ist gesunken *v-irr*	to decrease
▪ Man erwartet, dass die Immobilienpreise weiter **sinken**.	▪ Housing prices are expected to further **decrease**.
verringern *v*	to reduce
▪ Wir sollten den Betrag **verringern**, den wir monatlich ausgeben.	▪ We should **reduce** the amount we spend every month.
die **Steuer**, Steuern *n*	tax
▪ In Amerika enthalten die Restaurantpreise keine **Steuer**.	▪ In America restaurant prices don't include **tax**.

Agriculture

die **Landwirtschaft**, Landwirtschaften *n*	agriculture
▪ Eine umweltfreundliche **Landwirtschaft** ist sehr wichtig.	▪ Environmentally-friendly **agriculture** is very important.
landwirtschaftlich *adj*	agricultural
▪ Ich will mehr über neue **landwirtschaftliche** Methoden erfahren.	▪ I want to learn more about new **agricultural** methods.
der **Bauernhof**, Bauernhöfe *n*	farm
das **Feld**, Felder *n*	field
pflanzen *v*	to plant
▪ Hast du jemals einen Baum **gepflanzt**?	▪ Did you ever **plant** a tree?
anbauen *v-sep*	to grow
▪ Baumwolle wird im amerikanischen Süden **angebaut**.	▪ Cotton is **grown** in the American South.
fruchtbar *adj*	fertile
▪ Die Farm steht auf sehr **fruchtbarem** Boden.	▪ The farm is on very **fertile** soil.

die **Ernte,** Ernten *n*	**harvest**
▪ Auf einem kleinen Bauernhof helfen alle bei der **Ernte** mit.	▪ On a small farm, everybody helps with the **harvest**.
ernten *v*	**to harvest**
▪ In welchem Monat wird Weizen **geerntet**?	▪ In which month of the year is wheat **harvested**?
gießen, gießt, goss, hat gegossen *v-irr*	**to water**
▪ Könntest du meine Pflanzen **gießen**, solange ich unterwegs bin?	▪ Could you **water** my plants while I'm away?
der **Dünger,** Dünger *n*	**fertilizer**
düngen *v*	**to fertilize**
▪ Ich **dünge** meine Pflanzen zwei Mal im Jahr.	▪ I **fertilize** my plants twice a year.
biologisch angebaut *phrase*	**organic**
▪ **Biologisch angebaute** Nahrung ist viel gesünder.	▪ **Organic** food is much healthier.

Technology, Energy and Research

die **Maschine,** Maschinen *n*	**engine; machine**
▪ Die **Maschine** setzte aus, also rief ich den Reparaturdienst an.	▪ The **engine** stopped working, so I called maintenance.
▪ Im modernen Straßenbau werden riesige **Maschinen** eingesetzt.	▪ Huge **machines** are used in modern road building.
der **Motor,** Motoren *n*	**engine; motor**
▪ Der **Motor** ist schon alt, läuft aber noch sehr gut.	▪ The **engine** is old, but it still runs very well.
▪ Elektromotoren sind technisch einfacher als herkömmliche **Motoren**.	▪ Electric motors are technically simpler than conventional **motors**.
funktionieren *v*	**to work**
▪ Die Maschine, die ich gekauft habe, **funktioniert** nicht richtig.	▪ The machine I bought doesn't **work** properly.

nützlich *adj*	**useful**
▪ Eine Freisprechanlage kann beim Autofahren **nützlich** sein.	▪ A hands-free kit can be **useful** while driving.
nutzlos *adj*	**useless**
▪ Der Wissenschaftler glaubte, dass seine Erfindung **nutzlos** war.	▪ The scientist believed that his invention was **useless**.
nützen *v*	**to be of use**
▪ Dieses Werkzeug **nützt** mir nichts. Ich brauche einen Hammer.	▪ This tool **is of** no **use** to me. I need a hammer.
der **Strom** *n*	**electricity**
▪ **Strom** wird von einem Generator erzeugt.	▪ **Electricity** is produced by a generator.
elektrisch *adj*	**electrical; electric**
▪ Kraftwerke liefern **elektrische** Energie.	▪ Power stations supply **electrical** energy.
▪ Ich habe einen **elektrischen** Schlag vom Kabel bekommen.	▪ I got an **electric** shock from the wire.
die **Energie,** Energien *n*	**power**
▪ Wir sollten in eine neue Maschine mit mehr **Energie** investieren.	▪ We should invest in a new machine with more **power**.
die **erneuerbaren Energien** *n f pl*	**renewable energies**
▪ Sonnenlicht, Wind, Regen und Erdwärme sind **erneuerbare Energien**.	▪ Sunlight, wind, rain and geothermal heat are **renewable energies**.
stark *adj*	**powerful**
▪ Ein Rolls-Royce hat einen leisen, aber **starken** Motor.	▪ A Rolls-Royce has a quiet but **powerful** engine.
die **Entdeckung,** Entdeckungen *n*	**discovery**
▪ Die **Entdeckung** von Öl in der Nordsee war sehr vorteilhaft.	▪ The **discovery** of oil in the North Sea was very advantageous.
entdecken *v*	**to discover**
▪ Marie Curie **entdeckte** 1898 das Radium.	▪ Marie Curie **discovered** radium in 1898.
die **Erfindung,** Erfindungen *n*	**invention**
▪ Der Computer wird oft als eine große **Erfindung** bezeichnet.	▪ The computer is often called a great **invention**.

erfinden *v-irr* ▪ Man sagt, dass Alexander Graham Bell das Telefon **erfunden hat**.	**to invent** ▪ People say that Alexander Graham Bell **invented** the telephone.
das **System,** Systeme *n* ▪ Ein Stromkreis ist ein **System** von Kabeln.	**system** ▪ An electric circuit is a **system** of wires.
genau *adj* ▪ Dieses Thermometer ist nicht **genau** genug.	**precise** ▪ This thermometer is not **precise** enough.

Natural Resources and Commodities

das **Material,** Materialien *n*	**material**
das **Holz,** Hölzer *n*	**wood**
das **Erdöl,** Erdöle *n*	**oil**
das **Gas,** Gase *n*	**gas**
das **Eisen** *n*	**iron**
die **Wolle** *n*	**wool**
die **Baumwolle** *n*	**cotton**
das **Metall,** Metalle *n*	**metal**
das **Gold** *n*	**gold**
das **Silber** *n*	**silver**
der **Kunststoff,** Kunststoffe *n*	**plastic**
das **Glas** *n*	**glass**
das **Leder,** Leder *n*	**leather**
weich *adj*	**soft**
hart *adj*	**hard**
schwer *adj*	**heavy**
leicht *adj*	**light**
glatt *adj*	**smooth**
rau *adj*	**rough**

Society and State

History

die **Geschichte** *n*	**history**
▪ Die **Geschichte** der englischen Sprache ist faszinierend.	▪ The **history** of the English language is fascinating.
historisch *adj*	**historical**
▪ Man sollte das Ereignis in einem **historischen** Kontext betrachten.	▪ You should look at the event in a **historical** context.
der **König,** die **Königin,** Könige *n*	**king; queen**
▪ In einigen europäischen Staaten gibt es noch einen **König**.	▪ Several European states still have a **king**.
der **Kaiser,** die **Kaiserin,** Kaiser *n*	**emperor; empress**
▪ In Österreich herrschte von 1804 bis 1918 immer ein **Kaiser**.	▪ Austria was ruled by an **emperor** from 1804 until 1918.
die **Monarchie,** Monarchien *n*	**monarchy**
▪ Die Regierung versuchte, die **Monarchie** abzuschaffen.	▪ The government tried to abolish the **monarchy**.
das **Königreich,** Königreiche *n*	**kingdom**
▪ Nordirland gehört zum Vereinigten **Königreich**.	▪ Northern Ireland belongs to the United **Kingdom**.
der **Herrscher,** die **Herrscherin,** Herrscher *n*	**monarch; ruler**
▪ Der **Herrscher** eines afrikanischen Landes besuchte die Firma.	▪ The **monarch** of an African country visited the company.
▪ Der **Herrscher** feierte den 50. Jahrestag seiner Krönung.	▪ The **ruler** celebrated the 50th anniversary of his coronation.
herrschen *v*	**to reign**
▪ Kaiserin Maria Theresia **herrschte** in Österreich von 1740 bis 1780.	▪ Empress Maria Theresia **reigned** in Austria from 1740 to 1780.
erobern *v*	**to conquer**
▪ Die Alliierten **eroberten** die Stadt nach dreitägiger Belagerung.	▪ The allied forces **conquered** the town after a three-day siege.

unterwerfen *v-irr* ▪ König Heinrich **unterwarf** das Volk seiner Herrschaft.	**to subject** ▪ King Henry **subjected** the people to his rule.
die **Krone,** Kronen *n* ▪ Glanzlicht der Ausstellung war die **Krone** von Otto dem Großen.	**crown** ▪ The highlight of the exhibition was the **crown** of Otto the Great.

Society

die **Gesellschaft,** Gesellschaften *n* ▪ Politiker sind in der **Gesellschaft** oft nicht sehr angesehen.	**society** ▪ Politicians are often viewed very critically by **society**.
gesellschaftlich *adj* ▪ **Gesellschaftliche** Probleme wie Arbeitslosigkeit nehmen zu.	**social** ▪ **Social** problems, such as unemployment, are increasing.
sozial *adj* ▪ **Soziales** Engagement ist sehr wichtig für eine Gesellschaft.	**social** ▪ **Social** engagement is very important for society.
die **Öffentlichkeit,** Öffentlichkeiten *n* ▪ Viele Schlösser sind der **Öffentlichkeit** zugänglich und können besichtigt werden.	**public** ▪ Lots of castles are open to the **public** and can be visited.
öffentlich *adj* ▪ Dies ist eine private und keine **öffentliche** Versammlung.	**public** ▪ This is a private and not a **public** meeting.
privat *adj* ▪ Könnte ich Sie **privat** sprechen?	**private** ▪ Could I talk to you in **private**?
die **Bevölkerung,** Bevölkerungen *n* ▪ Deutschland hat eine **Bevölkerung** von etwa 82 Millionen Menschen.	**population** ▪ Germany has a **population** of about 82 million people.
der **Reichtum,** Reichtümer *n* ▪ Der **Reichtum** Saudi-Arabiens stammt von seinem Öl.	**wealth** ▪ Saudi Arabia's **wealth** comes from its oil.

reich *adj*	**rich**
▪ Mein Onkel war Millionär. Er wurde als Filmproduzent **reich**.	▪ My uncle was a millionaire. He got **rich** as a film producer.
die **Armut** *n*	**poverty**
▪ In jeder Großstadt gibt es Viertel mit großer **Armut**.	▪ In every city there are districts of great **poverty**.
arm *adj*	**poor**
▪ Sie sind zu **arm**, um Nahrung für ihre Kinder zu kaufen.	▪ They are too **poor** to buy food for their children.
der **Mangel,** Mängel *n*	**lack**
▪ Menschen aus den Slums erkranken aus **Mangel** an sauberem Wasser.	▪ People in the slums get sick for **lack** of clean water.
das **Land,** Länder *n*	**country**
▪ Viele europäische **Länder** kämpfen mit großen finanziellen Problemen.	▪ Many European **countries** are struggling with severe financial problems.
die **Nation,** Nationen *n*	**nation**
▪ Die reichen **Nationen** müssen den armen Ländern helfen.	▪ The rich **nations** must help the poor countries.
die **Nationalität,** Nationalitäten *n*	**nationality**
▪ In vielen Städten kann man Menschen verschiedener **Nationalität** sehen.	▪ People of diverse **nationalities** can be seen in many cities.
national *adj*	**national**
▪ Die Bürger bilden eine **nationale** Opposition gegen die Regierung.	▪ The citizens are forming a **national** opposition to the government.
international *adj*	**international**
▪ Interpol ist eine **internationale** Organisation.	▪ Interpol is an **international** organization.
das **Ausland** *n*	**abroad**
▪ Karen lebt seit fünf Jahren im **Ausland**.	▪ Karen has been living **abroad** for five years.
der **Ausländer,** die **Ausländerin,** Ausländer *n*	**foreigner**
▪ **Ausländer** brauchen eine Arbeitsgenehmigung.	▪ **Foreigners** need a work permit.

ausländisch *adj*
▪ Das Land verhindert die Einfuhr **ausländischer** Erzeugnisse.

foreign
▪ This country blocks the import of **foreign** products.

fremd *adj*
▪ Die Asylsuchenden kommen aus vielen **fremden** Ländern.

foreign
▪ The asylum seekers come from many different **foreign** countries.

Religion und Morality

die **Religion, Religionen** *n*
▪ Das Christentum und der Islam gehören zu den großen **Religionen**.

religion
▪ Christianity and Islam belong to the great **religions**.

religiös *adj*
▪ Die Puritaner wanderten aus **religiösen** Gründen nach Amerika aus.

religious
▪ The Puritans emigrated to America for **religious** reasons.

der **Glaube** *n*
▪ Nelson Mandela verlor nie den **Glauben** an die Gewaltlosigkeit.

faith
▪ Nelson Mandela never lost **faith** in non-violence.

glauben *v*
▪ Viele Religionen **glauben** an ein Leben nach dem Tode.

to believe
▪ Many religions **believe** in life after death.

der **Gott, Götter** *n*
▪ Kirchen sind Orte, an denen Menschen zu **Gott** beten.

God
▪ Churches are places where people pray to **God**.

der **Geist, Geister** *n*
▪ Maria empfing ihren Sohn durch den Heiligen **Geist**.

spirit
▪ Mary conceived her son through the Holy **Spirit**.

beten *v*
▪ Juden gehen in eine Synagoge, um zu **beten**.

to pray
▪ Jews go to a synagogue to **pray**.

moralisch *adj*
▪ Adrian ist Kriegsdienstverweigerer aus **moralischen** Gründen.

moral
▪ Adrian is a conscientious objector on **moral** grounds.

unmoralisch *adj*

immoral

der **Atheist,** die **Atheistin,** **Atheisten** *n* — **atheist**
- Jonas wurde **Atheist**, um von religiösen Zwängen frei zu sein.
- Jonas became an **atheist** to be free of religious constraints.

existieren *v* — **to exist**
- Viele Philosophen haben die Frage „**Existiert** Gott?" gestellt.
- Many philosophers have asked "Does God **exist**?".

Politics

die **Politik,** Politiken *n* — **politics**
- Menschen, die sich für **Politik** interessieren, lesen die Zeitung.
- People who are interested in **politics** read the newspaper.

politisch *adj* — **political**
- In Deutschland gibt es sechs große **politische** Parteien.
- There are six big **political** parties in Germany.

die **Partei,** Parteien *n* — **party**
- Die Demokraten sind eine der politischen **Parteien** in den USA.
- The Democrats are one of the political **parties** in the US.

die **Macht,** Mächte *n* — **power**
- Die Queen hat wenig politische **Macht**.
- The Queen has little political **power**.

mächtig *adj* — **powerful**
- Er soll ein sehr **mächtiger** Politiker sein.
- He's said to be a very **powerful** politician.

beeinflussen *v* — **to influence**
- Er hat alles getan, um die Wähler zu **beeinflussen**.
- He did everything possible to **in-fluence** the voters.

die **Regierung,** Regierungen *n* — **government**
- Die **Regierung** hat eine Million Euro in das Projekt investiert.
- The **government** invested EUR 1 million in the project.

regieren *v* — **to govern; to reign**
- Das Land wird von Politikern **regiert**.
- The country is **governed** by politicians.
- Königin Victoria **regierte** von 1837 bis 1901.
- Queen Victoria **reigned** from 1837 to 1901.

die **Opposition,** Oppositionen *n*	**opposition**
▪ Er verbrachte neun Jahre in der **Opposition**, bis seine Partei gewann.	▪ He spent nine years in **opposition** before his party won.
der **Präsident,** die **Präsidentin,** Präsidenten *n*	**president**
▪ Der **Präsident** wird alle vier Jahre gewählt.	▪ The **president** is elected every four years.
der **Kanzler,** die **Kanzlerin,** Kanzler *n*	**chancellor**
▪ Angela Merkel war die erste deutsche **Kanzlerin**.	▪ Angela Merkel was the first female German **chancellor**.
der **Minister,** die **Ministerin,** Minister *n*	**minister**
▪ Das Kabinett besteht aus den **Ministern** der Regierung.	▪ The cabinet is made up of the **ministers** of the government.
das **Parlament,** Parlamente *n*	**parliament**
▪ Viele politische Entscheidungen werden im **Parlament** getroffen.	▪ Many political decisions are made in **parliament**.
der **Abgeordnete,** die **Abgeordnete,** Abgeordneten *n m-f*	**Member of Parliament**
▪ Er ist **Abgeordneter** des Schweizer Parlaments.	▪ He's a **Member of Parliament** in Switzerland.
die **Demokratie,** Demokratien *n*	**democracy**
▪ Es gibt keine **Demokratie** ohne freie Wahlen.	▪ There is no **democracy** without free elections.
demokratisch *adj*	**democratic**
▪ Deutschland ist seit 1949 ein **demokratisches** Land.	▪ Germany has been a **democratic** nation since 1949.
die **Botschaft,** Botschaften *n*	**embassy**
▪ Ich kontaktierte die **Botschaft**, als ich meinen Pass verlor.	▪ I contacted the **embassy** when I lost my passport.
das **Konsulat,** Konsulate *n*	**consulate**
▪ Vor dem **Konsulat** fand eine große Demonstration statt.	▪ There was a big demonstration in front of the **consulate**.

Defence and Security

die **Sicherheit** *n*	**safety**
▪ Die Regierung wird die **Sicherheit** der Ausländer garantieren.	▪ The government will guarantee the **safety** of foreigners.
sicher *adj*	**safe**
▪ Nach dem 11. September fühlten sich die Amerikaner nicht **sicher**.	▪ Americans did not feel **safe** after 9/11.
der **Frieden**, Frieden *n*	**peace**
▪ Fast ganz Europa erlebt seit 1945 **Frieden**.	▪ Most of Europe has enjoyed **peace** since 1945.
friedlich *adj*	**peaceful**
▪ Die Delegationen fanden eine **friedliche** Lösung der Krise.	▪ The delegations found a **peaceful** solution to the crisis.
das **Heimat(land)**, Heimatländer *n*	**home (country)**
▪ Viele junge Einwanderer nennen Europa jetzt ihre **Heimat**.	▪ Many young immigrants now call Europe **home**.
die **Grenze**, Grenzen *n*	**border**
▪ In der Europäischen Union gibt es eigentlich keine **Grenzen** mehr.	▪ In the European Union there really aren't any **borders** anymore.
zivil *adj*	**civil**
▪ Dieser Hubschrauber kann für **zivile** Zwecke genutzt werden.	▪ This helicopter can be used for **civil** purposes.
der **Krieg**, Kriege *n*	**war**
▪ Viele Menschen leiden immer noch an Hunger und **Krieg**.	▪ Many still suffer from hunger and **war**.
ausbrechen *v-sep-irr*	**to break out**
▪ Der Zweite Weltkrieg **brach** am 1. September 1939 **aus**.	▪ The Second World War **broke out** on September 1, 1939.
der **Soldat**, die **Soldatin**, Soldaten *n*	**soldier**
▪ Die **Soldaten** in der US-Armee werden GIs genannt.	▪ The **soldiers** in the US Army are called GIs.
die **Armee**, Armeen *n*	**army**
▪ 1979 marschierte die sowjetische **Armee** in Afghanistan ein.	▪ In 1979 the Soviet **army** invaded Afghanistan.

der **Kampf,** Kämpfe *n*	**combat**
▪ Das Mahnmal gedenkt der Soldaten, die im **Kampf** fielen.	▪ The monument commemorates the soldiers who died in **combat**.
kämpfen *v*	**to fight**
▪ Viele ehemalige Kolonien **kämpften** um ihre Unabhängigkeit.	▪ Many former colonies **fought** for their independence.
die **Waffe,** Waffen *n*	**gun**; **weapon**
▪ Es werden immer noch viele **Waffen** in Krisenregionen exportiert.	▪ Many **guns** are still being exported to crisis regions.
▪ **Waffen** sind hier verboten!	▪ **Weapons** are forbidden here.
bewaffnet *adj*	**armed**
▪ Die Soldaten, die in der Wüste kämpften, waren schwer **bewaffnet**.	▪ The troops fighting in the desert were heavily **armed**.
schießen, schießt, schoss, hat geschossen *v-irr*	**to shoot**
▪ Die Soldaten haben nicht **geschossen**.	▪ The soldiers did not **shoot**.
der **Konflikt,** Konflikte *n*	**conflict**
▪ Der **Konflikt** ist im Begriff zu eskalieren.	▪ The **conflict** is about to escalate.
der **Terrorismus** *n*	**terrorism**
▪ Der **Terrorismus** hier wird von der lokalen Mafia unterstützt.	▪ **Terrorism** here is supported by the local mafia.
der **Feind,** die **Feindin,** Feinde *n*	**enemy**
▪ Die Geschichte zeigt, dass aus **Feinden** Freunde werden können.	▪ History shows that **enemies** can become friends.
verfolgen *v*	**to persecute**
▪ Die Regierung **verfolgt** seit Jahren ethnische Minoritäten.	▪ The government has been **persecuting** ethnic minorities for years.
der **Flüchtling,** Flüchtlinge *n*	**refugee**
▪ Die **Flüchtlinge** hatten alles verloren und brauchten Hilfe.	▪ The **refugees** had lost everything and needed help.
fliehen, flieht, floh, ist geflohen *v-irr*	**to flee**
▪ Die Zivilbevölkerung **flieht** aus dem Kampfgebiet.	▪ The civilian population is **fleeing** the war zone.

State Institutions and Administration

der **Staat,** Staaten *n*	**state**
▪ Die Separatisten kämpfen für einen freien und unabhängigen **Staat**.	▪ The separatists are fighting for a free and independent **state**.
staatlich *adj*	**state**
▪ Sie erhält eine **staatliche** Rente von 300 Euro.	▪ She's getting a **state** pension of EUR 300.
das **Amt,** Ämter *n*	**office**
▪ Er wurde in das **Amt** des Bürgermeisters gewählt.	▪ He was elected to the **office** of mayor.
amtlich *adj*	**official**
▪ Es ist noch nicht **amtlich**, aber er ist der neue Parteichef.	▪ It isn't **official** yet, but he's the new party leader.
der **Einwohner,** die **Einwohnerin,** Einwohner *n*	**inhabitant**
▪ Im Jahr 1905 hatte Berlin über 2 Millionen **Einwohner**.	▪ In 1905, Berlin had more than 2 million **inhabitants**.
die **Verwaltung,** Verwaltungen *n*	**administration**
▪ Ich habe einen Job als Sekretärin in der **Verwaltung** bekommen.	▪ I got a job as a secretary in the **administration**.
die **Abteilung,** Abteilungen *n*	**department**
▪ Georg arbeitet in der neuen **Abteilung** für Umweltschutz.	▪ Georg works in the new environmental protection **department**.
das **Formular,** Formulare *n*	**form**
▪ Füllen Sie dieses **Formular** aus, wenn sie Waren anzumelden haben.	▪ Fill in this **form** if you have any goods to declare.
ausfüllen *v-sep*	**to fill in; to fill out**
▪ Wenn Sie sich bewerben wollen, **füllen** Sie dieses Formular **aus**.	▪ If you want to apply, **fill in** this form.
▪ Sie baten alle Passagiere, ein rotes Formular **auszufüllen**.	▪ They asked all passengers to **fill out** a red form.
die **Unterschrift,** Unterschriften *n*	**signature**
▪ Dieser Vertrag ist nur mit zwei **Unterschriften** rechtskräftig.	▪ This contract is only valid with two **signatures**.

unterschreiben *v-irr* — **to sign**
- Bitte füllen Sie dieses Formular aus und **unterschreiben** Sie es. — Please fill in this form and **sign** it.

die **Bescheinigung**, Bescheinigungen *n* — **certificate**
- Alle erhalten eine offizielle **Bescheinigung** am Ende des Kurses. — Everyone gets an official **certificate** at the end of the course.

Law and Jurisprudence

das **Gesetz**, Gesetze *n* — **law**
- Alkohol am Steuer verstößt gegen das **Gesetz**. — It's against the **law** to drink and drive.

legal *adj* — **legal**
- In vielen europäischen Staaten ist der Konsum von Alkohol erst ab 18 Jahren **legal**. — In many European countries the **legal** age for the consumption of alcohol is 18.

illegal *adj* — **illegal**
- Es **illegal**, ohne Visum in das Land einzureisen. — It is **illegal** to enter the country without a visa.

das **Gericht**, Gerichte *n* — **court**
- Miriam muss als Zeugin vor **Gericht** erscheinen. — Miriam has to appear in **court** as a witness.

der **Prozess**, Prozesse *n* — **trial**
- Man darf nicht ohne **Prozess** verurteilt werden. — People must not be condemned without **trial**.

der **Angeklagte**, die **Angeklagte**, Angeklagten *n m-f* — **accused**
- Der **Angeklagte** wurde zu zehn Jahren Haft verurteilt. — The **accused** was sentenced to ten years in prison.

anklagen *v-sep* — **to accuse**
- Zwei Männer wurden wegen Drogenhandels **angeklagt**. — Two men were **accused** of selling drugs.

der **Zeuge,** die **Zeugin,** Zeugen *n*	**witness**
▪ Ein kleiner Junge sah das Verbrechen. Er war der einzige **Zeuge**.	▪ A little boy saw the crime. He was the only **witness**.
das **Opfer,** Opfer *n*	**victim**
▪ Jack the Ripper brachte alle seine **Opfer** mit einem Messer um.	▪ Jack the Ripper killed all his **victims** with a knife.
die **Gerechtigkeit,** Gerechtigkeiten *n*	**justice**
▪ Martin Luther King kämpfte für Freiheit und **Gerechtigkeit**.	▪ Martin Luther King fought for freedom and **justice**.
gerecht *adj*	**just**
▪ Es war eine **gerechte** Entscheidung, ihn einzusperren.	▪ Sending him to prison was a **just** decision.
ungerecht *adj*	**unjust**
die **Schuld** *n*	**guilt**
▪ Der Anwalt war sich der **Schuld** seines Mandanten bewusst.	▪ The lawyer was aware of his client's **guilt**.
schuldig *adj*	**guilty**
▪ Sie wurde des Mordes für **schuldig** befunden.	▪ She was found **guilty** of murder.
unschuldig *adj*	**innocent**
die **Freiheit,** Freiheiten *n*	**freedom**
▪ Der Kampf für **Freiheit** ist universell.	▪ The struggle for **freedom** is universal.
frei *adj*	**free**
▪ Nach dem Freispruch fühlte er sich **frei** und erleichtert.	▪ After the acquittal he felt **free** and relieved.
die **Strafe,** Strafen *n*	**punishment**
▪ Die Terroristen werden ihrer **Strafe** nicht entkommen.	▪ The terrorists will not escape **punishment**.
strafbar *adj*	**criminal**
▪ Abfallverklappung auf See ist eine **strafbare** Handlung.	▪ Dumping waste at sea is a **criminal** offence.
die **Kriminalität** *n*	**crime**
▪ Es ist die Aufgabe der Polizei, **Kriminalität** zu verhindern.	▪ The job of the police is to prevent **crime**.

der **Kriminelle,** die **Kriminelle, Kriminellen** *n m-f*	**criminal**
■ Gefängnisse sollten **Kriminelle** bessern, statt sie zu bestrafen.	■ Prisons ought to reform rather than punish **criminals**.
der **Diebstahl,** Diebstähle *n*	**theft**
■ Gibt es in Ihrer Nachbarschaft viele **Diebstähle** und Einbrüche?	■ Are there many **thefts** and burglaries in your neighbourhood?
stehlen, stiehlt, stahl, hat gestohlen *v-irr*	**to steal**
■ Toms Fahrrad wurde **gestohlen,** während er beim Einkaufen war.	■ Tom's bike was **stolen** while he was shopping.
der **Mord,** Morde *n*	**murder**
■ Die Terroristen werden wegen **Mordes** gesucht.	■ The terrorists are wanted for **murder**.
die **Ermordung,** Ermordungen *n*	**assassination**
■ Die Bevölkerung war wegen der **Ermordung** geschockt.	■ The population was shocked by the **assassination**.
ermorden *v*	**to murder**
■ Er hatte den Mann nicht **ermordet**.	■ He hadn't **murdered** the man.
töten *v*	**to kill**
■ Heute wurden zwei Männer bei einem Autounfall **getötet**.	■ Two men were **killed** in a car accident today.

Time

Times of the Year

das **Jahr,** Jahre *n*	**year**
die **Jahreszeit,** Jahreszeiten *n*	**season**
der **Frühling** *n*	**spring**
das **Frühjahr** *n*	**spring**
der **Sommer** *n*	**summer**
der **Herbst** *n*	**autumn**
der **Winter** *n*	**winter**
der **Monat,** Monate *n*	**month**
die **Woche,** Wochen *n*	**week**
das **Wochenende,** Wochenenden *n*	**weekend**

Names of the Months

der **Januar,** der **Jänner** *A n*	**January**
der **Februar,** der **Feber** *A n*	**February**
der **März** *n*	**March**
der **April** *n*	**April**
der **Mai** *n*	**May**
der **Juni** *n*	**June**
der **Juli** *n*	**July**
der **August** *n*	**August**
der **September** *n*	**September**
der **Oktober** *n*	**October**
der **November** *n*	**November**
der **Dezember** *n*	**December**

Days of the Week

der **Montag,** Montage *n*	**Monday**
der **Dienstag,** Dienstage *n*	**Tuesday**
der **Mittwoch,** Mittwoche *n*	**Wednesday**
der **Donnerstag,** Donnerstage *n*	**Thursday**
der **Freitag,** Freitage *n*	**Friday**
der **Samstag,** Samstage *n*	**Saturday**

➡ In southern Germany **Saturday** is normally called Samstag, but in northern Germany it's more commonly called Sonnabend.

der **Sonntag,** Sonntage *n*	**Sunday**
der **Feiertag,** Feiertage *n*	**bank holiday**
der **Werktag,** Werktage *n*	**working day**

Times of the Day

der **Tag,** Tage *n*	**day**
täglich *adj*	**daily**
der **Morgen,** Morgen *n*	**morning**

➡ A day can be divided up into the following in German: morgens, vormittags **in the morning,** mittags **at noon,** nachmittags **in the afternoon,** abends **in the evening,** nachts **at night.**

morgens *adv*	**am**
der **Vormittag,** Vormittage *n*	**morning**
vormittags *adv*	**am**
der **Mittag,** Mittage *n*	**noon**
der **Nachmittag,** Nachmittage *n*	**afternoon**
nachmittags *adv*	**pm**
der **Abend,** Abende *n*	**evening**
die **Nacht,** Nächte *n*	**night**

Telling Time

Uhr *adv*	**o'clock**

➡ **Uhr** can refer to both **Armbanduhr** **watch** and **Wanduhr** **wall clock**. To say **It's five o'clock.** in German, you'd say **Es ist fünf Uhr.**

die **Stunde,** Stunden *n*	**hour**

➡ In German, **halb** plus the following hour is used to denote the English **half past**, i.e. **halb vier** means **half past three**, **halb acht** means **7.30** etc.

die **halbe Stunde,** halben Stunden *n*	**half an hour; half-hour**
die **Viertelstunde,** Viertelstunden *n*	**quarter of an hour**
die **Minute,** Minuten *n*	**minute**

➡ If you want to say **It's 6:15.** in German, you can either say **Es ist sechs Uhr fünfzehn.** or **Es ist Viertel nach sechs.**

die **Sekunde,** Sekunden *n*	**second**
Um wie viel Uhr …? *phrase*	**What time …?**
nach *prep*	**past**
vor *prep*	**to**
um *prep*	**at**
Punkt *adv*	**sharp**

More Expressions of Time

Present, Past and Future

die **Zeit,** Zeiten *n*	**time**
▪ Ich würde sehr gern kommen, aber ich habe keine **Zeit**.	▪ I'd love to come but I haven't got the **time**.
das **Datum,** Daten *n*	**date**
▪ Welches **Datum** haben wir heute? – Den vierzehnten Januar.	▪ What's the **date** today? – It's the fourteenth of January.

im Jahr(e) (or it remains untranslated) *prep*	**in**
▪ Der Vietnamkrieg endete 1975.	▪ The Vietnam War ended **in** 1975.
der **Augenblick**, Augenblicke *n*	**moment**
▪ Es wird einen **Augenblick** dauern.	▪ It will take a **moment**.
jetzt *adv*	**now**
▪ Warte nicht – handle **jetzt**!	▪ Don't wait – act **now**!
in *prep*	**in**
▪ Graham wird sie **in** elf Monaten wiedersehen.	▪ Graham will see her again **in** eleven months.
während *prep*	**during**
▪ Ich schaue **während** des Tages nie fern.	▪ I never watch TV **during** the day.
heute *adv*	**today**
▪ Wenn Sie den Brief **heute** aufgeben, ist er morgen dort.	▪ If you post the letter **today**, it will get there tomorrow.
gestern *adv*	**yesterday**
▪ Ich habe erst **gestern** angefangen.	▪ I only started **yesterday**.
vorgestern *adv*	**the day before yesterday**
▪ Die Steaks sind gut. Ich habe sie **vorgestern** gekauft.	▪ The steaks are okay. I bought them **the day before yesterday**.
morgen *adv*	**tomorrow**
▪ Sie können **morgen** mit dem Chef sprechen. Heute ist er nicht da.	▪ You can speak to the boss **tomorrow**. He's not here today.
übermorgen *adv*	**the day after tomorrow**
▪ Ich werde wahrscheinlich **übermorgen** fertig sein.	▪ I'll probably be finished by **the day after tomorrow**.

Duration and Frequency

bis, bis (spätestens) *prep*	**until; by**
▪ Büroangestellte arbeiten meist **bis** 17 Uhr.	▪ Office workers usually work **until** 5 o'clock.
▪ Bitte gebt eure Essays **bis spätestens** Freitag ab.	▪ Please hand in your essays **by** Friday.
bis *conj*	**till**
▪ Ich kümmere mich um das Baby, **bis** du zurückkommst.	▪ I'll take care of the baby **till** you come back.
lang *prep*	**for**
▪ Ich wohnte ein Jahr **lang** in Amerika.	▪ I lived in America **for** one year.
lang *adj*	**long**
▪ Es ist ein **langer** Flug von Wien nach Sydney.	▪ It's a **long** flight from Vienna to Sydney.
seit *prep*	**for; since**
▪ Tina ist **seit** einer Woche krank.	▪ Tina's been ill **for** a week.
▪ Es ist eine Woche her, **seit** Tina krank wurde.	▪ It's been a week **since** Tina fell ill.
von *prep*	**from**
▪ Diese Woche arbeite ich **von** 22 Uhr abends bis 6 Uhr morgens.	▪ This week I'm working **from** 10 pm until 6 in the morning.
schon *adv*	**already**
▪ Susanne kommt nicht mit, sie hat den Film **schon** gesehen.	▪ Susanne isn't coming, she's **already** seen the film.
noch nicht *adv*	**not yet**
▪ Wo ist Lukas? Ich habe ihn **noch nicht** gesehen.	▪ Where's Lukas? I have**n't** seen him **yet**.
dauern *v*	**to take; to last**
▪ Wie lange wird es **dauern**, nach Zürich zu fahren?	▪ How long will it **take** to drive to Zürich?
▪ Die Verhandlungen mit dem Zulieferer **dauerten** drei Tage.	▪ The negotiations with the supplier **lasted** three days.
immer *adv*	**always**
▪ Beim Tennis gewinnt **immer** ein Spieler.	▪ In tennis one player **always** wins.

oft *adv*	**often**
▪ Ich gehe gern ins Theater, aber ich habe nicht **oft** Zeit dazu.	▪ I like the theatre but I don't **often** have time to go.
meistens *adv*	**usually**
▪ Wir gehen **meistens** gegen halb elf ins Bett.	▪ We **usually** go to bed around ten thirty.
manchmal *adv*	**sometimes**
▪ **Manchmal** fährt er mit dem Auto, aber meistens nimmt er den Bus.	▪ **Sometimes** he goes by car but usually he takes the bus.
regelmäßig *adj*	**regular**
▪ Die Züge nach Dover verkehren in **regelmäßigen** Abständen.	▪ Trains to Dover run at **regular** intervals.
schon einmal *adv*	**ever**
▪ Waren Sie **schon einmal** in Österreich?	▪ Have you **ever** been to Austria?
nie *adv*	**never**
▪ Ich habe von ihm gehört, ihn aber noch **nie** gesehen.	▪ I've heard of him but I've **never** seen him.

Early and Late

vor *prep*	**before**
▪ Jonas joggt immer **vor** dem Frühstück.	▪ Jonas always jogs **before** breakfast.
nach *prep*	**after**
▪ Der Unfall geschah exakt 13 Minuten **nach** 3 Uhr nachts.	▪ The accident happened exactly 13 minutes **after** 3 a.m.
▪ Opa macht **nach** dem Essen gern ein Nickerchen.	▪ Granddad likes to take a nap **after** dinner.
dann *adv*	**then**
▪ Zuerst sprach der Präsident und **dann** seine Gäste.	▪ First the President spoke and **then** his guests.
früh *adv*	**early**
▪ Entschuldige, dass ich so **früh** komme. Ich konnte nicht warten.	▪ Sorry for being so **early**. I couldn't wait.

zu früh *adv*	**early**
■ Das Flugzeug kam 20 Minuten **zu früh** an.	■ The plane arrived 20 minutes **early**.
spät *adv*	**late**
■ Du kommst **spät**! Wo bist du gewesen?	■ You're **late**! Where were you?
zu spät *adv*	**late**
■ Wenn ich den Zug nicht erreiche, komme ich **zu spät**.	■ If I don't catch the train I'll be **late**.
später *adv*	**later**
■ Tschüs erst mal, bis **später**.	■ Bye now, I'll see you **later**.
rechtzeitig *adv*	**in time**
■ Wir kamen gerade **rechtzeitig**, um unseren Zug zu erreichen.	■ We arrived just **in time** to catch our train.
bald *adv*	**soon**
■ Hab keine Angst! Deine Mutter ist **bald** wieder da.	■ Don't be afraid. Your mother will be back again **soon**.
sofort *adv*	**immediately; at once**
■ Schicken Sie **sofort** einen Krankenwagen!	■ Send an ambulance **immediately**!
■ Warte nicht! Tu es **sofort**!	■ Don't wait! Do it **at once**!
plötzlich *adv*	**suddenly**
■ Wir wachten auf, als **plötzlich** das Haus anfing zu wackeln.	■ We woke up when **suddenly** the house began to shake.
zuerst	**first**
■ Ich habe das alte Auto **zuerst** gesehen.	■ I saw the old car **first**.
letzter *adj*	**last**
■ Der **letzte** Zug fährt gegen Mitternacht.	■ The **last** train leaves around midnight.
schon *adv*	**already**
■ Susanne kommt nicht mit, sie hat den Film **schon** gesehen.	■ Susanne isn't coming, she's **already** seen the film.

Chronology

einmal *adv*	**once**
▪ **Einmal** pro Woche geht Christian zum Fußballtraining.	▪ **Once** a week Christian goes to football practice.
zweimal *adv*	**twice**
▪ Emma geht **zweimal** die Woche joggen: mittwochs und sonntags.	▪ Emma goes jogging **twice** a week: on Wednesdays and Sundays.
anfangen *v-sep-irr*	**to start; to begin**
▪ Lisa **fing an**, etwas zu sagen, aber redete dann nicht weiter.	▪ Lisa **started** to say something but then stopped.
▪ Du sollest **anfangen**, für deine Prüfung zu lernen.	▪ You should **begin** learning for your exam.
beginnen, beginnt, begann, hat begonnen *v-irr*	**to start; to begin**
▪ Die Vorstellung **beginnt** um 19 Uhr.	▪ The performance will **start** at 7 pm.
▪ Ich habe letztes Jahr **begonnen**, eine neue Sprache zu lernen.	▪ Last year, I **began** learning a new language.
aufhören *v-sep*	**to finish; to stop**
▪ Könntet ihr **aufhören** zu reden? Ich versuche nachzudenken.	▪ Could you **stop** talking? I'm trying to think.
enden *v*	**to finish**
▪ Um wie viel Uhr **endet** die Sendung?	▪ What time does the programme **finish**?
beenden *v*	**to end**
▪ Sie hat die Beziehung zu ihrem Freund **beendet**.	▪ She **ended** the relationship with her boyfriend.
das **Ende, Enden** *n*	**end**
▪ Nach dem **Ende** ihrer Ausbildung bekam sie einen guten Job.	▪ After the **end** of her training, she got a good job.
zu Ende *phrase*	**over**
▪ Gehen wir nach Hause. Die Party ist **zu Ende**.	▪ Let's go home. The party's **over**.
anhalten *v-sep-irr*	**to stop**
▪ Die Polizei **hielt** ihn **an**, weil er zu schnell fuhr.	▪ The police **stopped** him because he was driving too fast.

Where and Whereabouts

Expressing Location

die **Seite,** Seiten *n* ▪ In Australien fahren die Autos auf der linken **Seite** der Straße.	**side** ▪ Cars drive on the left **side** of the road in Australia.
rechts *adv* ▪ Biegen Sie an der Kreuzung **rechts** ab!	**right** ▪ Turn **right** at the crossroads.
links *adv* ▪ Die Bibliothek liegt **links** von der Post.	**left** ▪ The library is **left** of the post office.
die **Mitte,** Mitten *n* ▪ Deutschland liegt in der **Mitte** Europas.	**middle** ▪ Germany is in the **middle** of Europe.
vor *prep* ▪ **Vor** dem Kino standen viele Menschen.	**in front of** ▪ Lots of people were standing **in front of** the cinema.
hinter *prep* ▪ Laura versteckte sich **hinter** einem Baum.	**behind** ▪ Laura was hiding **behind** a tree.
neben *prep* ▪ Charlotte ist eine alte Freundin. Sie saß in der Schule **neben** mir. ▪ Als ich den Raum betrat, stand sie **neben** dem Fenster.	**next to; by** ▪ Charlotte's an old friend. She sat **next to** me at school. ▪ When I entered the room she was standing **by** the window.
über *prep* ▪ Das Flugzeug flog weit **über** den Wolken. ▪ Der Hund sprang **über** den Zaun und lief weg.	**above; over** ▪ The plane was flying far **above** the clouds. ▪ The dog jumped **over** the fence and ran away.
unter *prep* ▪ **Unter** der Oberfläche der Wüste liegt viel Öl. ▪ Der größte Teil des Eisberges liegt **unter** der Wasseroberfläche.	**below; under** ▪ There's a lot of oil **below** the surface of the desert. ▪ Most of the iceberg is **under** the surface of the water.

oben *adv* ▪ Das Bad ist **oben**.	**upstairs** ▪ The bathroom is **upstairs**.
unten *adv* ▪ Die Schlafzimmer sind oben und das Wohnzimmer ist **unten**.	**downstairs** ▪ The bedroooms are upstairs and the living room is **downstairs**.
gegenüber *prep* ▪ Das Klassenzimmer liegt dem Lehrerzimmer **gegenüber**.	**opposite** ▪ The classroom is **opposite** the teachers' room.
zwischen *prep* ▪ Es gibt eine direkte Zugverbindung **zwischen** London und Paris. ▪ Ich habe endlich mein Fotoalbum **zwischen** meinen Büchern wiedergefunden.	**between; among** ▪ There's a direct train service **between** London and Paris. ▪ I finally found my photo album again **among** my books.
hier *adv* ▪ Ich wohne **hier** schon mein ganzes Leben.	**here** ▪ I've lived **here** all my life.
dort *adv* ▪ Ich habe versucht, Sie anzurufen, aber Sie waren nicht **dort**.	**there** ▪ I tried to call you, but you weren't **there**.
dorthin *adv* ▪ Ich habe gehört, im Park ist ein Konzert. Gehst du **dorthin**?	**there** ▪ I hear there's a concert in the park. Are you going **there**?
irgendwo *adv* ▪ Versucht ihn zu finden, er muss **irgendwo** sein.	**somewhere** ▪ Try to find him, he must be **somewhere**.
nirgendwo *adv* ▪ Die vermisste Person war **nirgendwo** zu finden.	**nowhere** ▪ The missing person was **nowhere** to be found.
überall *adv* ▪ In Großbritannien findet man **überall** nette Pubs. ▪ Deine Brille könnte **überall** sein.	**everywhere; anywhere** ▪ You can find nice pubs **everywhere** in Britain. ▪ Your glasses could be **anywhere**.

nach *prep*	**to; for**
▪ Von hier **nach** Salzburg sind es etwa 400 Kilometer.	▪ It's about 400 kilometres from here **to** Salzburg.
▪ Die Fähre ist heute Morgen **nach** Kiel ausgelaufen.	▪ The ferry left **for** Kiel this morning.
in (hinein) *prep*	**into**
▪ Es wird kalt, gehen wir lieber **ins** Haus **hinein**.	▪ It's getting cold, let's go **into** the house.
aus (heraus), aus *prep*	**out of; from**
▪ Joe sprang **aus** dem Bett, als der Wecker klingelte.	▪ Joe jumped **out of** bed when the alarm clock rang.
▪ Michael ist **aus** Österreich.	▪ Michael comes **from** Austria.
hinauf *adv*	**up**
▪ Lisa ging **hinauf**, um die Kinder ins Bett zu bringen.	▪ Lisa went **up** to put the children to bed.
hinunter *adv*	**down**
▪ Sarah ging in den Keller **hinunter**, um nach der Heizung zu schauen.	▪ Sarah went **down** to the cellar to look at the heating.
um … herum *prep*	**round**
▪ Monika ging **um** den Tisch **herum**.	▪ Monika walked **round** the table.
um (herum) *adv*	**around**
▪ Die Erde dreht sich **um** die Sonne.	▪ The earth goes **around** the sun.
auf … zu *prep*	**towards**
▪ Ich bekam einen Schreck, als ich den Hund **auf** mich **zu**laufen sah.	▪ I got a fright when I saw the dog running **towards** me.
durch *prep*	**through**
▪ Unser Zug fährt **durch** den Kanaltunnel.	▪ Our train is going **through** the Channel Tunnel.
die **Richtung,** Richtungen *n*	**direction**
▪ Chris läuft in die falsche **Richtung**.	▪ Chris is walking in the wrong **direction**.
in Richtung *phrase*	**for**
▪ Die Fähre ist heute Morgen **in Richtung** Bremerhaven ausgelaufen.	▪ The ferry left **for** Bremerhaven this morning.
weg *adv*	**away**
▪ Sie stieg in ihren Wagen und fuhr **weg**.	▪ She got into her car and drove **away**.

(hin)über *prep* ▪ Ein Boot brachte uns **über** den Fluss.	**across** ▪ A boat took us **across** the river.
flach *adj* ▪ Im Norden Deutschlands ist das Land meist **flach**.	**flat** ▪ In the north of Germany the land is mostly **flat**.
hoch *adj* ▪ In den Schweizer Alpen gibt es sehr **hohe** Berge.	**high** ▪ There are very **high** mountains in the Swiss Alps.
tief *adj* ▪ Die Wolken sind sehr **tief**. Es wird regnen.	**low** ▪ The clouds are very **low**. It's going to rain.
niedrig *adj* ▪ Achtung! Die Tür ist sehr **niedrig**.	**low** ▪ Watch out! The door is very **low**.
schmal *adj* ▪ Die Straße ist zu **schmal** für Busse und Lastwagen.	**narrow** ▪ The street is too **narrow** for buses and lorries.
nahe *adj* ▪ Können Sie mir sagen, wo die **nächste** Bushaltestelle ist?	**near** ▪ Can you tell me where the **nearest** bus stop is?
weit *adj* ▪ Wir können zu Fuß hingehen, es ist nicht **weit**.	**far** ▪ We can walk there, it isn't **far**.

Movement, Speed and Rest

(sich) bewegen *v*	**to move**
▪ Nicht die Tür öffnen, solange **sich** der Zug **bewegt**!	▪ Don't open the door while the train's **moving**.
(zu Fuß) gehen *phrase*	**to walk**
▪ Wir hatten kein Auto, also mussten wir **zu Fuß gehen**.	▪ We had no car, so we had to **walk**.
sich (um)drehen *v-sep*	**to turn**
▪ Ella **drehte sich um** und winkte uns zu.	▪ Ella **turned** around and waved at us.
springen, springt, sprang, ist gesprungen *v-irr*	**to jump**
▪ Springpferde müssen über hohe Zäune **springen** können.	▪ Show jumpers must be able to **jump** over high fences.
einsteigen *v-sep-irr*	**to get on; to get in**
▪ Kurz bevor der Zug abfuhr, ist Brenda **eingestiegen**.	▪ Brenda **got on** the train just before it departed.
▪ Warum **steigen** Sie nicht in den Wagen **ein** und warten auf mich?	▪ Why don't you **get in** the car and wait for me?
aussteigen *v-sep-irr*	**to get off; to get out**
▪ **Steig** am nächsten Bahnhof **aus**! Ich hole dich ab.	▪ **Get off** at the next station. I'll pick you up.
▪ Kathrin **stieg** aus dem Taxi **aus** und eilte ins Hotel.	▪ Kathrin **got out** of the taxi and rushed into the hotel.
schnell *adv*	**quickly**
▪ Kleine Kinder lernen sehr **schnell**.	▪ Young children learn very **quickly**.
schnell *adj*	**fast**
▪ Sie ist eine **schnelle**, aber vorsichtige Fahrerin.	▪ She's a **fast**, but careful driver.
langsam *adj*	**slow**
▪ Tim dachte, er würde das Rennen gewinnen, aber er war zu **langsam**.	▪ Tim thought he would win the race, but he was too **slow**.
sitzen, sitzt, saß, hat gesessen *v-irr*	**to sit**
▪ Verzeihung, **sitzt** hier schon jemand?	▪ Excuse me, **is** anyone **sitting** here?

Arrival and Departure

kommen, kommt, kam, ist gekommen *v-irr*	**to come**
▪ Benjamin möchte, dass du zu seiner Geburtstagsfeier **kommst**.	▪ Benjamin wants you to **come** to his birthday party.
(hin)kommen *v-sep-irr*	**to get**
▪ Wie kann man da ohne Wagen **hinkommen**?	▪ How can we **get** there without a car?
ankommen *v-sep-irr*	**to get; to arrive**
▪ Gott sei Dank **sind** wir rechtzeitig **angekommen**.	▪ Thank God we **got** there in time.
▪ Der Zug **kommt** um 10.30 Uhr in London **an**.	▪ The train **arrives** in London at 10.30 am.
zurückkommen *v-sep-irr*	**to return**
▪ Carl ist am 15. abgereist und **wird** am 20. **zurückkommen**.	▪ Carl left on the 15th and **will return** on the 20th.
gehen, geht, ging, ist gegangen *v-irr*	**to go**
▪ Ich würde gern bleiben, aber ich muss jetzt wirklich **gehen**.	▪ I'd like to stay, but I really have to **go** now.
weggehen *v-sep-irr*	**to leave**
▪ Um den Bus zu erreichen, muss ich um halb acht **weggehen**.	▪ I have to **leave** at 7.30 to catch the bus.
vorbeifahren *v-sep-irr*	**to pass**
▪ Barbara winkt mir jedes Mal, wenn sie an meinem Haus **vorbeifährt**.	▪ Barbara always waves at me when she **passes** my house.
sich aufhalten *v-sep-irr*	**to stay**
▪ Wir **hielten uns** nur wenige Minuten am Gipfel **auf**.	▪ We **stayed** at the top for only a few minutes.

Colours and Shapes

Colours

die **Farbe,** Farben *n*	**colour**
weiß *adj*	**white**
schwarz *adj*	**black**
gelb *adj*	**yellow**
rot *adj*	**red**
blau *adj*	**blue**
orange *adj*	**orange**
grün *adj*	**green**
violett *adj*	**violet**
braun *adj*	**brown**
grau *adj*	**grey**
rosa *adj*	**pink**

Shapes

die **Form,** Formen *n*	**shape**
der **Kreis,** Kreise *n*	**circle**
rund *adj*	**round**
die **Linie,** Linien *n*	**line**
das **Quadrat,** Quadrate *n*	**square**
das **Rechteck,** Rechtecke *n*	**rectangle**
das **Dreieck,** Dreiecke *n*	**triangle**
eckig *adj*	**angular**

Numbers and Units of Measurement

Cardinal Numbers

0	null	zero
1	eins	one
2	zwei	two
3	drei	three
4	vier	four
5	fünf	five
6	sechs	six
7	sieben	seven
8	acht	eight
9	neun	nine
10	zehn	ten
11	elf	eleven
12	zwölf	twelve
13	dreizehn	thirteen
14	vierzehn	fourteen
15	fünfzehn	fifteen
16	sechzehn	sixteen
17	siebzehn	seventeen
18	achtzehn	eighteen
19	neunzehn	nineteen
20	zwanzig	twenty
21	einundzwanzig	twenty-one
22	zweiundzwanzig	twenty-two
30	dreißig	thirty
40	vierzig	forty

50	fünfzig	**fifty**
60	sechzig	**sixty**
70	siebzig	**seventy**
80	achtzig	**eighty**
90	neunzig	**ninety**
100	(ein)hundert	**(one) hundred**
1.000 1 000	(ein)tausend	**(one) thousand**
1.000.000 1 000 000	eine Million	**one million**
	eine Milliarde	**one billion**

die **Zahl,** Zahlen *n* — **number; figure**

- Viele glauben, dass die **Zahl** 13 eine Unglückszahl ist.
- Many people think that the **number** 13 is an unlucky number.
- Ich kenne die neuesten **Zahlen** nicht.
- I don't know the latest **figures**.

die **Nummer,** Nummern *n* — **number**

- Nehmen Sie den Bus **Nummer** 9 und fahren Sie bis zur Endhaltestelle.
- Take the **number** 9 bus and stay on until the last stop.

zählen *v* — **to count**

- Sandra kann auf Chinesisch von eins bis zehn **zählen**.
- Sandra can **count** from one to ten in Chinese.

Ordinal Numbers

1.	erste(r, -s)	1st first
2.	zweite(r, -s)	2nd second
3.	dritte(r, -s)	3rd third
4.	vierte(r, -s)	4th fourth
5.	fünfte(r, -s)	5th fifth
6.	sechste(r, -s)	6th sixth
7.	sieb(en)te(r, -s)	7th seventh
8.	achte(r, -s)	8th eighth
9.	neunte(r, -s)	9th ninth
10.	zehnte(r, -s)	10th tenth
11.	elfte(r, -s)	11th eleventh
12.	zwölfte(r, -s)	12th twelfth
13.	dreizehnte(r, -s)	13th thirteenth
14.	vierzehnte(r, -s)	14th fourteenth
15.	fünfzehnte(r, -s)	15th fifteenth
16.	sechzehnte(r, -s)	16th sixteenth
17.	siebzehnte(r, -s)	17th seventeenth
18.	achtzehnte(r, -s)	18th eighteenth
19.	neunzehnte(r, -s)	19th nineteenth
20.	zwanzigste(r, -s)	20th twentieth

➡ In German, ordinal numbers, from twenty onwards are formed by attaching the ending -stẹ to the cardinal number, i.e. zwanzigste, einundzwanzigste, zweiundzwanzigste ... up to and including hundertste and tausendste. Ordinal numbers are declined like other adjectives.

Weights and Measurements

der **Meter,** Meter *n*	**metre**

➡ The following abbreviations are commonly used in German for units of measure: **cm (Zentimeter), g (Gramm), kg (Kilo or Kilogramm), km (Kilometer), m (Meter), l (Liter).**

der **Zentimeter,** Zentimeter *n*	**centimetre**
der **Millimeter,** Millimeter *n*	**millimetre**
der **Kilometer,** Kilometer *n*	**kilometre**
das **Kilogramm,** Kilogramm, Kilogramme *n*	**kilogramme**
das **Gramm,** Gramm, Gramme *n*	**gram; gramme**
die **Tonne,** Tonnen *n*	**ton; tonne**
der **Liter,** Liter *n*	**litre**
das **Grad** *n*	**degree**

Categories

die **Art,** Arten *n* ▪ Welche **Art** Musik hört sie gern?	**kind** ▪ What **kind** of music does she like?
die **Sorte,** Sorten *n* ▪ In England kann man viele verschiedene **Sorten** Tee kaufen. ▪ Ich habe zwei **Sorten** Kaffee gekauft.	**sort; type** ▪ In England you can buy many different **sorts** of tea. ▪ I bought two **types** of coffee.
die **Qualität,** Qualitäten *n* ▪ Es kostet mehr, ist aber auch bessere **Qualität**.	**quality** ▪ It costs more but it's also better **quality**.
die **Klasse,** Klassen *n* ▪ Reisen Sie erster oder zweiter **Klasse**?	**class** ▪ Are you travelling first or second **class**?
die **Reihenfolge,** Reihenfolgen *n* ▪ Die Namen auf der Liste stehen in keiner besonderen **Reihenfolge**.	**order** ▪ The names on the list are in no particular **order**.

Quantities

einige *pron*	**a few; some**
▪ Es waren **einige** Leute da.	▪ There were **a few** people there.
▪ Wir aßen **einige** Kräcker und tranken Tee.	▪ We had **some** crackers and tea.

➡ The expressions mehrere and einige are used when you are talking about more than two things but you are not exactly sure how many.

etwas, (irgend)etwas *pron*	**some; any; something; anything**
▪ Könnte ich bitte noch **etwas** Brot haben?	▪ Could I have **some** more bread, please?
▪ Hast du Geld?	▪ Have you got **any** money?
▪ Wir können nach der Vorstellung **etwas** essen.	▪ We can eat **something** after the show.
▪ Kann ich **etwas** für Sie tun?	▪ Is there **anything** I can do for you?

➡ Etwas is used in German to describe an unspecified amount of a whole: Ich hätte gerne etwas Wasser. **I'd like some water.** Gibt es noch etwas Brot? **Is there some bread left?**

irgendein(e) *pron*	**any; some**
▪ Haben Sie **irgendeine** Information über diese Orte?	▪ Have you got **any** information about these places?
▪ Ich hoffe, wir können **irgendeine** Lösung finden.	▪ I hope we can find **some** kind of solution.
irgendwelche *pron*	**any**
▪ Sind Briefe für mich angekommen?	▪ Are there **any** letters for me?
viel *pron*	**much**
▪ Danke, ich möchte nicht so **viel** Saft.	▪ I don't want that **much** juice, thank you.
viel(e), viele *pron*	**a lot of; many**
▪ Es gibt **viele** Parks in der Gegend.	▪ There are **a lot of** parks in the area.
▪ Ich habe nicht **viele** CDs, aber ich habe viele Bücher.	▪ I haven't got **many** CDs but I've got a lot of books.
wenig, wenig(e) *pron*	**little; few**
▪ Mary hatte sehr **wenig** Geld im Portemonnaie.	▪ Mary had very **little** money in her purse.
▪ Viele Menschen werden 80 Jahre, aber **wenige** werden 100 Jahre alt.	▪ Many people live to be 80, but **few** live to be 100.

alle *pron*	**all; everybody; everyone**
▪ Jane hat **alle** ihre Freunde eingeladen.	▪ Jane has invited **all** her friends.
alles *pron*	**everything**
▪ Wir haben **alles** für ein Picknick eingekauft.	▪ We bought **everything** for a picnic.
jeder(mann) *pron*	**everybody; everyone**
▪ In kleinen Dörfern kennt **jeder jeden**.	▪ In small villages **everybody** knows **everybody** else.
▪ **Jeder** darf eine Tafel Schokolade haben.	▪ **Everyone** can have a chocolate bar.
jede(r, -s) *pron*	**each; every**
▪ Wir haben fünf Zimmer, **jedes** mit eigenem Bad.	▪ We have five rooms, **each** with its own bathroom.
▪ Wir besuchen Oma **jeden** Tag.	▪ We go to see Grandma **every** day.
jemand, (irgend)jemand *pron*	**someone; anyone; somebody**
▪ **Jemand** hat mir Salz in den Kaffee getan.	▪ **Someone**'s put salt in my coffee.
▪ Hat **irgendjemand** meinen Taschenrechner gesehen?	▪ Has **anyone** seen my pocket calculator?
▪ Da ist **jemand**, der dich sprechen will.	▪ There's **somebody** who wants to talk to you.
niemand *pron*	**nobody**
▪ Ich habe angerufen, aber **niemand** ging ans Telefon.	▪ I called but **nobody** answered the phone.
kein(e) *pron*	**any**
▪ Er hat **keine** Informationen über diese Gegend.	▪ He hasn't **any** information about this area.
kein(e) *pron*	**no**
▪ Es gab nicht genügend Ärzte und **keine** Krankenhäuser.	▪ There were not enough doctors, and **no** hospitals.
nichts *pron*	**nothing**
▪ Der Safe ist leer. Es ist **nichts** darin.	▪ The safe's empty. There's **nothing** in it.
noch ein(e) *pron*	**another**
▪ Möchten Sie **noch eine** Tasse Tee?	▪ Would you like **another** cup of tea?

ein bisschen *adv*
- Ich bin **ein bisschen** müde und lege mich etwas hin.

a bit
- I'm **a bit** tired and am going to lie down for a while.

genug *pron*
- Es gibt nicht **genug** zu essen in unserem Kühlschrank.

enough
- There isn't **enough** to eat in our fridge.

ungefähr *adv*
- New York City hat **ungefähr** acht Millionen Einwohner.

about
- New York City has **about** eight million inhabitants.

über *prep*
- Wir empfangen **über** 400 Fernsehkanäle.

over
- We receive **over** 400 TV channels.

das **Stück, Stücke** *n*
- Zum Nachtisch können Sie Eis und ein **Stück** Apfelkuchen haben.

piece
- For dessert you can have ice cream and a **piece** of apple pie.

beide *pron*
- Seine Eltern sind **beide** Lehrer.

both
- **Both** of his parents are teachers.

das **Paar, Paare** *n*
- Die Socken, die du anhast, sind kein **Paar**.

pair
- The socks you are wearing aren't a **pair**.

die **Gruppe, Gruppen** *n*
- Die **Gruppe** besteht nur aus Frauen.

group
- The **group** consists only of women.

Categorisation — General Concepts

Differences and Classifications

der **Teil,** Teile *n* ▪ Diese **Teile** eines Autos müssen regelmäßig kontrolliert werden.	**part** ▪ These **parts** of a car must be checked regularly.
das **Gegenteil,** Gegenteile *n* ▪ Das **Gegenteil** von interessant ist langweilig.	**opposite** ▪ The **opposite** of interesting is boring.
der **Unterschied,** Unterschiede *n* ▪ Ich sehe keinen **Unterschied** zwischen dem Original und der Kopie.	**difference** ▪ I see no **difference** between the original and the copy.
normal *adj* ▪ Die **normale** Arbeitszeit geht in Großbritannien von 9 bis 17 Uhr.	**normal** ▪ **Normal** working hours in Britain are from nine to five.
wie *prep* ▪ Es sieht aus **wie** Gold, ist aber keines.	**like** ▪ It looks **like** gold but it isn't.
(genau)so ... wie *conj* ▪ Robert ist **genauso** intelligent **wie** sein Lehrer.	**as ... as** ▪ Robert's **as** intelligent **as** his teacher.
als *prep* ▪ Leon ist erst 15, aber größer **als** sein Vater. ▪ Alex ist Lehrer, arbeitet aber **als** Fußballtrainer.	**than; as** ▪ Leon's only 15, but taller **than** his father. ▪ Alex is a teacher but he works **as** a football coach.
zusammen *adv* ▪ Die ganze Familie war endlich wieder **zusammen**.	**together** ▪ The family were all **together** again at last.
nur *adv* ▪ Wir waren **nur** zu zweit gegen fünf von ihnen.	**only** ▪ There were **only** two of us against five of them.

Cause, Effect and Manner

die **Art und Weise** *phrase* ▪ Weniger zu essen, ist die beste **Art und Weise** abzunehmen.	**way** ▪ Eating less is the best **way** to lose weight.
der **Grund, Gründe** *n* ▪ Ich verstehe deine **Gründe**, aber du solltest dich entschuldigen.	**reason** ▪ I understand your **reasons**, but you should apologize.
um … zu *conj* ▪ American-Football-Spieler tragen Helme, **um** ihren Kopf **zu** schützen. ▪ Papa nahm die Uhr auseinander, **um** sie **zu** reparieren.	**(in order) to** ▪ American football players wear helmets **to** protect their heads. ▪ Dad took the clock apart **in order to** repair it.
weil *conj* ▪ Du bekommst keinen Führerschein, **weil** du noch nicht 17 bist.	**because** ▪ You can't get a driving licence **because** you aren't 17 yet.
wie *conj* ▪ Es spielt keine Rolle, was man sagt, sondern **wie** man es sagt.	**how** ▪ It doesn't matter what you say but **how** you say it.
fast *adv* ▪ Sue hatte einen schweren Unfall und wäre **fast** gestorben. ▪ Nur noch ein paar Tage, unsere Ferien sind **fast** vorbei.	**nearly; almost** ▪ Sue had a serious accident and very **nearly** died. ▪ Only a few more days, our holiday is **almost** over.
kaum *adv* ▪ Sie haben ihren Lehrer gern, aber **kaum** etwas gelernt.	**hardly** ▪ They like their teacher but have **hardly** learned anything at all.
auch *adv* ▪ Ich kenne das Buch und habe **auch** den Film gesehen. ▪ Linda spricht Englisch und Französisch und **auch** etwas Deutsch.	**too; also** ▪ I know the book and I've seen the film **too**. ▪ Linda speaks English and French and **also** a little German.

Function Words

Interrogative Pronouns

wann *pron* ▪ **Wann** kommen wir an?	**when** ▪ **When** do we arrive?
warum *pron* ▪ **Warum** kommst du nicht für eine Minute rauf?	**why** ▪ **Why** don't you come up for a minute?
was *pron* ▪ **Was** hast du gestern Abend gemacht?	**what** ▪ **What** did you do last night?
welche(r, -s) *pron* ▪ **Welches** Buch willst du?	**which** ▪ **Which** book do you want?
wer *pron nom* ▪ **Wer** hat dir das gesagt?	**who** ▪ **Who** told you that?
wen *pron acc* ▪ **Wen** siehst du dort?	**who** ▪ **Who** can you see there?
wem *pron dat* ▪ **Wem** willst du etwas schenken?	**who** ▪ **Who** do you want to give something to?
wie *pron* ▪ **Wie** komme ich zum Bahnhof?	**how** ▪ **How** do I get to the station?
wo *pron* ▪ **Wo** wohnst du?	**where** ▪ **Where** do you live?
wohin *pron* ▪ **Wohin** gehst du, David?	**where** ▪ **Where** are you going, David?

Prepositions

mit *prep*	**with**
▪ Möchtest du deinen Kaffee **mit** oder ohne Zucker?	▪ Do you want your coffee **with** or without sugar?
ohne *prep*	**without**
▪ **Ohne** Luft kann man nicht atmen.	▪ You can't breathe **without** air.
als *prep*	**as**
▪ Alex ist Lehrer, arbeitet aber **als** Fußballtrainer.	▪ Alex is a teacher but he works **as** a football coach.
zwischen *prep*	**between**
▪ Es gibt eine direkte Zugverbindung **zwischen** London und Paris.	▪ There's a direct train service **between** London and Paris.
von … nach *prep*	**from … to**
▪ Wir flogen **von** New York **nach** Denver.	▪ We flew **from** New York **to** Denver.
von … bis *prep*	**from … to**
▪ Das Spiel dauerte **von** acht **bis** zehn.	▪ The game lasted **from** eight **to** ten.
für *prep*	**for**
▪ Ich habe ein kleines Geschenk **für** dich.	▪ I've got a little present **for** you.
über *prep*	**about**
▪ Lass uns jetzt nicht **über** Geld sprechen!	▪ Let's not talk **about** money now.
von (not usually translated in the genitive form) *prep*	**about**; **of**; **by**
▪ Er hat mir nichts **von** seinen finanziellen Problemen gesagt.	▪ He didn't tell me **about** his financial problems.
▪ Ich liebe die Farbe ihres Haares.	▪ I love the colour **of** her hair.
▪ Elisabeth I. wurde 1558 Königin **von** England.	▪ Elizabeth I became Queen **of** England in 1558.
▪ „Hamlet" wurde **von** Shakespeare geschrieben.	▪ "Hamlet" was written **by** Shakespeare.
an *prep*	**at**; **on**
▪ Robert stand **an** der Bushaltestelle.	▪ Robert was standing **at** the bus stop.
▪ **An** allen Wänden hängen schöne Bilder.	▪ There are beautiful pictures **on** all the walls.

in *prep*	**at; in**
▪ Wo ist Sarah? Sie ist nicht **in** der Schule.	▪ Where's Sarah? She's not **at** school.
▪ Bewahre Eier immer **im** Kühlschrank auf!	▪ Always keep eggs **in** the refrigerator!
durch *prep*	**by**
▪ Ian wurde **durch** ein Auto verletzt.	▪ Ian was injured **by** a car.
innerhalb *prep*	**within**
▪ Sie werden **innerhalb** der nächsten Stunde ankommen.	▪ They'll arrive **within** an hour.
nach *prep*	**according to**
▪ **Nach** der Statistik passieren die meisten Unfälle in der Küche.	▪ **According to** statistics, most accidents happen in the kitchen.
statt *prep*	**instead of**
▪ Man kann Margarine **statt** Butter verwenden.	▪ You can use margarine **instead of** butter.
trotz *prep*	**in spite of**
▪ Sie gingen **trotz** des Sturms segeln.	▪ They went sailing **in spite of** the storm.

Conjunctions

und *conj*	**and**
▪ Ich bin müde **und** hungrig.	▪ I'm tired **and** hungry.
oder *conj*	**or**
▪ Sie können Kaffee **oder** Tee haben.	▪ You can have coffee **or** tea.
aber *conj*	**but**
▪ Das Restaurant ist teuer, **aber** sehr gut.	▪ The restaurant is expensive **but** very good.
sondern *conj*	**but**
▪ Er ist nicht 50, **sondern** 60 Jahre alt.	▪ He's isn't 50 **but** 60 years old.
dass *conj*	**that**
▪ Wir sind glücklich, **dass** den Kindern nichts geschehen ist.	▪ We're happy **that** the children are safe.

wenn *conj*	**if**
▪ Wir gehen morgen joggen, **wenn** es nicht regnet.	▪ We're going jogging tomorrow **if** it doesn't rain.
ob *conj*	**if**
▪ Ich weiß nicht, **ob** Lily kommt oder nicht.	▪ I don't know **if** Lily's coming or not.

Auxiliary and Modal Verbs

haben, hat, hatte, hat gehabt *v-aux*	**have; have got**
▪ Ich **habe** neue Teller gekauft.	▪ I **have** bought some new plates.

➡ A synonym of haben as a full verb is besitzen: Ich habe Teller = Ich besitze Teller.

sein, ist, war, ist gewesen *v-aux*	**have**
▪ Er **ist** zu der besten Staatsanwältin gegangen?	▪ He **has** gone to the best public prosecutor?

➡ Sein can also be a full verb meaning **to be**: Frau Dieter ist Ärztin.

werden, wird, wurde, ist geworden *v-aux*	**to be going to; will; be**
▪ Anna und Paul **werden** morgen ein neues Auto kaufen.	▪ Anna and Paul **are going** to buy a new car tomorrow.
▪ Der Hund **wird** gerade gefüttert.	▪ The dog **is** just **being** fed.
dürfen, darf, durfte, hat gedurft *v-irr*	**can**
▪ **Darf** ich jetzt nach Hause gehen?	▪ **Can** I go home now?

➡ The negative form nicht dürfen can be translated as **cannot** or **not to be allowed**: Sie dürfen hier nicht parken! **You are not allowed to park here!**

können, kann, konnte, hat gekonnt *v-irr*	**can; be able to**
▪ **Können** Sie mir sagen, wie man dahin kommt?	▪ **Can** you tell me how to get there?
mögen, mag, mochte, hat gemocht *v-irr*	**to like**
▪ **Magst** du Kartoffelbrei?	▪ Do you **like** mashed potato?

➡ The negative form of this modal verb is nicht mögen, which translates as **do not like, do not want**: Nein, ich möchte jetzt nicht mit dir telefonieren. **No, I don't want to phone you now.**

müssen, muss, musste, hat gemusst *v-irr*	**to have to; must**
▪ Ich **muss** jetzt nach Hause gehen.	▪ I **have to** go home now.
▪ Es **muss** doch heute Abend etwas Interessantes im Fernsehen geben.	▪ There **must** be something interesting on TV tonight.
sollen, soll, sollte, hat gesollt *v-irr*	**shall**
▪ **Soll** ich das Fenster öffnen?	▪ **Shall** I open the window?
wollen, will, wollte, hat gewollt *v-irr*	**to want**
▪ **Willst** du mich in Wien besuchen kommen?	▪ Do you **want** to come and visit me in Vienna?

Countries

Europa *n*	**Europe**
europäisch *adj*	**European**
der **Europäer,** die **Europäerin,** Europäer *n*	**European**
Deutschland *n*	**Germany**
deutsch *adj*	**German**
Deutsch *n*	**German**
der **Deutsche,** die **Deutsche,** Deutschen *n m-f*	**German**
Österreich *n*	**Austria**
österreichisch *adj*	**Austrian**
der **Österreicher,** die **Österreicherin,** Österreicher *n*	**Austrian**
die **Schweiz** *n*	**Switzerland**
schweizerisch *adj*	**Swiss**
der **Schweizer,** die **Schweizerin,** Schweizer *n*	**Swiss**
Großbritannien *n*	**Great Britain**
britisch *adj*	**British**
der **Brite,** die **Britin,** Briten *n*	**Briton**
England *n*	**England**
englisch *adj*	**English**
Englisch *n*	**English**
die **Engländer** *n pl*	the **British**
der **Engländer,** Engländer *n m*	**Englishman**
die **Engländerin,** Engländerinnen *n f*	**Englishwoman**

Irland *n*	**Ireland**
irisch *adj*	**Irish**
die **Iren** *n pl*	the **Irish**
der **Ire,** Iren *n*	**Irishman**
die **Irin,** Irinnen *n*	**Irishwoman**
Schottland *n*	**Scotland**
schottisch *adj*	**Scottish**
der **Schotte,** die **Schottin,** Schotten *n*	**Scot**
Amerika *n*	**America**
amerikanisch *adj*	**American**
der **Amerikaner,** die **Amerikanerin,** Amerikaner *n*	**American**
die **Vereinigten Staaten** *n pl*	the **United States**
die **USA** *n pl*	the **United States**
US-amerikanisch *adj*	**American**
Afrika *n*	**Africa**
afrikanisch *adj*	**African**
der **Afrikaner,** die **Afrikanerin,** Afrikaner *n*	**African**
Asien *n*	**Asia**
asiatisch *adj*	**Asian**
der **Asiate,** die **Asiatin,** Asiaten *n*	**Asian**
Australien *n*	**Australia**
australisch *adj*	**Australian**
der **Australier,** die **Australierin,** Australier *n*	**Australian**

A

B

C

D

L

M

N

B

C

D

N

O

P

T

Langenscheidt
Grammatik mit Übungen

Deutsch als Fremdsprache

von Christine Stief und Christian Stang

Langenscheidt

Bildnachweis

U1.1 Getty Images/Ridofranz, **U1.2** Shutterstock/Peter Wollinga, **222** Getty Images/MachineHeadz, **223** Getty Images/Bojan89, **231** Shutterstock/Sergey Zaykov, **236** Getty Images/BraunS, **246** Getty Images/DGLimages, **260** Shutterstock/Rawpixel.com, **263** Getty Images/Oliver Rossi, **272** iStockphoto/Lowryn, **275** Fotolia/ Hunta, **280** iStockphoto/kupicoo, **286** iStockphoto/Aldo Murillo, **290** Shutterstock/Minerva Studio, **303** Getty Images/gradyreese, **310** Shutterstock/karenfoleyphotography, **319** Shutterstock/ Mladen Mitrinovic, **325** Getty Images/Bouillante, **330** Getty Images/ Jupiterimages, **338** Shutterstock/Fotografiche, **350** Getty Images/ triloks, **354.1** Thinkstock/GooDween123, **354.2** Shutterstock/ Andrey_Popov, **359** Fotolia/grki, **366** Shutterstock/andriano_cz, **377** Thinkstock/Minerva Studio)

Inhalt Contents

Vorwort Preface

Maybe you've considered German grammar to be difficult – until now. This short and entertaining little book will show you that this is not quite so and that German grammar can be quite fun! It has been specially designed to help non-native speakers of German to master the basic rules of the language – as briefly and painlessly as possible. It makes no pretence at being *exhaustive*.

The grammar content of this book is based on general everyday usage in the German-speaking countries of Germany, Austria and Switzerland. All the headings, explanations, tips and reminders are in English. To make things even easier we have also translated the German examples illustrating the rules into English. The numbering system makes it easy to find your way and to repeat or revise material in any order.

An important new feature in this grammar book is its communicative approach. It's not the bare rules of grammar that take prominence but the way elements of language function as a means of communication. "What is my partner saying to me and how is he/she saying it?"

This grammar is practical, easy to understand and amusing, so you should have no great difficulty in "cracking" it! The motto being: the more unusual the situation, the better you remember the rule.

And one last tip: Don't try to devour the whole book at once! Despite its light and airy presentation it might prove to be too much to digest and spoil your appetite. Much better to enjoy the menu in small manageable portions and still have room for more!

The authors and publishers wish you every success with this book and hope you enjoy using it.

1 Artikel Articles
oder *Der, die, das ...*

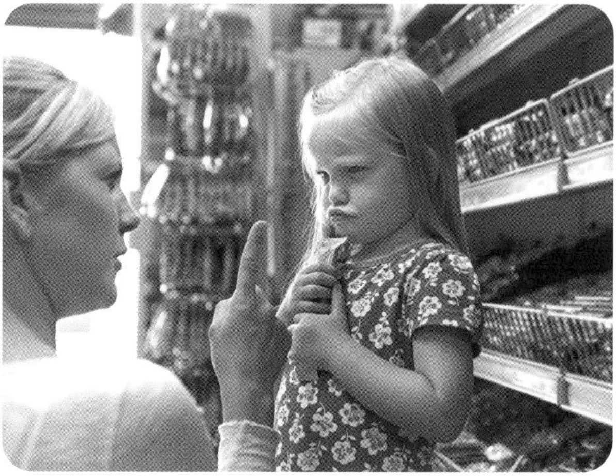

Die Mutter schimpft mit dem Kind. Das Kind schmollt.

The mother is telling the child off. The child is sulking.

In German, as in English, nouns are not normally used on their own. They are almost always preceded by an article:

der Koffer, **der** Computer	*the suitcase, the computer*
die Tasche, **die** Zeitung	*the bag, the newspaper*
das Fahrrad, **das** Handy	*the bike, the mobile phone*

In German the definite article tells us three things about the noun depending on how it is used in the sentence:

- the gender: either *masculine* der, *feminine* die or *neuter* das
- the number: *singular* or *plural*
  and also something typical for the German language:
- the case: *nominative* (nom.), *accusative* (acc.), *dative* (dat.) or *genitive* (gen.)

Das ist **der** Koffer. *That's the suitcase.*
(masculine, singular, nom.)
Ich trage **den** Koffer. *I'll carry the suitcase.*
(masculine, singular, acc.)
Er kommt mit **dem** Zug. *He's coming by train.*
(masculine, singular, dat.)

In German, as in English, there are different kinds of articles, as you'll see on the following pages.

1.1 Unbestimmte und bestimmte Artikel Indefinite and Definite Articles

oder *Ein Königreich für ein Pferd*

I need a pocket calculator. – Use the calculator in the computer.

When do we use the indefinite and definite articles?

- The indefinite article ein, eine is used just like the English *a/an* if there is only one object or person or if something is new, unknown or non-specific.
- The definite article der, die, das normally refers just like the English *the* to something particular or something we already know.

Es war einmal **ein** König. Der König hatte **eine** Tochter. **Die** Tochter hatte **ein** Pferd ...
Once upon a time there was a king. The king had a daughter. The daughter had a horse.
Im Büro: „Ich brauche **einen** Taschenrechner." – „Nimm doch **den** Rechner im Computer."
In the office: "I need a pocket calculator." – "Use the calculator in the computer."

The negative form of the indefinite article ein, eine is kein, keine:

Hast du **einen** Regenschirm? *Have you got an umbrella?*
Nein, ich habe **keinen** Regenschirm. *No, I haven't got an umbrella.*

The negative of the definite article is formed with nicht, which is placed before the article:

Hier kommt **der** Bus. *Here comes the bus.*
Das ist **nicht der** Bus ins Stadtzentrum. *That's not the bus to the town centre.*

1.2 Artikelformen Forms of the Article
oder *Die Frau gibt dem Kind ein Eis*

In German articles change their form depending on how the nouns they belong to are used in the sentence. They indicate, as we mentioned above, gender, number and case. The different forms look like this:

	singular masculine the man	 feminine the woman	 neuter the child	plural people
nom.	der Mann	die Frau	das Kind	die Menschen
	ein	eine	ein	(–)
	kein	keine	kein	keine
acc.	den	die	das	die
	einen	eine	ein	(–)
	keinen	keine	kein	keine
dat.	dem	der	dem	den
	einem	einer	einem	(–)
	keinem	keiner	keinem	keinen
gen.	des Mannes	der	des Kindes	der
	eines	einer	eines	(–)
	keines	keiner	keines	keiner

The good news is that all these forms are more or less the same for nouns, pronouns and adjectives. They can be reduced to a fairly simple table of key signals.

! Remember the following key signals:

	masculine	feminine	neuter	plural
nom.	r	e	s	e
acc.	n	e	s	e
dat.	m	r	m	n
gen.	s	r	s	r

! There is no indefinite article in the plural:

Diana braucht **einen** Regenschirm. *Diana needs an umbrella.*
Tony verkauft Regenschirme. *Tony sells umbrellas.*

! Here are some more points to remember that will help you:

- The plural form is always the same for all genders.
- All the endings for nominative and accusative are the same, except for the masculine singular.
- The endings for masculine und neuter are very often the same.
- The endings for feminine und plural are always the same, except for the dative.

! In lots of expressions the article is combined with a preposition:

am (an + dem)	**Am** Freitag kommt der neue Kollege. *Our new colleague arrives on Friday.*
ans (an + das)	Frau Mathieu heftet den Zettel **ans** Schwarze Brett. *Frau Mathieu pins the note to the notice-board.*

aufs (auf + das)	Wir warten **aufs** Frühstück. *We're waiting for breakfast.*
beim (bei + dem)	Herr Peters raucht oft **beim** Telefonieren. *Herr Peters often smokes while telephoning.*
im (in + dem)	Die Präsentation machen wir **im** Hotel „Vier Jahreszeiten". *We're doing the presentation in the "Four Seasons" Hotel.*
ins (in + das)	Heute gehen wir **ins** Kino. *Today we're going to the cinema.*
vom (von + dem)	Herr Runge kommt direkt **vom** Flughafen zu uns. *Herr Runge is coming here straight from the airport.*
zum (zu + dem)	Herr Miller fährt mit dem Taxi **zum** Flughafen. *Herr Miller is taking a taxi to the airport.*
zur (zu + der)	Frau Dupont fährt mit dem Fahrrad **zur** Arbeit. *Frau Dupont goes to work by bike.*

And just one more piece of information to end with: the words dieser, jeder, jener, mancher, solcher, welcher are all declined in the same way as the definite article der.

1.3 Nullartikel Zero Article
oder *Manchmal geht's auch ohne*

Sometimes, in certain expressions, the noun is used without any article at all:

Herr Giacobbe fährt gerne Zug. *Herr Giacobbe likes travelling by train.*
Frau Mozahebi ist Ingenieurin. *Frau Mozahebi is an engineer.*
Die neue Chefin hat nie Zeit. *The new boss never has any time.*

There is no article, for example, used with:

Proper names

Frau Bodet und Herr Merkle fahren nach München.
Frau Bodet and Herr Merkle are travelling to Munich.
Das ist Tina, meine Schwester.
That's Tina, my sister.

Occupations

Frau Syrova ist Programmiererin.
Frau Syrova is a computer programmer.

Nationalities

Robin Preuß ist Schweizer, Amir Mozahebi ist Deutscher.
Robin Preuß is Swiss, Amir Mozahebi is German.

Cities, (most) countries, continents

Unser Web-Designer kommt aus Indien.
Our web-designer comes from India.

Abstract ideas (sometimes)

Die Professorinnen kämpfen für Gleichberechtigung.
The female professors are fighting for equality.

Materials (sometimes)

Herr Radwan trinkt in der Kantine nie Bier.
Herr Radwan never drinks beer in the cantine.

Set phrases/idiomatic expressions

Die Reporterin holt tief Luft.
The reporter takes a deep breath.

Headlines and titles

Ministertreffen verschoben
Ministers' meeting postponed

Exercise 1
Complete the sentences with the definite or indefinite article or no article at all.

a) Herr Blum hat .... neue Assistentin. .... Assistentin kommt aus .... Berlin.

b) Herr Bodet ist .... Marketingdirektor.

c) .... alte Computerprogramm war langsamer.

d) Frau Radwan fährt heute mit ihrem Kollegen nach .... Hamburg.

e) Herr Stix ist .... Österreicher.

f) .... Kopierer ist schon wieder kaputt.

g) .... Tina macht einen Sprachkurs in .... Spanien.

h) Während der Besprechung gab es nur .... Kekse.

i) .... Kolleginnen im Callcenter müssen .... Geduld aufbringen.

j) Die Sekretärin buchte .... Flug nach Paris.

k) .... Teamassistentin bestellt .... Toner und .... Papier.

l) Frau Kolar fand im Besprechungszimmer .... Handy.

m) Herr Hundt hat .... neuen Kollegen. .... Kollege kommt aus Leipzig.

n) Frau Danz schreibt .... Bericht. .... Bericht muss morgen fertig sein.

o) Hat .... Firma .... Website? Nein, ... Firma hat wirklich .... Website.

2 Substantive Nouns oder **Was ist das?**

Die Katze und die Maus

The cat and the mouse

Nouns are used to give names to people, objects and things, as well as abstract ideas and are always written with a capital letter in German:

der **F**rieden, der **F**reund	*peace, friend*
die **K**atze, die **R**ose	*cat, rose*
das **H**aus, das **K**leid	*house, dress*

2.1 Genus Gender oder *Aller guten Dinge sind drei*

In German every noun has a grammatical gender. The gender is shown by the article in front of the noun:

masculine	feminine	neuter
der Baum *tree*	die Blume *flower*	das Handy *mobile phone*
der Fluss *river*	die Frau *woman*	das Mädchen *girl*

The grammatical gender of a noun and the biological gender are usually the same:

masculine	**feminine**
der Mann, der Kollege *man, (male) colleague*	die Frau, die Kollegin *woman, (female) colleague*

But there are exceptions:

neuter
das Mädchen *girl*, das Kind *child*

Otherwise the choice of grammatical gender for a noun does not follow a logical set of rules. Luckily, there are a few simple rules applying to certain kinds of nouns that can help you remember.

- Masculine are:

Male persons, male jobs/occupations	
der Onkel, der Vater	*uncle, father*
der Ingenieur, der Grafiker	*(male) engineer, (male) designer*

Days of the week, months, seasons	
der Montag, der Dienstag	*Monday, Tuesday*
der Januar, der Februar	*January, February*
der Frühling, der Sommer	*spring, summer*

Most nouns with the following endings	
-and/-ant	der Doktor**and**, der Praktik**ant** *doctoral candidate, trainee*
-ent	der Stud**ent**, der Pati**ent** *student, patient*
-er	der Comput**er**, der Besuch**er** *computer, visitor*
-ig	der Ess**ig**, der Hon**ig** *vinegar, honey*
-ismus	der Tour**ismus**, der Terror**ismus** *tourism, terrorism*
-ist	der Spezial**ist**, der Poliz**ist** *specialist, policeman*
-ling	der Früh**ling**, der Lehr**ling** *spring, apprentice*
-or	der Mot**or**, der Reakt**or** *motor, reactor*

- Feminine are:

Female persons, female jobs/occupations	
die Tante, die Kollegin	*aunt, (female) colleague*
die Anwältin, die Architektin	*(female) lawyer, (female) architect*

Many flowers and trees	
die Rose, die Tanne	*rose, fir tree*

Most nouns ending in	
-ei	die Bücher**ei**, die Part**ei** *library, party*
-enz	die Konfer**enz**, die Exist**enz** *conference, existence*
-heit	die Frei**heit**, die Gesund**heit** *freedom, health*
-keit	die Möglich**keit**, die Geschwindig**keit** *possibility, speed*
-ie	die Industr**ie**, die Demokrat**ie** *industry, democracy*
-ik	die Fabr**ik**, die Polit**ik** *factory, politics*
-in	die Chef**in**, die Trainer**in** *(female) boss, (female) trainer*
-ion	die Reg**ion**, die Nat**ion** *region, nation*
-schaft	die Wirt**schaft**, die Wissen**schaft** *economy, science*
-tät	die Quali**tät**, die Produktivi**tät** *quality, productivity*
-ung	die Einlad**ung**, die Vertret**ung** *invitation, stand-in*

- Neuter are:

Many nouns with the prefix Ge- at the beginning	
das **Ge**müse, das **Ge**birge	*vegetables, mountains*

The infinitive forms of verbs acting as nouns	
das Essen, das Rauchen	*eating, smoking*

All diminutive forms of nouns ending in	
-chen	das Mäd**chen**, das Bröt**chen** *girl, bread roll*
-lein	das Büch**lein**, das Ring**lein** *little book, little ring*

A lot of nouns ending in	
-nis	das Verzeich**nis**, das Geheim**nis** *register, secret*
-ment	das Medika**ment**, das Instru**ment** *medicine, instrument*
-o	das Bür**o**, das Aut**o** *office, car*
-t(r)um	das Wachs**tum**, das Stadtzen**trum** *growth, town centre*

Übungen

Exercise 2

Please add the correct article to these nouns.

.... Freundschaft, ... Häuschen, ... Zwilling,

.... Katalysator, ... Freiheit, ... Erziehung,

.... Mechanismus, ... Schülerin, ... Musik,

.... Brüderlein, ... Verspätung, ... Station,

.... Präsident, ... Biologie, ... Kleinigkeit,

.... Fabrikant, ... König, ... Radio,

.... Verwandtschaft, ... Visum, ... Winter,

.... Chef, ... Instrument, ... Druckerei,

.... Universität, ... Mädchen, ... Sortiment

2.2 Singular und Plural oder *Mehr als eins* — Singular and Plural

Nenne mir fünf Tiere in Afrika.
Zwei Löwen und drei Elefanten.

Give me five animals which live in Afrika. – Two lions and three elephants.

Normally every noun has a singular and a plural form. The accompanying article has to indicate this. Fortunately, in the plural the definite article is always the same – it doesn't matter whether the noun in the singular is masculine, feminine or neuter, the article in the plural is always die. The indefinite article in the plural is even easier: there isn't any (▶ p. 226).

The following table will help you to remember:

der/ein Mann	**die/–** Männer	*man, men*
die/eine Frau	**die/–** Frauen	*woman, women*
das/ein Kind	**die/–** Kinder	*child, children*

You have to remember, of course, that as a general rule nouns change their form in the plural. The following table shows you the different ways in which this can happen.

	singular	plural	plural ending	applies to
1 a	der Löff**el**	die Löffel	–	many nouns
	spoon	*spoons*		ending in
	das Zeich**en**	die Zeichen		**-el**, **-en**, **-er**,
	sign	*signs*		**-chen**, **-lein**
	das Mess**er**	die Messer		
	knife	*knives*		
	das Mäd**chen**	die Mädchen		
	girl	*girls*		
	das Büch**lein**	die Büchlein		
	little book	*little books*		
1 b	der Vater	die V**ä**ter	–,	many nouns
	father	*fathers*	with **Umlaut**	ending in
	die Mutter	die M**ü**tter		**-er**
	mother	*mothers*		

	singular	plural	plural ending	applies to
2 a	der Schuh *shoe*	die Schuh**e** *shoes*	**-e**	many nouns with only one syllable
2 b	der Sohn *son* der Baum *tree*	die S**ö**hn**e** *sons* die B**ä**um**e** *trees*	**-e** with **Umlaut**	many nouns with only one syllable
3	die Tasch**e** *bag* die Lehrer**in** *teacher*	die Tasche**n** *bags* die Lehrerin**nen** *teachers*	**-n** **-nen**	feminine nouns ending in **-e**, **-in**
4 a	das Bild *picture* das Kind *child*	die Bild**er** *pictures* die Kind**er** *children*	**-er**	many nouns with only one syllable
4 b	das Haus *house* das Blatt *leaf*	die H**ä**us**er** *houses* die Bl**ä**tt**er** *leaves*	**-er** with **Umlaut**	many nouns with only one syllable
5	das Aut**o** *car* das Kin**o** *cinema*	die Auto**s** *cars* die Kino**s** *cinemas*	**-s**	many words from other languages

! Always learn a noun together with its article and the plural form. For example: die Regel, Regeln *rule*, *rules*.

Exercise 3
Please add the correct plurals.

a) die Reise — die ....
b) das Video — die ....
c) der Brief — die ....
d) die Kassette — die ....
e) das Brötchen — die ....
f) der Tag — die ....
g) der Bohrer — die ....
h) die Brille — die ....
i) das Motorrad — die ....
j) der Stift — die ....
k) der Trainee — die ....
l) das Jahr — die ....
m) die Sekretärin — die ....
n) das Zimmer — die ....
o) der Drucker — die ....

2.3 Kasus Case Endings
oder *Auf jeden Fall vier Fälle*

Unlike English, German has retained case endings for nouns indicating the grammatical role they play in a sentence. Without them the meaning of the sentence would be unclear. Nouns are used in four different “cases”: Nominativ nominative, Akkusativ accusative, Dativ dative and Genitiv genitive. Each case indicates the part a noun plays in a sentence: the subject, object etc. The case is determined by the verb or by prepositions.

Case	Role in the sentence	What to ask
nom.	subject; subject’s complement **Herr Bräuer** ist mein Vorgesetzter. *Herr Bräuer is my superior.*	**Wer?, Was?** *Who? What?*
acc.	standard object (similar to direct object in some languages) Frau Schmitt liest **einen Bericht**. *Frau Schmitt is reading a report.* after some prepositions Das Protokoll ist für **den Chef**. *The minutes are for the boss.*	**Wen?, Was?** *Who(m)? What?*
dat.	special object (similar to indirect object in some languages) Die Pizza schmeckt **mir**. *I like this pizza.* after some prepositions Er nimmt sein Handy aus **der Tasche**. *He takes his mobile phone out of his pocket.*	**Wem?** *To whom?*
gen.	shows mostly a possessive relationship, it is sometimes used after certain prepositions Das Büro **meines Vaters**. *My father’s office.* Aufgrund **des schlechten Wetters** wurde das Fußballspiel verschoben. *Due to the bad weather the football match was postponed.*	**Wessen?** *Whose?*

❗ Normally, there is only one nominative in a sentence. In sentences containing the verbs sein *to be*, heißen *to be called*, bleiben *to stay, to remain*, werden *to become*, however, there can be more than one nominative.

Herr Lehmann **ist** ein guter Rechtsanwalt.
Herr Lehmann is a good solicitor.
Frau Latour **wird** sicher eine gute Juristin.
Frau Latour is sure to become a good lawyer.

Some verbs are always followed by the dative:
e.g. antworten *to answer,* danken *to thank,* helfen *to help.*

antworten	Frau Sanchez antwortet **dir.** *Frau Sanchez will answer you.*
helfen	Herr Graf hilft **der Verkaufsassistentin.** *Herr Graf is helping the sales assistant.*

It's best to learn these by heart. In the appendix you'll find a list of all the dative verbs (▶ p. 184 ff.).

Other verbs can take both an accusative and a dative object just like in English! (In English we can also form the dative by adding *to*!)

bringen	Herr Lechner bringt **dem Vorstand die Folien.** *Herr Lechner takes the transparencies to the board members.*
geben	Herr Mayer gibt **seinem Kollegen den Schlüssel.** *Herr Mayer gives his colleague the key.*

With these verbs the person is normally in the dative (dem Vorstand, seinem Kollegen) and the non-person or object in the accusative (die Folien, den Schlüssel). In the sentence the dative object always comes before the accusative object. If, however the accusative object is a pronoun, it comes first and the dative object second.

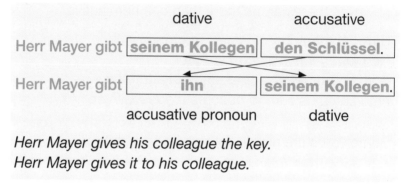

	dative	accusative
Herr Mayer gibt	**seinem Kollegen**	**den Schlüssel.**
Herr Mayer gibt	**ihn**	**seinem Kollegen.**
	accusative pronoun	dative

Herr Mayer gives his colleague the key.
Herr Mayer gives it to his colleague.

2.4 **Deklination Noun Declension**
oder *Wer hilft dem Studenten?*

The different cases cause only a few changes to the endings of the nouns themselves.

	singular			**plural**
	masculine	**feminine**	**neuter**	
	the man	*the woman*	*the child*	*people*
nom.	der Mann	die Frau	das Kind	die Leute
acc.	den Mann	die Frau	das Kind	die Leute
dat.	dem Mann	der Frau	dem Kind	den Leute**n**
gen.	des Mann**es**	der Frau	des Kind**es**	der Leute

! For nouns in the singular the following rules apply:

- Feminine nouns remain the same in all cases.
- Masculine und neuter nouns in the genitive take the ending -(e)s.

- Nouns in the plural take an -n in the dative, unless they already end in -n or -s:

die Leute	mit den Leute**n**	*people, with the people*
die Frauen	mit den Frauen	*women, with the women*
die Autos	mit den Autos	*cars, with the cars*

Just to make things interesting, there are, of course, exceptions.
Several masculine nouns belong to the so-called n-declension, where in all cases except the nominative singular -(e)n is added:

	type A		type B	
nom.	der	Student	der	Name
acc.	den	Student**en**	den	Name**n**
dat.	dem	Student**en**	dem	Name**n**
gen.	des	Student**en**	des	Name**ns**
plural	die/den/der	Student**en**	die/den/der	Name**n**

Don't worry: only very few nouns behave like this and they are all masculine except for one: Herz *heart*: das Herz (nom. and acc.), dem Herzen (dat.), des Herzens (gen.).

- Type A includes:

Male persons ending in -e	
der Jung**e**	*boy*
der Kolleg**e**	*colleague*
der Franzos**e**	*Frenchman*

Nouns that come from Latin or Greek ending in -ant, -at, -ent, -ist	
der Diam**ant**	*diamond*
der Demokr**at**	*democrat*
der Stud**ent**	*student*
der Optim**ist**	*optimist*

- Type B includes:

A few abstract masculine nouns ending in -e	
der Fried**e**	*peace*
der Gedank**e**	*thought*
der Nam**e**	*name*

Übungen

Exercise 4

Please add the correct plurals.

a) die Hand die Hände

b) der Zug ....

c) der Fuß ....

d) der Zahn ....

e) die Wand ....

f) der Sohn ....

g) der Arzt ....

Exercise 5

Please complete the following nouns by adding the correct endings where necessary.

a) Die Verkäuferin half dem Kunde......... bei der Suche.

b) Das ist mein Kollege......... Martin.

c) Eine Redewendung besagt: Der Glaube......... versetzt Berge.

d) Herr Techmer hilft dem Praktikant......... bei der Seminararbeit.

e) Die Richterin glaubt dem Zeuge......... .

f) Die Journalistin interviewt einen Experte......... .

g) Ich muss mich bei dem Lieferant......... beschweren.

h) Der Höhepunkt ist die Ansprache des Bundespräsident......... .

i) Darüber machten wir uns keine Gedanke......... .

Exercise 6
Please decline the nouns in the accusative and dative.

	nom.	acc. … sehen	dat. einverstanden mit …
a)	ein/der Professor	....	....
b)	eine/die Mensa	....	....
c)	ein/der Campus	....	....
d)	ein/das Wohnheim	....	....
e)	ein/der Hörsaal	....	....

3 Pronomen **Pronouns**
oder ***Ich, du und die anderen***

Möchtest du mit uns ins Kino gehen?

Would you like to go to the cinema with us?

Pronouns are little words that often take the place of nouns or groups of nouns. They help us to avoid having to repeat things.

Milena kauft diesen Computer. *Milena is buying this computer.*
Sie kauft **ihn.** *She's buying it.*
Wem gehört diese Digitalkamera? *Who does this digital camera belong to?*
Das ist **meine.** *It's mine.*

Some pronouns, like the definite and indefinite articles, can also accompany a noun. These pronouns are called *Possessivartikel* in German. They have the same function as possessive adjectives (*my*, *your*, *his* etc.) in English.

Das ist **mein** Handy. *That's my mobile phone.*

These (adjectival) pronouns take on the gender, number and case of the noun that they stand for or describe.

3.1 Personalpronomen oder *Ich und du* Personal Pronouns

Personal pronouns can replace a person, a noun or a group of nouns. Depending on their role in the sentence their form reflects the appropriate grammatical case.

Ich lese den Bericht. (nom.) *I'm reading the report.*
Möchtest **du** mit **uns** ins Kino gehen? (nom.; dat.) *Would you like to go to the cinema with us?*
Der Assistent antwortet dem Abteilungsleiter. *The assistant answers the head of department.*
Er antwortet **ihm**. (nom.; dat.) *He answers him.*

singular	1st person	2nd person	3rd person masculine	3rd person feminine	3rd person neuter
nom.	ich	du	er	sie	es
acc.	mich	dich	ihn	sie	es
dat.	mir	dir	ihm	ihr	ihm
gen.	(meiner)	(deiner)	(seiner)	(ihrer)	(seiner)

plural	1st person	2nd person	3rd person	polite form
nom.	wir	ihr	sie	Sie
acc.	uns	euch	sie	Sie
dat.	uns	euch	ihnen	Ihnen
gen.	(unser/ unserer)	(euer/ eurer)	(ihrer)	(Ihrer)

❗ We use the informal second person pronouns du (singular) and ihr (plural) when addressing children, good friends, family members or relations. Colleagues at work also often use the du/ihr form if they get on well together. The formal address pronoun Sie (both singular and plural) is used between strangers and adults who don't know each other well. It is also quite common for colleagues at work to use the Sie form even though they have known each other for years.
The formal and polite forms Sie/Ihnen remain the same in both the singular and the plural. They are always written with a capital letter.

The 3rd person singular pronoun has the same gender as the noun it stands for:

der: er	**Der Kollege** raucht. **Er** raucht. *The colleague smokes. He smokes.* **Der Drucker** läuft. **Er** läuft. *The printer works. It works.*

das: es	**Das Kind** weint. **Es** weint. *The child is crying. He/She's crying.* **Das Telefon** klingelt. **Es** klingelt. *The telephone is ringing. It's ringing.*

die: sie	**Die Chefin** kommt. **Sie** kommt. *The boss is coming. She's coming.* **Die Tür** geht auf. **Sie** geht auf. *The door opens. It opens.*

In the 3rd person plural no distinction in gender is necessary. The genitive case of the personal pronouns is very rarely used.

Exercise 7

Please complete the following sentences using the correct personal pronouns.

a) Mark arbeitet an einer neuen Homepage. Seit .... sich mit Webdesign beschäftigt, sieht man .... nur selten beim Joggen.

b) Julie sucht einen Job als Programmiererin. .... hat auf diesem Gebiet bereits Erfahrungen gesammelt.

c) Carlos geht ein Jahr nach Deutschland, um seine Sprachkenntnisse zu verbessern. Es wird .... dort bestimmt gefallen.

d) Hast .... daran gedacht, dass Andrea heute eine Stelle als Praktikantin antritt? .... solltest .... viel Glück wünschen!

e) Herr Smith, ich danke ...., dass .... gekommen sind.

f) Elena hat noch verschiedene Prüfungen zu absolvieren. Wir werden .... dabei helfen.

g) Andrew, soll ich .... bei deiner Freundin abholen?

3.2 Possessivartikel und -pronomen Possessive Articles and Pronouns

oder *Alles meins!*

A possessive article indicates the person something belongs to:

Maria hat ein Handy. *Maria has got a mobile phone.*
Sie hat **ihr** Handy immer dabei. *She always has her mobile phone with her.*
Herr Romero sieht mit **seiner** neuen Brille besser aus als mit **seiner** alten. *Herr Romero's new glasses suit him better than his old ones.*
Meine Kollegin und ich haben einen Bericht über die Konferenz angefertigt. **Unser** Bericht ist im Intranet abrufbar. *My colleague and I have prepared a report on the conference. You can read our report on the intranet.*

The choice of possessive article is dictated by the person who possesses something:

ich	*I*	mein	*my*
du	*you*	dein	*your*
Sie	*you, formal*	Ihr	*your*
er	*he*	sein	*his*
sie	*she*	ihr	*her*
es	*it*	sein	*its*
wir	*we*	unser	*our*
ihr	*you, plural*	euer	*your*
sie	*they*	ihr	*their*
Sie	*you, plural, formal*	Ihr	*your*

Possessive articles follow the same formal rules as the indefinite article:

Das ist Simone und **ihr** Hund. *That's Simone and her dog.* (masculine, nom.)

Simone liebt **ihren** Hund. *Simone loves her dog.* (masculine, acc.)

Simone geht mit **ihrem** Hund zur Arbeit. *Simone goes to work with her dog.* (masculine, dat.)

! There are two sides to every possessive article: the choice and the ending. The choice is determined by the person or the thing that possesses something and the ending by the noun and the role it plays in the sentence.

	singular			**plural**
	masculine	**feminine**	**neuter**	
	my computer	*my camera*	*my mobile phone*	*my things*
nom.	mein Computer	meine Kamera	mein Handy	meine Sachen
acc.	meinen Computer	meine Kamera	mein Handy	meine Sachen
dat.	meinem Computer	meiner Kamera	meinem Handy	meinen Sachen
gen.	meines Computers	meiner Kamera	meines Handys	meiner Sachen

Possessive pronouns on the other hand stand alone, i. e. they aren't followed by a noun.

Wem gehört der Ohrring? Das ist **meiner**. *Who does the earring belong to? It's mine.*
Sind das eure Folien? Nein, das sind nicht **unsere**. *Are those your transparencies? No, they're not ours.*

Possessive pronouns are declined in the same way as the definite article. They have the same endings (▶ **1.2**, p. 225):

	singular			**plural**
	masculine	**feminine**	**neuter**	
	der Wagen	*die Jacht*	*das Haus*	*die Sachen*
nom.	mein**er**	mein**e**	mein(e)**s**	mein**e**
acc.	mein**en**	mein**e**	mein(e)**s**	mein**e**
dat.	mein**em**	mein**er**	mein**em**	mein**en**

Deiner, seiner and ihrer are declined in the same way. Instead of unserer, unseres, unsere, eurer you'll sometimes find unsrer, unsres, unsre, euerer. Possessive pronouns in the genitive are no longer used in normal speech.

There are several other pronouns that behave in the same way, i.e. they can stand alone without a noun and have the same endings as the definite article: irgendeiner, (irgend)welcher, jeder, (k)einer, mancher.

Exercise 8

Please complete the appropriate possessive article in the correct form.

a) Entschuldigen Sie, ist das .... Tasche? – Ja.

b) Ich habe .... Schal verloren. Wo ist er nur?

c) Markus hat Geburtstag. Das ist .... Torte.

d) Wir haben .... Eltern schon so lange nicht gesehen.

e) Kauft ihr .... Flugtickets immer im Internet?

f) Pass gut auf .... Bruder auf!

g) Wo wohnt Frau Schulz? Ich habe .... Adresse nicht.

h) Wollt ihr .... Haus etwa verkaufen?

i) Die Politiker haben .... Parteitag verschoben.

j) Wir können nicht kommen. .... Flug wurde gestrichen.

Exercise 9

Please complete the possessive article in the dative.

a) Hier siehst du den Minister mit .... Frau.

b) Hier siehst du die Ministerin mit .... Freunden.

c) Hier siehst du mich mit .... Chef.

d) Hier sieht man Sie mit .... Kindern.

3.3 Demonstrativpronomen
Demonstrative Pronouns
oder *Dieses Buch*

Demonstrative pronouns show whether something is here or there. The following words can be used as demonstrative pronouns in German:
der, die, das *this/that*; dieser *this*; jener *that*; solcher *such*; derjenige *the one*; derselbe *the same*.

Dieses Briefing ist sehr informativ. *This briefing is very informative.*
Diese Bewerbung ist die interessanteste von allen. *This job application is the most interesting of all.*

In spoken language the definite article is often used as a demonstrative pronoun:

Welches Auto gefällt dir am besten? **Das** hier. *Which car do you like best? This one here.*
Kennst du den Kollegen da drüben? Ja, **den** kenne ich. *Do you know that colleague over there? Yes, I know him.*
Welches ist deine Tasse? **Die** da. *Which is your cup? That one there.*

- The forms are the same as those of the definite article except for the dative plural denen and the genitive dessen (masculine + neuter), derer (feminine + plural).
- The endings of the demonstrative pronouns dieser, jener, solcher are the same as those of the definite article:

	masculine	feminine	neuter	plural
nom.	dies**er**	dies**e**	dies**es**	dies**e**
acc.	dies**en**	dies**e**	dies**es**	dies**e**
dat.	dies**em**	dies**er**	dies**em**	dies**en**
gen.	dies**es**	dies**er**	dies**es**	dies**er**

- Both derjenige and derselbe are compound words. The first part follows the same rules as the definite article. The second part -jenige or -selbe changes as follows:

	masculine	feminine	neuter	plural
nom.	de**r**jenige	di**e**jenige	da**s**jenige	di**e**jenigen
acc.	de**n**jenigen	di**e**jenige	da**s**jenige	di**e**jenigen
dat.	de**m**jenigen	de**r**jenigen	de**m**jenigen	de**n**jenigen
gen.	de**s**jenigen	de**r**jenigen	de**s**jenigen	de**r**jenigen

Diejenigen, die mit den Aufgaben fertig sind, können hinausgehen. *Those of you who have finished the exercises can go out.*
Das war wieder **dasselbe** komische Geräusch wie gestern Abend. *That was the same funny noise as yesterday evening.*
Warum hörst du immer **dieselbe** Musik? *Why do you always listen to the same music?*

Exercise 10
Please complete the following sentences with the correct demonstrative pronouns dieser, diese, dieses, diesem **and** diesen.

Übungen

a) Wer hat .... Film mit Julia Roberts gesehen?

b) .... CD-Player gehört Luca.

c) Wir wussten nicht, wie .... Diktiergerät funktionierte.

d) .... Verhalten gab mir zu denken.

e) Sie sollten .... Vorfall keine Beachtung schenken.

f) Ich habe .... Wort noch nie gehört.

g) .... Fragen wurden mithilfe des Internets gelöst.

h) Carla wird .... Wohnung in Hamburg mieten.

Exercise 11

Please put in the missing demonstrative pronouns.

Wir suchen Möbel für unsere Wohnung in Deutschland und finden in einem Einrichtungshaus …

a) … einen Küchentisch. – .... ist leider zu groß für unsere Küche.

b) … einen Einbauschrank. – .... gefällt uns ausgezeichnet.

c) … eine Eckbank. – .... ist uns zu teuer.

d) … Stühle für die Essecke. – .... können wir auf jeden Fall gebrauchen.

e) … einen Schreibtisch. – .... ist etwas zu klein.

f) … eine Wohnzimmerlampe. – .... sollten wir gleich mitnehmen.

3.4 Fragepronomen **Interrogative Pronouns** oder *Wer denn, wo denn, was denn?*

What kind of pronouns do we use when asking questions? Look at the following examples and the words in bold print:

Wer hat angerufen? **Dr. Dorsch** hat gestern angerufen. *Who called? Dr Dorsch called yesterday.*
Wen hast du getroffen? Ich habe gestern **Frau Richter** getroffen. *Who did you meet? I met Frau Richter yesterday.*
Was stand in der E-Mail? In der E-Mail stand **der Liefertermin**. *What was in the e-mail? The delivery date was in the e-mail.*

By using interrogative pronouns (or: w-question words) we can ask questions about different parts of a sentence. To ask about a person we use wer? and to ask about things we use was? They change their form according to case, depending on their grammatical role in the sentence.

	person	thing
nom.	wer?	was?
acc.	wen?	was?
dat.	wem?	was?
gen.	wessen?	wessen?

Interrogative pronouns are also used together with prepositions. Here, too, we have to distinguish between a person and a thing.

- If we ask about a person, we use a preposition followed by the interrogative pronoun in the appropriate case.

An wen denkst du gerade? Ich denke an meinen Freund. *Who are you thinking of? I'm thinking of my friend.*
Von wem spricht er? Er spricht von seinem Kollegen. *Who is he talking about? He's talking about his colleague.*

- If we ask about a thing, we use wo(r) + preposition.

Woran denkst du gerade? Ich denke an meinen Urlaub. *What are you thinking of at the moment? I'm thinking of my holiday.*
Wovon erzählt er? Er erzählt von seinem Wochenendausflug. *What's he talking about? He's talking about his weekend trip.*

Two more interrogative pronouns are welcher and was für ein. Just as possessive pronouns they can be used like an article with a noun or they can stand alone.

Welches Kleid gefällt dir am besten? *Which dress do you like best?*
Hier sind verschiedene Kleider. **Welches** gefällt dir am besten? *Here are several dresses. Which do you like best?*
Was für eine Jacke suchst du? *What kind of jacket are you looking for?*
Ich suche eine Lederjacke. *I'm looking for a leather jacket.*
Was für eine denn? *What kind then?*

! Welcher, used either as an article or a pronoun, is declined in the same way. It takes the same signal endings as the definite article (▶ 1.2, p. 225). When using was für einer, remember that was für always remains the same and only einer changes.

Used as an article einer is declined in the same way as the indefinite article (▶ 1.2, p. 225). Used as a pronoun einer is declined in the same way as the definite article and takes the same signal endings (▶ 1.2, p. 225). Used as a pronoun einer cannot take the genitive form. For the plural form use the corresponding form of welcher instead of einer.

Exercise 12
Please put in the missing interrogative pronouns.

a) .... hat vorhin angerufen? – Frau Fröhlich.

b) .... haben Sie gerade gesagt? – Nichts.

c) .... war schon mal auf den Fidschi-Inseln? – Ich nicht.

d) .... nehmen Sie als Begleitung mit? – Frau Roth.

e) .... haben Sie das erzählt? – Nur Frau Fischer.

f) .... haben Sie gestern um 20 Uhr gemacht? – Ich war in der Sauna.

g) .... heißen Sie? – Gustav Rademacher.

h) .... arbeiten Sie? – Ich bin Journalist.

i) .... geht es dir? – Gut, danke.

j) .... kommt der Bus Linie 5? – In fünf Minuten.

Übungen

k) .... machst du heute Abend? – Ich sehe fern.

l) .... ist denn hier eine Post? – In der Altstadt.

m) .... gehen Sie jetzt? – Ins Büro.

n) .... kommen Sie? – Aus Iran.

3.5 Reflexiv- und Reziprokpronomen Reflexive and Reciprocal Pronouns

oder *Ich freue mich …*

You're looking pale. – I just had a wash.

Here's some good news! Reflexive pronouns only occur in the accusative and dative. And apart from the 3rd person their forms are the same as the personal pronouns.

	accusative	dative
ich	mich	mir
du	dich	dir
er/sie/es	sich	sich
wir	uns	uns
ihr	euch	euch
sie/Sie	sich	sich

There is a large number of verbs in German that require a reflexive pronoun. We call them reflexive verbs.

Er **bewirbt sich** um diese Stelle. *He's applying for this job.*
Sie hat **sich** leider **erkältet**. *Unfortunately, she's caught a cold.*

Always remember the reflexive pronoun when learning reflexive verbs (sich bewerben, sich erkälten …)!

There are also verbs that sometimes have a reflexive pronoun and sometimes don't, depending on their meaning.

Anne **wäscht** den Pullover. *Anne is washing the pullover.*
Julian **wäscht sich** die Hände. *Julian is washing his hands.*
Frau Böttcher **versteckt** das Geschenk. *Frau Böttcher hides the present.*
Die Kinder **verstecken sich** im Schrank. *The children hide in the cupboard.*

Reciprocal pronouns are used to express a two-way relationship between people or things. They correspond to the English *each other* or *one another.*

Harry Richter und Lisa Mayer **lieben sich** (oder: einander). *Harry Richter and Lisa Mayer love each other.* Die beiden Brüder **helfen sich** (gegenseitig). *The two brothers help each other.*

The reciprocal pronoun -einander is also used in combination with prepositions.

Die Akten liegen alle **übereinander**. *The files are lying on top of one another.*
Kathrin und Mary haben viel **voneinander** gelernt. *Kathrin and Mary have learned a lot from each other.*

Übungen

Exercise 13
Please put in the correct reflexive and reciprocal pronouns.

a) Lars kauft .... ein neues Sweatshirt.

b) Ich freue .... über das bestandene Zertifikat.

c) Die Polizei interessierte .... für den Vorfall.

d) Frau Glück und Herr Wein helfen ....

e) Alexander putzt .... die Zähne.

f) Wir machten .... über den Jahresabschluss Gedanken.

g) Die Kontoauszüge lagen durch............................ auf dem Tisch.

h) Heute gehen wir mit .... ins Kino.

4 Adjektive Adjectives
oder **Schön und jung**

Der perfekte Ehemann
sollte freundlich sein,
interessant sein und
abends zu Hause bleiben.
Wenn das alles
ist, was du
willst, dann kauf
dir 'nen
Fernseher!

The ideal husband should be friendly, interesting, and stay home at night.
– If that's all you want, get a TV!

Adjectives are used to describe, characterise or modify people and things – in grammatical terms they qualify nouns.

4.1 Adjektivendungen Adjectival Endings oder *Ende gut, alles gut*

Adjectives are easiest to use in German when they come after the noun because they remain in their basic form and don't change their endings.

Das Zimmer ist **schön**. *The room is nice.*
Der Discjockey ist **jung**. *The disc jockey is young.*

Things become much more interesting, however, when the adjective stands before the noun. Here it takes on different endings: it has to be declined.

Herr Radwan bestellt einen französisch**en** Wein. *Herr Radwan orders some French wine.*
Der französisch**e** Wein schmeckt ihm. *The French wine tastes good.*
Frau Radwan isst Apfelstrudel mit heiß**er** Vanillesoße. *Frau Radwan is eating apple strudel with hot custard.*

It's not too difficult to get the endings for the adjective right. They are determined by

- the article in front of the adjective and its signal ending
- the gender, number and case of the noun that follows

The following table will help you to remember:

der trocken**e** Wein article *with* signal ending noun: masculine, singular, nom.	*the dry wine*
ein trocken**er** Wein article *without* signal ending noun: masculine, singular, nom.	*a dry wine*

Now there are just two more rules for us to learn:

- If the adjective is preceded by an article with a signal ending, then the adjective takes the ending -e oder -en (der trocken**e** Wein).

	masculine	feminine	neuter	plural
nom.	-e	-e	-e	-en
acc.	-en	-e	-e	-en
dat.	-en	-en	-en	-en
gen.	-en	-en	-en	-en

- If the adjective is preceded by an article without a signal ending (▶ 1.2, p. 225) or if there is no article at all, then the adjective itself is required to provide the necessary signal ending. Usually an -e- is added between the basic form of the adjective and the signal ending: trocken**er** Wein.

To remind you, here again is a list of the signal endings:

	masculine	feminine	neuter	plural
nom.	r	e	s	e
acc.	n	e	s	e
dat.	m	r	m	n
gen.	s	r	s	r

In context the result is as follows:

	masculine	feminine	neuter	plural
	the/a dry wine	*the/a warm milk*	*the/a cold beer*	*the/– good drinks*
nom.	de**r** trocken**e** Wein	di**e** warm**e** Milch	da**s** kühl**e** Bier	di**e** gut**en** Getränke
nom.	ein trocken**er** Wein	ein**e** warm**e** Milch	ein kühle**s** Bier	gut**e** Getränke
nom.	trocken**er** Wein	warm**e** Milch	kühle**s** Bier	gut**e** Getränke
acc.	de**n** trocke-ne**n** Wein	di**e** warm**e** Milch	da**s** kühl**e** Bier	di**e** gut**en** Getränke
acc.	eine**n** trocke-ne**n** Wein	ein**e** warm**e** Milch	ein kühle**s** Bier	gut**e** Getränke
acc.	trockene**n** Wein	warm**e** Milch	kühle**s** Bier	gut**e** Getränke
dat.	de**m** trocke-ne**n** Wein	de**r** warm**en** Milch	de**m** kühl**en** Bier	de**n** gut**en** Getränken
dat.	eine**m** tro-ckene**n** Wein	eine**r** war-me**n** Milch	eine**m** kühl**en** Bier	gut**en** Getränken
dat.	trockene**m** Wein	warme**r** Milch	kühle**m** Bier	gut**en** Getränken
gen.	de**s** trocke-ne**n** Weines	de**r** warm**en** Milch	de**s** kühl**en** Bieres	de**r** gut**en** Getränke
gen.	eine**s** trocke-ne**n** Weines	eine**r** war-me**n** Milch	eine**s** kühl**en** Bieres	gute**r** Getränke
gen.	trockene**n** Weine**s**	warme**r** Milch	kühl**en** Biere**s**	gute**r** Getränke

The table shows how the signal endings can jump, as it were, between article and adjective.

! The endings in the genitive masculine and neuter without an article are an exception. They differ from the expected signal endings and have -en instead. The signal ending jumps over to the noun. These forms do not occur very often though.

Some adjectives, e.g. lila and rosa, don't take any kind of ending:

Sie trägt eine **rosa** Bluse mit **lila** Streifen. *She's wearing a pink blouse with purple stripes.*

Exercise 14
Please complete the following sentences by adding the correct endings to the adjectives.

Übungen

a) Mit diesem Management wird das Unternehmen nie auf einen grün......... Zweig kommen.

b) Alice will immer die erst......... Geige spielen.

c) Maria ist gerade noch einmal mit einem blau......... Auge davongekommen.

d) Hier geht doch etwas nicht mit recht......... Dingen zu.

e) Wir sollten das nicht an die groß......... Glocke hängen.

f) Mike wurde mit offen......... Armen empfangen.

g) An dieser Aufführung hat der Theaterkritiker kein gut......... Haar gelassen.

h) Vor diesem Vorhaben hat er kalt......... Füße.

i) Das Ereignis traf uns wie ein Blitz aus heiter......... Himmel!

j) Dies sollte man nicht auf die leicht......... Schulter nehmen.

Each of these sentences contains a very useful idiomatic phrase for you to learn by heart. The translation can be found with the answer key in the appendix.

4.2 Steigerung der Adjektive Comparison of Adjectives

oder *Schnell, schneller, am schnellsten*

In this age of rapid change and fierce competition the need to compare things is growing. In grammatical terms we can do this by using the positive, comparative and superlative forms of the adjective.

- Positive:

Das Mofa ist schnell. *The moped is fast.*
Mein Motorrad ist so schnell wie deins. *My motorbike is as fast as yours.*
Das schnelle Mofa gehört diesem Jungen. *The fast moped belongs to this boy.*

- Comparative: + -er

Das Motorrad ist schnell**er** als das Mofa. *The motorbike is faster than the moped.*
Das schnell**ere** Motorrad hat gewonnen. *The faster motorbike has won.*

• Superlative: + (e)sten

Das Flugzeug ist am schnell**sten**. *The aeroplane is fastest.*
Wir fliegen im schnell**sten** Flugzeug der Welt. *We're flying in the fastest aeroplane in the world.*

When do adjectives in the comparative and superlative have different adjectival endings and when do they not? Here the same rules apply as for the normal form.

• If the adjective comes after the noun, then it doesn't change:

Das Motorrad ist schnell**er** als das Mofa. *The motorbike is faster than the moped.*
Das Flugzeug ist am schnell**sten**. *The aeroplane is fastest.*

• The adjective takes on different endings if it stands before the noun:

Das schneller**e** Motorrad hat gewonnen. *The faster motorbike has won.*
Wir fliegen im schnellst**en** Flugzeug der Welt. *We're flying in the fastest aeroplane in the world.*

! All three forms (positive, comparative and superlative) can come before or after the noun and they all obey the same rules as far as the endings are concerned.

• There are, however, one or two special cases. The ending in the superlative is -esten if the adjective ends with -d, -s, -ss, -ß, -sch, -t, -tz, -x, or -z and the emphasis is on the final syllable:

gesund	gesünder	am gesünd**esten**
healthy	*healthier*	*healthiest*
schlecht	schlechter	am schlecht**esten**
bad	*worse*	*worst*
hübsch	hübscher	am hübsch**esten**
pretty	*prettier*	*prettiest*
stolz	stolzer	am stolz**esten**
proud	*prouder*	*proudest*

- In lots of cases a, o, u change to ä, ö, ü, e.g.:

kalt	k**ä**lter	am k**ä**ltesten
cold	*colder*	*coldest*
groß	gr**ö**ßer	am gr**ö**ßten
big	*bigger*	*biggest*
klug	kl**ü**ger	am kl**ü**gsten
clever	*cleverer*	*cleverest*

- Other irregular forms are:

gut	besser	am besten
good	*better*	*best*
viel	mehr	am meisten
much	*more*	*most*
hoch	höher	am höchsten
high	*higher*	*highest*
nah	näher	am nächsten
near	*nearer*	*nearest*
teuer	teurer	am teuersten
dear	*dearer*	*dearest*
dunkel	dunkler	am dunkelsten
dark	*darker*	*darkest*

Exercise 15

Please complete the following sentences with the correct form of the adjective: positive, comparative or superlative.

a) groß:

Eileen ist so .... wie Pia.

Pia ist .... als Marcus.

Tom ist von allen Praktikanten ....

b) gut:

Herr Porter spricht so .... Deutsch wie Frau Hundt.

Frau Hundt spricht .... Deutsch als Sarah.

Gina spricht .... Deutsch.

c) gesund:

Limonade ohne Zucker ist ....

Apfelschorle ist allerdings ....

Und ein Glas Wein am Abend ist ....

d) viel:

Über naturwissenschaftliche Erkenntnisse wusste

Inka ....

Über technische Neuerungen noch ....

Und über sprachliche Angelegenheiten

....

5 Adverbien und Modalpartikeln
Adverbs and Modal Particles
oder ***Gestern und eigentlich***

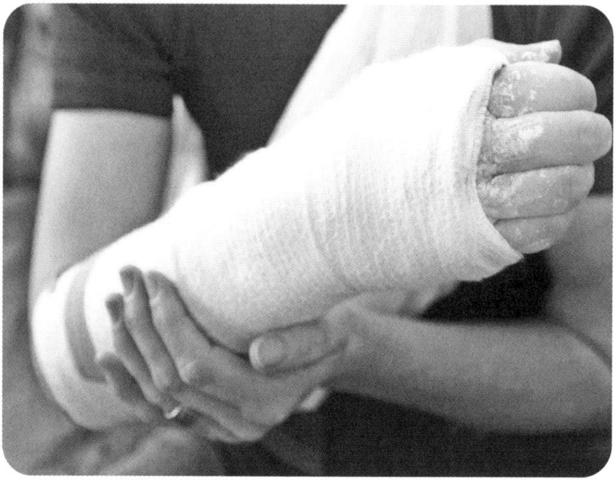

Sie kann leider nicht mit ins Konzert kommen.

She can't come with us to the concert unfortunately.

5.1 **Adverbien** **Adverbs**
oder *Es kommt auf das Wie an*

Adverbs describe how, where, when, where to, where from, how long or why something happens. The good news: Adverbs never need to be declined! And many adverbs have the same form, the same comparative and superlative forms as adjectives.

- Adverbs of Location/Place

draußen *outside*	Bei diesem schönen Wetter essen wir **draußen.** *The weather is so nice we can eat outside.*
nirgends *nowhere/ not … anywhere*	Ich kann meine Brille **nirgends** finden. *I can't find my glasses any-where.*

• Adverbs of Direction

dahin *there/ in that direction*	Er läuft **dahin**. *He's running there.*
hinauf *up*	Die Kinder klettern den Baum **hin-auf**. *The children climb up the tree.*

• Adverbs of Time

heute *today*	**Heute** habe ich leider keine Zeit. *I don't have time today, I'm afraid.*
meistens *mostly/usually*	Wenn Mona in die Stadt fährt, parkt sie **meistens** im Parkhaus. *When Mona drives into town, she usually parks in the multi-storey carpark.*

• Adverbs of Manner

leider *unfortunately*	Frank kann **leider** nicht mit ins Konzert kommen. *Frank can't come with us to the concert unfortunately.*
langsam *slowly*	Es ist gesund, **langsam** zu essen. *It's healthy to eat slowly.*

• Adverbs of Cause

They can be used as a replacement for conjunctions.

trotzdem *nevertheless*	Es regnet. **Trotzdem** mache ich jetzt einen Spaziergang. *It's raining. Nevertheless I'm going for a walk.*
deshalb *for that reason*	Marias Eltern wohnen in Kanada. **Deshalb** fliegt sie jedes Jahr dorthin. *Maria's parents live in Canada. She flies there every year for that reason.*

Adverbs form only a very small part of German grammar. They are no more than simple vocabulary items. Is that all we have to remember? Well, no. Not quite. There are a few irregular comparative and superlative forms that you need to learn. Here they are:

bald	eher	am ehesten
soon	*sooner*	*soonest*
gern	lieber	am liebsten
gladly	*rather/preferably*	*most of all*
oft	öfter/häufiger	am häufigsten
often	*more often*	*most often*
viel	mehr	am meisten
much	*more*	*most of all*

Where do we put adverbs in a sentence?

• Directly after a verb:

Sie singt **schön.** *She sings beautifully.*

• Alongside a noun:

Das Konzert **gestern** war fantastisch. *The concert yesterday was fantastic.*

• With an adjective:

Dieser Film ist **ziemlich** spannend. *The film is rather exciting.*

• At the very beginning:

Gestern war das Konzert fantastisch. (for emphasis) *Yesterday the concert was fantastic.*

Even whole phrases can be used as adverbs:

Sie singt **schön**. *She sings beautifully.*
Sie singt **hier**. *She's singing here.*
Sie singt **in der Oper**. *She's singing in the opera.*

And what do we do when there are several adverbs or adverbial expressions in one sentence? Where do we put them all? In what order or sequence? A useful rule of thumb is: **T**ime – **C**ause – **M**anner and **L**ocation/Place. But if a certain part of the sentence needs to be emphasised, it can be placed elsewhere.

Er arbeitet heute (Time) wegen der kommenden Prüfung (Cause) fieberhaft (Manner) in der Bibliothek (Location/Place). *He's working today feverishly in the library because of the impending exam.*
Wegen der kommenden Prüfung arbeitet er heute fieberhaft in der Bibliothek. *Because of the impending exam he's working feverishly in the library today.*

! Think of a **T**ea-drinking **C**a**M**e**L**!

Exercise 16
Please put in the appropriate adverb.

heraus | oben | gerade | oft | jedoch | selten | inzwischen | nämlich

a) Wir haben schon .... in Italien Urlaub gemacht.

b) Wo ist die Katze? – .... auf dem Garagendach.

c) Hallo Tim, ich habe .... deine Frau getroffen!

d) Ich bin total nervös. Ich bin .... noch nie geflogen.

e) Sie kommt nicht aus ihrem Zimmer ....

f) Diese Pflanze ist in Europa nur .... zu finden.

g) Die Therapie ist in jedem Fall erfolgreich, kann .... sehr lange dauern.

h) Hat dein Mann .... wieder einen Job?

5.2 Modalpartikeln Modal Particles
oder *Aber eigentlich vielleicht doch*

Modal particles add a little spice to the language. Modal particles are used in spoken language to express feelings, emotions and subjective views. The same particles used in different contexts and with different emphasis can have different meanings.

Da bist du **ja**! *There you are!*

possible meanings:
Ich freue mich, dass du da bist. *I'm glad you're here.*
Ich ärgere mich, dass ich auf dich warten musste. *I'm annoyed at having had to wait for you.*

Peter: Willst du mit ins Kino?
Peter: *Do you want to come to the cinema with me?*
Alan: **Eigentlich** müsste ich für meine Prüfung lernen.
Alan: *Actually, I ought to be studying for my exam.*

possible meanings:
Ich habe keine Lust zu lernen, fühle mich aber verpflichtet. *I don't really want to study, but I feel I must.*
Ich will lieber lernen, aber ich will dich auch nicht enttäuschen. *I'd prefer to study, but I don't want to disappoint you.*

Was liest du **denn** da? *What's that you're reading?*

possible meanings:
Ich interessiere mich für das, was du liest. *I'm interested in what you're reading.*
Ich ärgere mich darüber, dass du etwas liest, weil du etwas anderes tun solltest. *I'm annoyed that you're reading when you should be doing something else.*

Here are some other modal particles in common use:

modal particle	example	possible meaning
aber	Das ist **aber** gut! *That's really good!*	You're surprised.
bloß	Was hast du denn **bloß**? *What ever is the matter?*	You're emphasising your feelings. Here: worry.
denn	Wie heißt du **denn**? *So what's your name?*	You're showing interest.
eben	Das ist **eben** das Leben. *That's life, isn't it?*	You're emphasising your feelings. Here: resignation.
etwa	Sind die Entwürfe **etwa** noch nicht fertig? *Don't tell me the designs aren't ready yet!*	You're showing amazement or annoyance.
halt	Hans ist **halt** so. *Hans just happens to be like that.*	You're emphasing your emotions. Here: resignation.
mal	Halte das bitte **mal** für mich. *Hold that for me a minute, would you?*	Friendly request.
nur	Ich wollte ja **nur** fragen. *I was only asking.*	You want to justify yourself.
schon	Das wird **schon** richtig sein so. *That'll be OK as it is.*	You confirm a previous statement and show no further interest.
wohl	Das Paket wird **wohl** morgen eingehen. *The parcel will arrive tomorrow, I expect.*	You're expressing an assumption.

❗ The best way to learn modal particles is to learn them in context. Listen carefully to native speakers of German as much as possible and make a note of how they use these little words in everyday speech.

Exercise 17

Please complete the following sentences using one of the modal particles in brackets.

a) Das habe ich mir (denn/eben/nur) .... vorgenommen.

b) Daran hat Vivian in der Eile (etwa/halt/mal) .... nicht mehr gedacht.

c) Wo habe ich (bloß/aber/schon) .... meine Uhr hingelegt?

d) Was ist (vielleicht/eben/denn) .... hier los?

e) Das ist (wohl/aber/bloß) .... großzügig von Ihnen!

f) Genau das habe ich (mal/etwa/doch) .... gerade befürchtet!

g) Andy hat das (wohl/mal/etwa) .... nicht so ernst genommen.

h) Dies konnte ich mir (eben/ja/bloß) .... denken!

6 Wortstellung **Word Order** oder ***Was kommt wann***

Ich koche immer was anderes! Es wird aber immer Gulasch.
Warum kochst du immer Gulasch? Koch doch mal was anderes!

Why are you always cooking goulash? Cook something else once in a while! – I do cook something different every day. But it always turns out a goulash.

Word order in German is much more liberal than in English. But there are one or two rules that are uniquely German.

The most important of these is the position of the verb or verbs in a sentence. The word order varies depending on whether you're forming a statement, a question with an interrogative pronoun, a question without an interrogative pronoun, an imperative or a subordinate clause.

- Statement Aussagesatz

Er **liest** das Protokoll. *He's reading the minutes.*

- Question with Interrogative Pronoun
  Fragesatz mit Fragewort

Was **liest** er? *What is he reading?*

- Question without Interrogative Pronoun
  Fragesatz ohne Fragewort

Liest er wirklich das Protokoll? *Is he really reading the minutes?*

- Imperative Imperativ

Kommen Sie bitte sofort! *Please come at once.*

- Subordinate Clause Nebensatz

Ich weiß, dass er das Protokoll **liest**. *I know that he's reading the minutes.*

In statements, the main inflected verb always comes in second place. The subject is placed as close as possible to the verb, either immediately before or after it. If there are several verbs in the sentence or uninflected parts of verbs like infinitives or participles, these always go to the end, thus forming a kind of verbal bracket around the rest of the sentence.

position 1	position 2 (inflected verb)	middle (variable number of elements)	end (other verbs or parts of verbs)
Alan	**beginnt**	heute sein Praktikum bei BMW in München.	
Heute	**beginnt**	Alan sein Praktikum bei BMW in München.	
Wann	**beginnt**	Alan sein Praktikum bei BMW in München?	
Heute	**fängt**	das Praktikum von Alan bei BMW in München	**an**.
Gestern	**hat**	das Praktikum von Alan bei BMW in München	**angefangen**.
Wo	**hat**	Alan gestern ein Praktikum	**angefangen**?
Alan	**hätte**	gestern sein Praktikum bei BMW in München	**anfangen sollen**.

Alan begins his work programme at BMW in Munich today.
Today Alan begins his work programme at BMW in Munich.
When does Alan begin his work programme at BMW in Munich?
Today Alan's work programme at BMW in Munich starts.
Yesterday Alan's work programme at BMW in Munich started.
Where did Alan start his work programme yesterday?
Alan should have started his work programme at BMW in Munich yesterday.

In questions, on the other hand, the sentence starts immediately with the verb:

inflected verb	middle	end (other verbs or parts of verbs)
Fängst	du morgen dein Praktikum	an?
Hat	dein Praktikum schon	begonnen?
Gehst	du mit uns heute Abend ins Kino?	

Are you starting your work programme tomorrow?
Has your work programme already started?
Are you going to the cinema with us this evening?

In subordinate clauses all verbs and parts of verbs come at the end:

main clause	subordinate clause	verbs in the subordinate clause	main clause
Ich freue mich,	dass du	**gekommen bist**.	
	Weil du Filme so	**magst**,	wollten wir dich heute Abend ins Kino einladen.
Er fragt sich,	welches Handy er	**kaufen soll**.	
	Sobald ich	**angekommen bin**,	werde ich euch anrufen.

I'm glad you've come.
Because you like films so much, we wanted to invite you to come with us to the cinema this evening.
He's wondering which mobile phone he should buy.
As soon as I've arrived, I'll call you.

If the main clause follows the subordinate clause, it starts immediately with the verb since the subordinate clause has taken over first position in the sentence instead of the main clause.

position 1	position 2 (inflected verb)	middle	end (other parts of verbs)
Sobald ich angekommen bin,	werde	ich euch	anrufen.
As soon as I've arrived, I'll call you.			

Now you know the most important rules for word order in German sentences. The various elements in the middle part of a sentence can be ordered in different ways. You'll learn about these in each individual chapter of this book
(▶ **2.3** on p. 239 ff., **5.1** on p. 272 ff.).

Übungen

Exercise 18

Please change the word order in the following sentences and start with the part in bold print.

a) Hardy hat **am Montag** eine Agenda für das nächste Meeting erhalten.

....

b) Rebecca hat dieses Geschenk **von ihrem Mann** bekommen.

....

c) Die Touristen nehmen **um 10:30 Uhr** an einer Stadtführung teil.

....

d) Yvonne hat heute einen Termin in der Autowerkstatt.

....

e) Frau Simon hätte den Gesprächstermin wahrnehmen sollen.

....

f) Margarita fährt mit dem Bus in die Stadt.

....

Exercise 19
Please turn the following statements into questions.

a) Ich gehe heute Abend mit Muriel in die Stadt.

....

b) Wir besuchen am Wochenende meine Cousine.

....

c) Am Samstag muss ich mich auf das Bewerbungsgespräch vorbereiten.

....

d) Wir treffen uns heute Nachmittag auf einen Kaffee.

....

e) Ich beschäftige mich gerade mit den Regeln der deutschen Grammatik.

....

f) Das Training hat bereits begonnen.

....

7 Verben Verbs
oder *Was alles passiert*

Ich lese heute; ich las gestern …

I am reading today; I was reading yesterday …

We are now going to take you on a journey through the wonderful world of verbs, a story with many chapters. In German, verbs play an especially important role in a variety of ways. On the one hand, just as in English, they define and provide meaning to an important part of any sentence: verbs tell us what someone does or what happens. In a grammatical sense the verb is king: it always takes up a specially reserved position in the sentence (▶ p. 280) and it "rules" by determining the case of the nouns (▶ **2.3**, p. 239).

Verbs, too, can change their form (conjugation). They change according to:

- Person

ich lese; du liest; er liest; wir lesen usw.
I read; you read; he reads; we read etc.

- Tense

ich lese heute; ich las gestern …
I am reading today; I was reading yesterday …

- Mood (Indicative/Subjunctive)

ich lese (wirklich); ich lese jetzt nicht, aber ich würde (gerne) lesen
I am (actually) reading; I am not reading now, but I would (like to) read

- Voice (Active/Passive)

Ich lese diese Fachzeitschrift jede Woche.
I read this magazine every week.
Diese Fachzeitschrift wird von vielen gelesen.
This magazine is read by many people.

Fortunately, the different forms can often be recognized by the endings that are added to the main verb stem depending on the person. These are the endings:

regular endings	
ich	**–**
du	**-st**
er/sie/es	**–**
wir	**-en**
ihr	**-t**
sie/Sie	**-en**

In the present indicative the ending for ich (singular) is: -e and the ending for er, sie, es is -t. Exceptions are the modal verbs and the verb sein *to be*.

Here are two examples:

	simple past	present
ich	schrieb- –	schreib-**e**
du	schrieb-**st**	schreib-**st**
er/sie/es	schrieb- –	schreib-**t**
wir	schrieb-**en**	schreib-**en**
ihr	schrieb-**t**	schreib-**t**
sie/Sie	schrieb-**en**	schreib-**en**
	stem + ending	stem + ending

! Two identical sounds are combined into one.
E. g.: wir sag-te-en becomes **sag-te-n** (first person plural simple past).

The basic form of the verb, the infinitive, never changes and most often ends in -en: schreiben *to write,* sagen *to say,* wissen *to know.* Exception: sein *to be.*

There are, however, several quite different types of verbs in German ... but let's not rush things. We'll deal with them all in turn.

7.1 Hilfsverben Auxiliary Verbs oder *Sein, haben und werden*

The three verbs sein, haben and werden can either be independent main verbs in their own right, or they can help out other verbs in an auxiliary function to form the different tenses of those verbs:

Vanessa **hat** Boxhandschuhe. *Vanessa has some boxing-gloves.*
= **haben** as a main verb
Vanessa **hat** Boxhandschuhe **gekauft**. *Vanessa has bought some boxing-gloves.*
= **haben** as an auxiliary forming the perfect tense of **kaufen**
Herr Gabor **ist** Rechtsanwalt. *Herr Gabor is a solicitor.*
= **sein** as a main verb
Herr Vollmer **ist** zu einem Rechtsanwalt **gegangen**. *Herr Vollmer has gone to a solicitor.*
= **sein** as an auxiliary forming the perfect tense of **gehen**
Carmen **wird** Informatikerin. *Carmen is going to be a computer expert.*
= **werden** as a main verb
Die Datei **wird gespeichert**. *The file is being saved.*
= **werden** as an auxiliary forming the present tense passive of **speichern**

These three verbs are exceptional also in the way they are conjugated. Their present tense forms are as follows:

	sein	**haben**	**werden**
ich	bin	hab-**e**	werd-**e**
du	bi-st	ha-**st**	wir-**st**
er/sie/es	is-t	ha-**t**	wir-**d**
wir	sind	hab-**en**	werd-**en**
ihr	seid	hab-**t**	werd-**et**
sie/Sie	sind	hab-**en**	werd-**en**

Remember that in German there are no continuous or progressive forms of the verb. Unlike English, the continuous aspect can be expressed by the simple form. The translations given here reflect this, depending on the meaning and the context.

7.2 **Modalverben Modal Verbs**
oder *Müsste ich können*

What can you recommend? – Another restaurant.

Modal verbs are normally used in combination with the infinitive of a main verb. They describe the way or the manner in which things happen and often reflect the personal attitude or perspective of the speaker. Thus, the same modal verb can often have a variety of meanings.

Sie **kann** sehr schön **singen**. *She can sing most beautifully.*
= ability
Kannst du mir mal **helfen**? *Can you help me?*
= friendly request
Hier **darf** man nicht **rauchen**. *You're not allowed to smoke here.*
= (no) permission
Er **muss** den Bericht heute Abend abgeben. *He's got to deliver the report this evening.*
= obligation

The following table shows the various meanings modal verbs can have:

dürfen	permission	Sie **dürfen** hier parken. *You can/may park here.*
	politeness	**Darf** ich Ihnen meinen neuen Assistenten vorstellen? *May I introduce my new assistent?*
	presumption	Die Besprechung **dürfte** um 10 Uhr beendet sein. *The meeting should be over at 10 o'clock.*
nicht dürfen	permission denied	In der Kantine **darf** man nicht rauchen. *You are not allowed to smoke in the cantine.*

können	friendly request	**Können** Sie mich mit Frau Aristov verbinden? *Can you put me through to Frau Aristov?*
	possibility	Herr Bari hat Zeit und **kann** Frau Kundera vom Flughafen abholen. *Herr Bari has got time and can pick up Frau Kundera from the airport.*
	ability	Oliver **kann** problemlos einen Marathon laufen. *Oliver can run the marathon without any problem.*
	permission	Sie **können** den Dienstwagen nehmen. *You can take the firm's car.*
mögen	to like/love	Linda **mag** Schokoladeneis. *Linda likes chocolate ice cream.*
„möchte"	wish	Paula **möchte** einmal nach Südafrika reisen. *Paula would like to travel to South Africa.*
	politeness	Ich **möchte** gerne mit Herrn Schmidt sprechen. *I'd like to speak to Herr Schmidt, please.*
müssen	obligation, instruction, necessity	Wir **müssen** das Exposé bis Montag abgeben. *We must deliver the exposé by Monday.* Sie **müssen** sich zuerst an der Pforte melden. *You'll have to check in at the front door.*

sollen	indirect command, instruction	Herr Baumann hat gesagt, Sie **sollen** ihn zurückrufen. *Herr Baumann said you were to call him back.*
wollen	will, intention, aim	Wir **wollen** uns in diesem Marktsegment neu positionieren. *We want to establish a new position for ourselves in this market segment.*

The word möchte is often used in spoken language. It's a form of the verb mögen and has no infinitive form of its own.

The present tense forms of the modal verbs:

	dürfen	**können**	**müssen**
ich	darf	kann	muss
du	darf-st	kann-st	muss-t
er/sie/es	darf	kann	muss
wir	dürf-en	könn-en	müss-en
ihr	dürf-t	könn-t	müss-t
sie/Sie	dürf-en	könn-en	müss-en

	wollen	**mögen**		**sollen**
ich	will	mag	möcht-e	soll
du	will-st	mag-st	möcht-e-st	soll-st
er/sie/es	will	mag	möcht-e	soll
wir	woll-en	mög-en	möcht-en	soll-en
ihr	woll-t	mög-t	möcht-et	soll-t
sie/Sie	woll-en	mög-en	möcht-en	soll-en

❗ Apart from möchte and sollen all the modal verbs change their main vowel in the singular.
The verb brauchen can be used with nur or nicht like a modal verb and then takes on the same meaning as müssen. The infinitive is then formed with zu.

Du **brauchst** mir das nicht auf**zu**schreiben, ich kann es mir so merken. *You don't have to write it down for me, I can remember it without.*
Du **musst** mir das nicht aufschreiben, ich kann es mir so merken. *You don't have to write it down for me, I can remember it without.*

Sometimes modal verbs can be used on their own without another main verb or infinitive:

Ich **will** ein Eis. *I want an ice cream.*
Sie **kann** das. *She can do it.*
Ihr **dürft** das. *You may (do that).*

Übungen

Exercise 20
Please complete the following sentences with the appropriate modal verb.

a) .... Andrew Deutsch sprechen? – Ja, er .... aber seine Kenntnisse noch erweitern.

b) .... du heute noch lernen? – Ja, ich ....!

c) Ich .... Ihnen doch bestimmt eine kleine Erfrischung anbieten, oder …? – Ja, Sie ....

d) Bitte beachten Sie, dass Sie auf Bahnhöfen nicht rauchen ....

e) An dieser Stelle .... Sie nicht parken.

f) Du .... mit mir noch einige Worte sprechen?

g) Über das Jobsharing .... wir uns nochmals Gedanken machen.

h) Hier .... Sie leise sein.

Exercise 21
Please put in the appropriate modal verb.

a) Hier ist ein Kindergarten. Hier muss ......muss...... (a) man langsam fahren.

b) An der Bushaltestelle .... (b) nur Busse halten.

c) Im Stadtzentrum .... (c) man oft keinen Parkplatz finden.

d) Auf der Autobahn .... (d) keine Fahrräder fahren.

e) Dort ist eine Raststätte. Da .... (e) man tanken und essen.

f) Hier ist ein Kreisverkehr. Man .... (f) nur rechts einfahren.

7.3 **Verben mit Präfix Verbs with a Prefix**
oder *Durchlesen und verstehen*

In German, lots of verbs can be combined with prefixes to form new verbs with different meanings.

If these prefixes are separable, then they also take the main stress when spoken.

• Separable prefixes are:

ab-	abholen	Peter **holt** Herrn Sailer vom Flughafen **ab.** *Peter is picking Herr Sailer up from the airport.*
an-	anrufen	**Rufen** Sie mich nächste Woche wieder **an.** *Give me another call next week.*
auf-	aufmachen	Warten Sie, ich **mache** Ihnen die Tür **auf.** *Wait a moment, I'll open the door for you.*
aus-	ausfüllen	**Füllen** Sie bitte dieses Formular **aus.** *Please fill in this form.*
ein-	einstellen	Zum 1.10. **stellen** wir zehn neue Leute **ein.** *We shall be employing ten new people on 1st Oct.*
(he)raus- **(he)rein-**	heraus-kommen herein-kommen	**Kommen** Sie doch bitte **her-ein**! *Please do come in!*
her-	herstellen	Wir **stellen** optische Geräte **her.** *We manufacture optical equipment.*

hin-	hinfahren	In München ist eine Fachtagung. Da **fahren** wir **hin.** *There's a conference in Munich. We're going there.*
mit-	mitbringen	Jeder **bringt** zur Besprechung neue Ideen **mit.** *Everyone will bring new ideas with them to the meeting.*
nach-	nachsehen	Ich **sehe** mal **nach**, ob Ihre Unterlagen schon fertig sind. *I'll just see if your documents are finished yet.*
vor-	vorstellen	Heute **stellen** sich die Bewerber für die Technikerstelle **vor**. *Today the applicants for the technician's job will be coming for an interview.*
weg-	weggehen	Herr Maier ist leider nicht da, er **geht** immer um vier Uhr **weg**. *Herr Maier isn't here unfortunately, he always leaves at four o'clock.*
weiter-	weiterleiten	Bitte **leiten** Sie diese Information an alle Abteilungsleiter **weiter**. *Please pass this information on to all heads of department.*
zu-	zuhören	Wir **hörten** alle gespannt **zu.** *We all listened attentively.*

zurück-	zurückkommen	Frau Bolden **kommt** erst morgen früh von ihrer Dienstreise **zurück**. *Frau Bolden won't be back from her business trip until tomorrow morning.*

Prefixes that are inseparable are not stressed when spoken. As their name suggests, they cannot stand alone.

- Inseparable prefixes are:

be-	bearbeiten	Lydia **bearbeitet** die neue Produktbeschreibung. *Lydia is working on the description of the new product.*
emp-	empfehlen	Wir **empfehlen** die Vorteilspackung zu 1000 Stück. *We recommend the economy pack of 1000.*
ent-	entscheiden	Das **entscheidet** die Chefin. *The boss will decide that.*
er-	erschrecken	Diese Umsatzzahlen **erschrecken** die Aktionäre. *These sales figures will frighten the shareholders.*
ge-	gelingen	Die Überraschung ist dir wirklich **gelungen**. *You've succeeded in surprising us.*
miss-	missverstehen	Da haben Sie mich wohl **missverstanden**. *You must have misunderstood me.*

ver-	versuchen	Ich **versuche**, Frau Maiwald zu erreichen. *I'm trying to get hold of Frau Maiwald.*
zer-	zerbrechen	Die Vase ist **zerbrochen**. *The vase broke into pieces.*

Some prefixes can be either separable or inseparable. In each case the verb has a different meaning. These prefixes are durch-, über-, unter-, um-.

prefix	verb	separable, stressed	inseparable, unstressed
durch-	durchbrechen	Das dünne Eis **bricht** unter ihrem Gewicht **durch**. *The thin ice breaks under her weight.*	Die Globalisierungsgegner **durchbrechen** die Polizeiabsperrung. *The opponents of globalisation break through the police barrier.*
über-	übersetzen	Wir **setzen** von Calais nach Dover **über**. *We're taking the ferry from Calais to Dover.*	Bitte **übersetzen** Sie diesen Text. *Please translate this text.*
unter-	untergehen	Es ist schon spät, die Sonne **geht** schon **unter**. *It's late, the sun is already setting.*	
	unterbrechen		Niemand **unterbrach** den Redner. *No one interrupted the speaker.*

prefix	verb	separable, stressed	inseparable, unstressed
um-	umstellen	Wir **stellen** unser Produktsortiment völlig **um**. *We are changing our range of products completely.*	Der Bankräuber konnte nicht mehr fliehen – das Gebäude war **umstellt**. *The bankrobber couldn't escape – the building was surrounded.*

Übungen

Exercise 22
Please fill in the correct separable and inseparable verbs.

a) verfallen: Durch die Euro-Einführung .... bestimmte Briefmarken.

b) anfangen: Der Film „Harry Potter" .... um 20:00 Uhr ....

c) übersetzen: Herr Brown .... den Text ins Deutsche ....

d) umschreiben: Der Lehrer .... die unbekannte Vokabel mit Synonymen ....

e) abgeben: Der Kurier .... das Paket an der Pforte ....

f) umziehen: Am Sonntag .... Pamela in die neue Wohnung ....

g) gefallen: Der Dom und die Steinerne Brücke in Regensburg .... mir ....

h) ausfallen: Das Training-on-the-Job ....

heute ....

i) unterstellen: Dieses böswillige Verhalten

.... man Kim ....

j) zerfallen: Die Tagesordnung .... in acht

umfangreiche Punkte ....

7.4 Verben mit festen Präpositionen Verbs with Fixed Prepositions

oder *Sich auf etwas freuen*

In German, similar to English, there are lots of verbs that form a close relationship with certain prepositions. These prepositional verbs then take on another meaning. The preposition defines the case of the noun that follows.

- sich freuen über + accusative

Isabelle hat eine sehr gute Note in der Prüfung bekommen. *Isabelle got good marks in the exam.*
Sie **freut sich über** das Ergebnis. *She is very pleased about the result.*

- sich freuen auf + accusative

Isabelle **freut sich auf** ihr Praktikum nächsten Monat. *Isabelle is looking forward to her work programme next month.*

- einladen zu + dative

Wir **laden** Sie **zur** Einweihung unserer neuen Firmenräume **ein**. *We'd like to invite you to the official opening of our new offices.*

- sich entschuldigen bei + dative,
  sich entschuldigen für + accusative

Herr Maiwald hat sich **bei** uns **für** die verspätete Lieferung **entschuldigt**. *Herr Maiwald apologized to us for the late delivery.*

! Always try to think of these prepositional verbs as single expressions and learn them as one item, e.g.: denken an + accusative. In the appendix (▶ p. 394 ff.) you'll find a list of the most important ones.

Übungen

Exercise 23

Please fill in the correct prepositions using the list in the appendix (p. 394 ff.).

für | bei | über | an | zu | von | über

a) Er berichtet .... den Vorfall.

b) Kann er .... diese Sache bestraft werden?

c) Glaubst du .... Gott?

d) Der Junge hilft seinen Eltern .... der Gartenarbeit.

e) Wann kommst du mal wieder .... mir?

f) Meine Schwester versteht viel .... Technik.

g) Wir wundern uns .... deine plötzliche Entscheidung.

8 Präsens und Imperativ
Present Tense and Imperative
oder ***Jetzt und sofort***

Da waren wir also in Rom. Und wie ich so im Café sitze, da kommt Frau Smith von unserer Tochtergesellschaft in Los Angeles, und sie sagt: ...

We were in Rome. And just as I'm sitting there in the café, in comes Frau Smith from our Los Angeles branch and she says to me: ...

The present tense in German is more than just a way of expressing present time. It can be used almost universally. But first let's look at the various forms of the verb in the present tense.

8.1 Formen des Präsens
Forms of Present Tense
oder *Regelmäßig und unregelmäßig*

To form the present tense correctly you have to remember two things:

- Firstly, the correct ending: formed by removing the -en from the end of the infinitive and replacing it with the ending appropriate to the person (▶ 7, p. 286).

• Secondly, you have to know whether you are dealing with a regular (or weak) verb – in which case the verb stem remains the same for all persons. Irregular verbs (also called strong verbs), on the other hand, undergo a vowel change in the main stem and sometimes change the stem completely. Fortunately this happens only in the 2nd and 3rd person singular.

	wohnen **to live** *(regular)*	**arbeiten** **to work** *(regular)*	**fahren** **to go/to drive** *(irregular)*	**nehmen** **to take** *(irregular)*
ich	wohn-**e**	arbeit-**e**	fahr-**e**	nehm-**e**
du	wohn-**st**	arbeit-**est**	fähr-**st**	nimm-**st**
er/sie/es	wohn-**t**	arbeit-**et**	fähr-**t**	nimm-**t**
wir	wohn-**en**	arbeit-**en**	fahr-**en**	nehm-**en**
ihr	wohn-**t**	arbeit-**et**	fahr-**t**	nehm-**t**
sie/Sie	wohn-**en**	arbeit-**en**	fahr-**en**	nehm-**en**

The present tense forms of the auxiliary and modal verbs can be found in **7.1** and **7.2** (▶ p. 288 ff.).

! Verbs whose stem ends in -t or -d add an -e- before the endings -st or -t to make pronunciation easier:

reden *to speak;* **arbeiten** *to work:*
du redest, er redet; *you speak, he speaks;*
ihr arbeitet *you work (plural)*

! Infinitives, the 1st and 3rd person plural have the same form: **wohnen**: wir wohn**en**, sie/Sie wohn**en**.

Whether a verb is regular or irregular has to be learnt by heart. In the appendix (▶ p. 387 ff.) you'll find a list of the most important irregular verbs.

8.2 Gebrauch des Präsens Use of Present Tense
oder *Heute, morgen, immer*

The present tense can be used in so many different ways that we could almost regard it as a kind of universal tool. Its main function is to describe something happening in the present. But it can also convey a large number of other meanings:

something happening now	Anna **hält** eine Rede. *Anna is making a speech.*
something that happens regularly	Wir **treffen** uns montags um 10 Uhr zur Teambesprechung. *We meet every Monday at 10 for a team talk.*
a general rule	Die Sonne **geht** im Osten **auf**. *The sun rises in the east.*
something started in the past and is still going on	Wir **sind** seit 10 Jahren verheiratet. *We have been married for 10 years.*
something happening in the future	Nächste Woche **kommt** die neue Personalchefin. *The new head of personnel is coming next week.*
a story from the past told vividly	Da waren wir also in Rom. Und wie ich so im Café **sitze**, da **kommt** Frau Smith von unserer Tochtergesell-schaft in Los Angeles, und sie **sagt**: ... *We were in Rome. And just as I'm sitting there in the café, in comes Frau Smith from our Los Angeles branch and she says to me: ...*

! If the present tense is used to describe a future event, then an expression of time (adverb or adverbial phrase) should be used to make things clear: nächste Woche, morgen, nächsten Montag … *(next week, tomorrow, next Monday …).*

Exercise 24
Please put in the appropriate verb.

habe | genießen | trefft | hilfst | spielt | seid | vergisst

a) Wann .... ihr euch wieder zum Poker?

b) Er liebt sie nicht, er .... nur mit ihr.

c) Du .... immer, das Licht im Keller auszumachen.

d) Nächste Woche .... ich eine wichtige Konferenz.

e) .... du mir, den Schrank aufzubauen?

f) Wir .... die tolle Aussicht und frische Luft.

g) Seit wann .... ihr denn schon hier?

8.3 Imperativ Imperative
oder *Sei still!*

The imperative is used for orders, instructions, requests and advice made or given to another person directly. The imperative has the following forms:

	singular	plural
	address: du	*address:* ihr
informal (no pronoun)	**Nimm** doch Platz!	**Nehmt** doch Platz!
	Take a seat.	*Take a seat.*
	Fahr vorsichtig!	**Fahrt** vorsichtig!
	Drive carefully.	*Drive carefully.*
	Sei still!	**Seid** still!
	Be quiet.	*Be quiet.*
formal (pronoun obligatory)	**Nehmen Sie** doch Platz!	**Nehmen Sie** doch Platz!
	Take a seat.	*Take a seat.*
	Fahren Sie vorsichtig!	**Fahren Sie** vorsichtig!
	Drive carefully.	*Drive carefully.*
	Seien Sie still!	**Seien Sie** still!
	Be quiet.	*Be quiet.*

- Informal imperative

The informal imperative singular is formed from the 2nd person singular of the present tense without -st; in the plural it is identical to the 2nd person plural:

du nimmst, imperative: **nimm!** *take*
ihr nehmt, imperative: **nehmt!** *take*

- Formal imperative

Here the imperative is identical to the 3rd person plural present tense. The pronoun takes second place.

Sie nehmen, imperative: **Nehmen Sie!** *take*

In a sentence the imperative comes first (▶ ❻, p. 280 ff.). With separable verbs the inflected part comes first and the separable part at the end of the sentence. A sentence can, however, also start with bitte or the name of the person addressed.

order	Felix, **sitz**! *Felix, sit!*
instruction	**Schneiden Sie** das Gemüse in dünne Scheiben. *Cut the vegetables into thin slices.*
request	Frau Schweizer, **bringen Sie** mir bitte das Angebot der Firma Etech. *Frau Schweitzer, bring me that offer from Etech, would you, please?*
	Bitte **melden Sie** uns zu dieser Konferenz **an**! *Please let them know we wish to attend the conference.*
advice	**Probier** doch mal die Atemübungen zur Stressbewältigung **aus.** *Try breathing exercises to relieve stress.*

! A bare imperative is very direct and can often sound curt, if not a little rude. It becomes much more polite through the use of bitte *please,* suitable modal particles and, of course, friendly intonation or even smiling.

Verbinden Sie mich **bitte** mit Herrn Gässlein! *Please put me through to Herr Gässlein!*
Halt **doch bitte** hier **mal** an! *Stop here, please, will you?*

Übungen

Exercise 25
Please put the following sentences into the imperative using the word bitte.

a) Sie sollten sich um den Job als Trainee bewerben.

....

b) Du solltest an dem Kurs in der Sprachenschule teilnehmen.

....

c) Sie sollten nicht im Gang rauchen.

....

d) Du solltest fragen, wenn dir eine Redewendung nicht bekannt ist.

....

e) Ihr solltet pünktlich kommen.

....

Exercise 26
Please rewrite the following questions as requests using the imperative.

a) Gehen Sie etwa schon?

Bitte .... doch noch nicht.

b) Gebt ihr mir die Berichte?

Bitte .... sie mir.

c) Seid ihr immer so unvorsichtig?

Bitte .... etwas vorsichtiger.

d) Sind Sie schon mit der Seilbahn gefahren?

.... doch mal mit der Seilbahn.

9 Vergangenheit Past Tenses oder *Lang ist's her*

Die Dinosaurier lebten vor Millionen von Jahren.

The dinosaurs lived millions of years ago.

Here's a short explanation of the relevant past tense forms. But be careful: some of the terms used correspond with their English equivalent and some don't.

To talk about the past in German we almost always use the *Perfekt* or perfect tense. Sometimes this is used in exactly the same way as in English (i. e. the present perfect) but more often than not it is used in the same way as the English simple past. This is an important contrast that you need to remember.

Peter: Und, wie **hat** dir der Film **gefallen**?
Peter: Well, how did you like the film?

When using auxiliary and modal verbs and in more formal situations, however, the *Präteritum* is preferred. This is also true in written language.

Alan: Echt super, **war** total spannend.
Super film, it was really exciting.
Peter: Ich **wollte** es eigentlich im Urlaub **lesen** ...
I was going to read it while I'm on holiday.
Zeitungsmeldung: *newspaper article:*
Auf der eisglatten Straße **kam** das Fahrzeug ins Schleudern und **geriet** auf die andere Fahrbahn.
On the icy road the car skidded and swerved into oncoming traffic.

9.1 Präteritum Past Simple oder *Es war einmal*

The Präteritum or past simple in German is formed differently depending on whether the verb is regular and weak or irregular and strong.

- Strong verbs Starke Verben

These verbs change the vowel in their main stem. They have normal personal endings:

geben	Präteritum/past simple:	Früher g**a**b es viele Dinosaurier. *In earlier times there were lots of dinosaurs.*
gehen	Präteritum/past simple:	Wir g**i**ng**en** ins Kino. *We went to the cinema.* stem + ending

- Weak verbs Schwache Verben

Weak verbs do not change the vowel in their main stem. The past simple tense is indicated instead by the addition of -(e)te- after the main stem:

leben	Präteritum/past simple:	Die Dinosaurier leb**ten** vor Millionen von Jahren. *The dinosaurs lived millions of years ago.* stem + **-te-** + ending

In the past simple both weak and strong verbs take the normal endings in all persons, which means no endings in the 1st and 3rd person singular and endings in the plural and in the 2nd person singular (▶ ❼, p. 286).

The following table will help you to remember:

	leben *(weak)*	**antworten** *(weak)*	**geben** *(strong)*	**rufen** *(strong)*
ich	leb-**te**	antwort-**ete**	gab	rief
du	leb-**te-st**	antwort-**ete-st**	gab-**st**	rief-**st**
er/sie/es	leb-**te**	antwort-**ete**	gab	rief
wir	leb-**te-n**	antwort-**ete-n**	gab-**en**	rief-**en**
ihr	leb-**te-t**	antwort-**ete-t**	gab-**t**	rief-**t**
sie/Sie	leb-**te-n**	antwort-**ete-n**	gab-**en**	rief-**en**

❗ Verbs whose stem ends in -d, -t, -m or -n, indicate the Präteritum/past simple by adding -ete-.

• Mixed verbs Mischverben

Some verbs change their main vowel like a strong verb but still take the weak verb ending -(e)te- for the Präteritum:

brennen	Präteritum/past simple:	Die Lagerhallen brannten. *The warehouses were burning.* stem + **-te-** + ending

Here you can see that the past simple can also express the continuous or progressive form that you know from English.

There's no easy way around it unfortunately: You have to learn the strong and mixed verbs and their forms by heart. ▶ page 387 ff. to help you.

• Modal verbs Modalverben

Modal verbs form the past simple in the same way as weak verbs, but they lose their Umlaut in the process.

	durf	**konn**	**muss**	**woll**	**moch**	**soll**
ich	**-te**	**-te**	**-te**	**-te**	**-te**	**-te**
du	**-te-st**	**-te-st**	**-te-st**	**-te-st**	**-te-st**	**-te-st**
er/sie/es	**-te**	**-te**	**-te**	**-te**	**-te**	**-te**
wir	**-te-n**	**-te-n**	**-te-n**	**-te-n**	**-te-n**	**-te-n**
ihr	**-te-t**	**-te-t**	**-te-t**	**-te-t**	**-te-t**	**-te-t**
sie/Sie	**-te-n**	**-te-n**	**-te-n**	**-te-n**	**-te-n**	**-te-n**

Auxiliary verbs have quite different forms in the past simple:

	sein	**haben**	**werden**
ich	war	hat**-te**	wur**-de**
du	war**-st**	hat**-te-st**	wur**-de-st**
er/sie/es	war	hat**-te**	wur**-de**
wir	war**-en**	hat**-te-n**	wur**-de-n**
ihr	war**-t**	hat**-te-t**	wur**-de-t**
sie/Sie	war**-en**	hat**-te-n**	wur**-de-n**

9.2 **Partizip II Past Participle** oder *Gelernt ist gelernt*

We need the past (or: perfect) participle *Partizip II* to form the present perfect, but it is also used in the past perfect.

- Present Perfect Perfekt

Igor hat Elena eine E-Mail **geschrieben.** (← schreiben)
Igor has written/wrote Elena an e-mail.
Elena hat zuerst nicht **gewusst**, ob sie zurückschreiben soll. (← wissen)
Elena didn't know at first whether she should reply.
Aber dann hat Elena doch **geantwortet.** (← antworten)
But then Elena did answer after all.

- Past Perfect Plusquamperfekt

Weil er die Unterlagen **vergessen** hatte, musste er zurück ins Büro.
Because he had forgotten the papers, he had to go back to the office.

There are numerous ways to form the past participle. Here is a short summary followed by a more detailed explanation.

infinitive	past participle				
	prefix	ge-	stem	ending	
studieren	–	–	studier-	-t	*study*
kaufen	–	ge-	-kauf-	-t	*buy*
einkaufen	ein-	-ge-	-kauf-	-t	*do some shopping*
verkaufen	ver-	–	-kauf-	-t	*sell*
sprechen	–	ge-	-sproch-	-en	*speak*
ansprechen	an-	-ge-	-sproch-	-en	*speak to s. o.*
versprechen	ver-	–	-sproch-	-en	*promise*
denken	–	ge-	-dach-	-t	*think*

The easiest verbs to deal with are those ending in -ieren:

infinitive		past participle	
studieren	→	studiert	*study*
demonstrieren	→	demonstriert	*demonstrate*
fotokopieren	→	fotokopiert	*photocopy*

To form the past participle we simply replace the infinitive ending -en with -t. It may encourage you to know that the number of verbs in this group is constantly increasing due to the adoption into German of new words from other languages.

With all other verbs the matter is more complicated. Try to imagine verbs as the population of a country. There you have average citizens – these are our weak or regular verbs and they form the largest section of the population. The past participle of these verbs has two identification marks: the prefix ge- and the participle ending -(e)t which replaces the infinitive ending -en. The main part of the verb remains unchanged.

infinitive		past participle	
kaufen	→	gekauft	*buy – bought*
arbeiten	→	gearbeitet	*work – worked*
spielen	→	gespielt	*play – played*

Of course, even average citizens are not all the same and weak verbs can be divided into:

- Simple verbs

kaufen	**ge**kauft	**ge-** at the beginning	*buy – bought*

- Verbs with separable prefix

einkaufen	ein**ge**kauft	**ge-** between prefix and main stem	*buy – bought*

- Verbs with inseparable prefix

verkaufen	verkauft	no **ge-**	*sell – sold*

Every country has its average citizens, but it also has people who don't conform. You might call them revolutionaries or rebels who are just different. These would be our strong or irregular verbs (starke/unregelmäßige Verben).

They take on only the ge- as identification. The ending -en remains the same as in the infinitive. Many of them do, however, change the main stem.

infinitive		past participle	
sprechen	→	**ge**spr**o**chen	*speak – spoken*
kommen	→	**ge**kommen	*come – come*
nehmen	→	**ge**n**o**mmen	*take – taken*

Our rebels, too, can be divided into:

• Simple verbs

sprechen	→	**ge**-sprochen	**ge**- at the beginning	*speak – spoken*

• Verbs with separable prefix

an-sprechen	→	an**ge**-sprochen	**ge**- between prefix and main stem	*speak to – spoken to*

• Verbs with inseparable prefix

ver-sprechen	→	ver-sprochen	no **ge**-	*promise – promised*

Rebel groups often cause problems. It's no different with German verbs.

Next we have a group we might call the "spies" or "undercover agents". They are the smallest group of all and they look a bit like ordinary citizens but with a few rebel elements thrown in. These are the so-called mixed verbs gemischte Verben. They change their stem, but have both ge- and the ending -(e)t in the past participle nevertheless.

infinitive	past participle	
denken	**ge**dach**t**	*think – thought*
bringen	**ge**brach**t**	*bring – brought*
rennen	**ge**rann**t**	*run – run*

! You have to learn the irregular and mixed verbs by heart. It's easiest if you learn them in groups according to the way they change their main vowel. There are three possibilities:

A – B – A:	schl**a**fen	–	schl**ie**f	–	geschl**a**fen
A – B – B:	fl**ie**gen	–	fl**o**g	–	gefl**o**gen
A – B – C:	spr**e**chen	–	spr**a**ch	–	gespr**o**chen

▶ In the appendix you'll find a list of the most important irregular and mixed verbs. To finish off this section here is a short survey:

verb type	infinitive	past participle	pre-fix	ge-	stem can change	ending
-ieren	studieren	studiert	no	no	no	**-(e)t**
simple verbs	kaufen	gekauft	no	yes	no	**-(e)t**
	sprechen	gesprochen	no	yes	yes	**-(e)n**
	denken	gedacht	no	yes	yes	**-(e)t**
verbs with separable prefix	einkaufen	eingekauft	yes	yes	no	**-(e)t**
	an-sprechen	ange-sprochen	yes	yes	yes	**-(e)n**
verbs with inseparable prefix	verkaufen	verkauft	yes	no	no	**-(e)t**
	versprechen	versprochen	yes	no	yes	**-(e)n**

9.3 **Perfekt** **Present Perfect**
oder *Sein oder haben?*

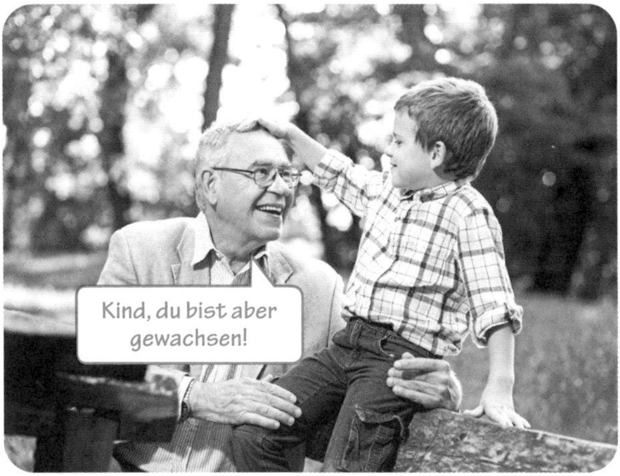
Kind, du bist aber gewachsen!

How you've grown, child!

The present perfect is formed using the present tense of either sein or haben together with the past participle.

Wir **sind** gestern ins Kino **gegangen** und **haben** einen schönen Film **gesehen**. *We went to the cinema yesterday and saw a great film.*

But when do we use sein and when do we use haben?

- The Present Perfect with sein

Sein is used to form the present perfect in significantly fewer cases than haben. It's easiest, therefore, if you just learn this relatively small group and then use haben for all the rest.

We use sein in the present perfect of the following verbs:

sein	**ist** gewesen	*be – has been/was*
bleiben	**ist** geblieben	*stay – has stayed/stayed*
werden	**ist** geworden	*become – has become/became*

passieren, geschehen and verbs with similar meaning:

passieren	**ist** passiert	*happen – has happened/happened*
geschehen	**ist** geschehen	*happen – has happened/happened*

Verbs indicating movement from A to B:

Herr Schneider **ist** zur Messe nach Leipzig **gefahren.** *Herr Schneider has gone to the fair in Leipzig.*
Maria **ist** kurz in den Keller **gegangen.** *Maria has just gone down to the cellar.*

Verbs indicating a change of state:

Jan **ist** während des Vortrags von Herrn Verhusen **eingeschlafen.** *Jan fell asleep during Herr Verhusen's talk.*
Kind, du **bist** aber **gewachsen**! *How you've grown, child!*

• The Present Perfect with haben

Most verbs form the present perfect tense with haben, especially reflexive verbs, verbs that take an accusative object and modal verbs.

Reflexive verbs:
Herr Niemer **hat sich** gut auf die Besprechung **vorbereitet**. *Herr Niemer has prepared well for the meeting.*
Verbs with an accusative object:
Nina **hat** ihr Motorrad in die Garage **gefahren**. *Nina has driven her motorbike into the garage.*
Modal verbs:
Das tut mir leid, ich **habe** das nicht **gewollt**. *I'm sorry, I didn't want that to happen.*

Modal verbs are not very often used in the present perfect. Normally they are used in the past simple.

! Verbs that, due to the addition of a prefix, take on a different meaning may need either sein or haben.

Er **ist** den New-York-Marathon gelaufen. *He ran the New York Marathon.*
Die Kosten **haben** sich auf 100 Euro belaufen. *The expenses summed up to 100 euros.*

9.4 Plusquamperfekt Past Perfect oder *Ich hatte vergessen …*

The past perfect indicates a time before the normal past. It is used to describe an event that happened before another event in the past.

Als wir in Paris ankamen, **hatten** unsere Geschäftspartner bereits alles für die Konferenz **vorbereitet**. *When we arrived in Paris, our business partners had already prepared everything for the conference.*

Bevor wir weggefahren sind, **hatte** ich alle Pflanzen **gegossen**. *Before we left, I had watered all the plants.*

Nachdem Frau Malina die neuen Teammitglieder **begrüßt hatte**, arbeiteten wir konsequent die Tagesordnung durch. *After Frau Malina had greeted the new team members, we went through the agenda thoroughly.*

Forming the past perfect is very easy. It's done in exactly the same way as the present perfect, but instead of using the present tense of sein or haben, we use the past simple.

present perfect	past perfect
Wir **haben** die Verträge abgeschlossen. *We have concluded the contracts.*	Wir **hatten** die Verträge abgeschlossen. *We had concluded the contracts.*
Ihr **seid** zur Besprechung gekommen. *You have come to the meeting.*	Ihr **wart** zur Besprechung gekommen. *You had come to the meeting.*

Here is a short survey of the forms of the past perfect:

	sagen *to say*	**kommen** *to come*
ich	hatte gesagt	war gekommen
du	hattest gesagt	warst gekommen
er/sie/es	hatte gesagt	war gekommen
wir	hatten gesagt	waren gekommen
ihr	hattet gesagt	wart gekommen
sie/Sie	hatten gesagt	waren gekommen

Exercise 27
Please put the following sentences into the Präteritum and Perfekt.

a) Herr White bucht für Donnerstag einen Flug nach Deutschland.
b) Er kommt am Flughafen Berlin-Tegel an und steigt in das nächste Taxi.
c) Dieses fährt Herrn White in das Hotel „Zum Goldenen Stern“.
d) An der Rezeption erhält er die Schlüssel für sein Zimmer.
e) Um 15:00 Uhr trifft sich Herr White mit seinen Geschäftspartnern.
f) Diese erklären ihm die neue geschäftliche Situation und bitten um Verständnis.
g) Herr White unterbricht die Verhandlungen und zieht einen neuen Termin in Betracht.
h) Am nächsten Morgen holt Herr White seine Frau vom Flughafen ab.
i) Gemeinsam verbringen sie einige Tage in Berlin.
j) Frau und Herr White sehen sich noch am selben Tag das Brandenburger Tor an.
k) Am folgenden Tag besichtigen sie den Reichstag.
l) Am letzten Tag ihres Urlaubs fahren sie auf den Fernsehturm und werfen einen Blick auf die Dächer Berlins.

Exercise 28
Please put the parts in bold print into the Plusquamperfekt.

a) **Nachdem wir einen Nachsendeauftrag bei der Post stellten**, fuhren wir in den Urlaub.
b) **Nachdem Eileen die Führerscheinprüfung bestand**, feierten wir das erfreuliche Ereignis mit einem Gläschen Sekt.
c) **Nachdem Marcus die Vor- und Nachteile darstellte**, gingen wir zur Aussprache über.
d) **Nachdem der Chef von seiner Auslandsreise zurückkam**, wurde das umstrittene Projekt nochmals besprochen.
e) **Nachdem die Abteilungsleiter eintrafen**, diskutierten wir über das weitere Vorgehen.

10 Futur Future Tense oder *Was sein wird*

Wir werden in wenigen Minuten in Frankfurt landen.

We'll be landing at Frankfort in a few minutes.

Although you can quite easily use the present tense to talk about the future (▶ 8, p. 303 ff.), there are also special future tense forms.

10.1 Futur I Future Tense oder *Sie werden es schaffen*

We use the future tense to talk about an event in the future or to express what we expect or assume will take place.

- Event in the future

Wir **werden** (im Sommer) nach Gran Canaria **fliegen.**
We are going to fly to Gran Canaria in the summer.

• Expectation

Hans **wird** dir sicherlich ein Souvenir **mitbringen**.
Hans will certainly bring you back a souvenir.

• Assumption

Bei dem Schneetreiben **werden** sich die Gäste wahrscheinlich **verspäten**. *In this snowstorm the guests will probably be late.*
Wir **werden** im Sommer vielleicht nach Gran Canaria **fliegen**. *Perhaps we'll fly to Gran Canaria in the summer.*

The future tense is formed with the present tense of the verb werden plus the infinitive.

	werden	**+**	**infinitive**
ich	werde		feiern
du	wirst		feiern
er/sie/es	wird		feiern
wir	werden		feiern
ihr	werdet		feiern
sie/Sie	werden		feiern

! In any one sentence you use werden only once:

Mach dir keine Sorgen. Das **wird** schon gut (werden).
Don't worry. It'll be OK.

10.2 Futur II Future Perfect
oder *Sie werden es geschafft haben*

The future perfect is used far less frequently than the future. But you ought to be able to recognise and understand it when it occurs. We use the future perfect to talk about an event that will be completed in the future.

In zwei Jahren **wirst** du dein Studium **abgeschlossen haben.** *In two years you will have finished your studies.*
Nächsten Freitag um diese Uhrzeit **werden** wir die Präsentation bereits hinter uns **gebracht haben.** *By this time next Friday we will have already done the presentation.*

We can also use the future perfect to express an assumption about a past event.

Herr Miller **wird** uns **geschrieben haben**, als wir im Urlaub waren. *Herr Miller will haven written to us while we were on holiday.*

The future perfect is formed using the present tense of the verb werden plus the past participle plus haben or sein.

Ende des Jahres **werden** wir **gefeiert haben** und viele Gäste **werden gekommen sein.** *At the end of the year we will have had our party and lots of guests will have come.*
Im nächsten Sommer **werden** wir die Filiale **eröffnet haben** und die Presse **wird** dabei **gewesen sein.** *Next summer we will have opened our new branch and the press will have been there.*

! We often use the present perfect in German instead of the future perfect.

In zwei Jahren **hast** du dein Studium **abgeschlossen.** *In two years you will have finished your studies.*
Nächsten Freitag um diese Uhrzeit **haben** wir die Präsentation bereits hinter uns **gebracht**. *By this time next Friday we will have already done the presentation.*

Übungen

Exercise 29

Please put all the sentences in exercise 27 into the future tense.

a) ....

b) ....

c) ....

d) ....

e) ....

f) ....

g) ....

h) ....

i) ....

j) ....

k) ....

l) ....

Exercise 30

What will Herr Steinmann have experienced at the end of his business trip?
Form sentences in the future perfect.

a) Verträge unterzeichnen

Er wird Verträge unterzeichnet haben.

b) Produkte präsentieren

....

c) seine Geschäftspartner treffen

....

d) seine Lieferanten sprechen

....

e) mit neuen Kunden verhandeln

....

11 Konjunktiv Subjunctive oder *Wünsche und indirekte Rede*

Ich sagte: „Ich würde gerne das Kleid im Schaufenster anprobieren." Und er so: „Wie Sie wünschen. Wir haben aber auch Umkleidekabinen."

I said, "I'd like to try on the dress in the shop window." And he's like, "As you wish. But we also have fitting rooms."

11.1 Konjunktiv I Present Subjunctive oder *Er sagte, dass er komme*

The present subjunctive occurs nearly always in written language only and is used exclusively to express indirect or reported speech *indirekte Rede*. Colloquially, indirect speech is usually expressed using the same forms of the verb as in direct speech *direkte Rede*.

Direct speech:
Michael: „Ich **kann** am Samstag leider nicht zur Party **kommen.**“
Michael: “I can’t come to the party on Saturday, unfortunately.”
Reported speech (colloquial):
Anke: „Michael sagte, dass er am Samstag nicht zur Party **kommen kann.**“
Anke: “Michael said that he couldn’t come to the party on Saturday.”
Reported speech (formal) with present subjunctive:
Anke: „Michael sagte, dass er am Samstag nicht zur Party **kommen könne.**“
Anke: “Michael said that he couldn’t come to the party on Saturday.”

The present subjunctive is formed as follows:
Main stem of the infinitive without an ending + -e- + normal ending for the appropriate person. (▶ ❼, p. 286)
A double -e disappears.

present subjunctive	
ich	hab-e
du	hab-e-st
er/sie/es	hab-e
wir	hab-e-n
ihr	hab-e-t
sie/Sie	hab-e-n

The forms of the present subjunctive are sometimes identical to those of the present indicative. When this happens in reported speech, we fall back on the past subjunctive *Konjunktiv II* or würde + **infinitive** (▶ **11.2**, p. 334).

Direct speech:
Mona: „Unsere koreanischen Partner **bleiben** eine Woche."
Mona: "Our Korean partners are staying for a week."
Reported speech with present subjunctive:
Jan: „Mona sagt, unsere koreanischen Partner **bleiben** eine Woche."
Jan: "Mona says our Korean partners are staying for a week."
Reported speech with past subjunctive:
Jan: „Mona sagte, unsere koreanischen Partner **würden** eine Woche **bleiben.**"
Jan: "Mona said our Korean partners were staying for a week."

The verb sein *to be* is once again a special case.

present subjunctive	
ich	sei
du	seist
er/sie/es	sei
wir	seien
ihr	sei(e)t
sie/Sie	seien

❗ The present subjunctive is most frequently used in the 3rd person singular:

er/sie/es **habe**
er/sie/es **werde**
er/sie/es **müsse**
er/sie/es **wolle**
er/sie/es **könne**
er/sie/es **kaufe**
...

What else do we need to know about reported speech? It is introduced by a main clause containing a verb of "saying" or "reporting".

Der Pressesprecher **sagte**, dass es sich dabei nur um ein Gerücht **handle**. *The press spokesman said that it was only a rumour.*
Martina **sagt**, Ulrike **sei** krank. *Martina says Ulrike is ill.*

The personal pronouns may change.

direct speech	reported speech
Bozena: „**Ich** nehme ein Taxi.“ *Bozena: "I'll take a taxi."*	Martha: „Bozena sagt, **sie** nehme ein Taxi.“ *Martha: "Bozena says she'll take a taxi."*
Die Teammitglieder: „**Wir** brauchen mehr Zeit.“ *The team: "We need more time."*	Die Chefsekretärin: „Die Teammitglieder sagen, **sie** brauchen mehr Zeit.“ *The boss's secretary: "The team say they need more time."*

11.2 **Konjunktiv II Past Subjunctive**
oder *Hätte ich, dann würde ich*

The past subjunctive serves either as a substitute for the present subjunctive (▶ **11.1** , p. 330), or it is used to express an unreal condition, a presumption, speculation, a polite wish or request.

Substitute for the present subjunctive:
Mira sagt, die Jungs **hätten** zu viel **getrunken**. *Mira says the boys drank too much.*
An unreal condition:
Wenn ich reich wäre, **würde** ich den Winter immer im Süden **verbringen**. *If I were rich, I'd always spend the winter down south.*
Presumption/speculation:
Es **könnte** ja auch sein, dass Hans noch im Stau steht. *It could well be that Hans is still caught up in a traffic jam.*
Polite wish or request:
Herr Bisowski, **könnten** Sie mir bitte die Unterlagen der Firma Fallmer bringen? *Herr Bisowski, could you bring me the Fallmer documents, please?*

The past subjunctive is formed in two different ways:

- With weak verbs the past subjunctive and the past simple are identical:

past simple: ich reiste …
past subjunctive: ich reiste …

To avoid confusion a substitute form is used:
würde (= past subjunctive of werden) + infinitive

ich **würde reisen** *I travelled/I would travel*
du **würdest kochen** *you cooked/you would cook*

- With strong verbs, on the other hand, the past simple forms the base: The signal ending -e is added together with an Umlaut on the main vowel.

ich **käme** (← kommen; past simple: ich kam)
I came/I would come
er **träfe** (← treffen; past simple: er traf)
he met/he would meet
sie **schriebe** (← schreiben; past simple: sie schrieb)
she wrote/she would write

Nevertheless, even with strong verbs, especially in everyday speech, we use würde + infinitive. It is the most common form of the past subjunctive in German.

	werden	+	infinitive
ich	würde		fragen
du	würdest		fragen
er/sie/es	würde		fragen
wir	würden		fragen
ihr	würdet		fragen
sie/Sie	würden		fragen

It's only in the case of auxiliary and modal verbs that we find independent forms of the past subjunctive in common use.

past subjunctive	sein	haben	dürfen	können	müssen	wollen	sollen
ich	wär **-e**	hätt **-e**	dürft **-e**	könnt **-e**	müsst **-e**	wollt **-e**	sollt **-e**
du	wär **-(e)st**	hätt **-est**	dürft **-est**	könnt **-est**	müsst **-est**	wollt **-est**	sollt **-est**
er/sie/es	wär **-e**	hätt **-e**	dürft **-e**	könnt **-e**	müsst **-e**	wollt **-e**	sollt **-e**
wir	wär **-en**	hätt **-en**	dürft **-en**	könnt **-en**	müsst **-en**	wollt **-en**	sollt **-en**
ihr	wär **-(e)t**	hätt **-et**	dürft **-et**	könnt **-et**	müsst **-et**	wollt **-et**	sollt **-et**
sie/Sie	wär **-en**	hätt **-en**	dürft **-en**	könnt **-en**	müsst **-en**	wollt **-en**	sollt **-en**

The past perfect subjunctive is formed using the past subjunctive of sein or haben + the past participle.

Wir **wären** ja gerne zum Frühlingsfest **gekommen**, aber wir waren leider verhindert. *We would have liked to come to the spring party, but unfortunately something came up.*
Wenn die Besprechung gestern Abend nicht so lange **gedauert hätte, wäre** ich sicher noch zum Training **gekommen**. *If the meeting yesterday evening hadn't lasted so long, I would have made it to the training for sure.*

Exercise 31
Please change the direct speech in the following sentences into reported speech.

a) Herr Miller sagt: „Ich bin mit meiner neuen Marketingassistentin sehr zufrieden."
b) Frau Dinz erläutert: „Durch das neue Computerprogramm können wir die Absatzzahlen schneller ermitteln."
c) Der Verkäufer erklärt: „Das neue Handy verfügt über eine USB-Schnittstelle."
d) Die Angestellte erwidert: „Durch mehr Personal erreichen wir eine bessere Kundenbindung."
e) Der Chef sagt: „Ich bin mit der Arbeitsweise von Frau Gordon sehr zufrieden."

Exercise 32
Please complete the following sentences with the correct form of the verb in the past subjunctive.

a) .... ich Sie kurz stören? (dürfen)

b) .... du das für mich kopieren? (können)

c) Das .... wirklich nett von dir. (sein)

d) Wenn ich eine eigene Firma ...., dann .... ich mit den Mitarbeitern jeden Morgen Tai-Chi .... (haben/machen)

e) So eine Katastrophe! Das alles .... nicht ...., wenn ich besser .... (passieren/aufpassen)!

12 Passiv **Passive** oder ***Das muss gemacht werden***

Die Häuser wurden durch das Erdbeben schwer beschädigt.

The houses were badly damaged by the earthquake.

In the passive form of the verb it's not the person that's important but what happens. The passive is used to express what happens to a thing or person, not what a thing or person does. The actual doer is irrelevant, not identifiable or needs to remain unknown.

Das Regal **wird zusammengebaut**. *The shelves are being put together.*
Die Seitenteile **werden** an der Bodenplatte **festgemacht**. *The side pieces get fixed to the base.*
Der Auftrag **ist vergeben worden**. *The job has been assigned.*

The passive tends to be used most in academic texts, lists of instructions etc. There are two forms: the passive describing an action and the passive describing a state.

12.1 Vorgangspassiv Passive Expressing Action
oder *Das Regal wird aufgebaut*

As in English, verbs with an accusative object almost always have a passive form. The accusative object in the active sentence becomes the subject of the passive sentence. If we still need to name the person involved, we add the preposition von.

active: Dr. Kappler untersucht **den Jungen.**
subjectaccusative object
Dr Kappler is examining the boy.
passive: **Der Junge** wird (von Dr. Kappler) untersucht.
subject + auxiliary verb **werden** + (**von** + agent) past participle
The boy is being examined (by Dr Kappler).

Sometimes von is replaced by durch.

Die Häuser **wurden** (durch das Erdbeben) schwer **beschädigt.**
subject + auxiliary verb **werden** + (durch + agent) past participle
The houses were badly damaged (by the earthquake).

Just like the active, the passive occurs in all tenses and also in the subjunctive. Formation follows the same system as the active, always using a form of the verb werden. Here is a list of all the passive forms in the various tenses:

• Present Tense

	present tense of werden	+ past participle	
ich	werde	geliebt	*(Someone) loves me.*
du	wirst	angerufen	*There's a telephone call for you.*
er/sie/es	wird	gefüttert	*He/She/It is being fed.*
wir	werden	benachrichtigt	*We're getting the news.*
ihr	werdet	überrascht	*You'll be surprised.*
sie/Sie	werden	abgeholt	*They/You are getting picked up.*

As you can see from the English translation of the example sentences, the passive is often used in German to express a certain idea, whereas it would not be natural to use the passive in other languages and the other way round (▶ **12.2**, p. 345 man)! This is especially true for present tense forms. It is best, of course, to learn these in context since the choice of an active or passive construction always depends on the meaning of the individual verb and the intention of the speaker.

• Past Simple

	past simple of werden +	past participle	
ich	wurde	geliebt	*(Someone) loved me.*
du	wurdest	angerufen	*You got a telephone call.*
er/sie/es	wurde	gefüttert	*He/She/It was fed.*
wir	wurden	benachrichtigt	*We were informed.*
ihr	wurdet	überrascht	*You were surprised.*
sie/Sie	wurden	abgeholt	*They/You were picked up.*

• Present Perfect

The formation follows the same pattern as for all the other tenses: present perfect of werden (e.g. ich bin geworden) + past participle. There is just one small difference: in the passive we use worden instead of the normal past participle geworden.

	present tense of sein +	past participle	+ worden	
ich	bin	geliebt	worden	*(Someone) loved me.*
du	bist	angerufen	worden	*You got a telephone call.*
er/sie/es	ist	gefüttert	worden	*He/She/It was fed.*
wir	sind	benachrichtigt	worden	*We were informed.*
ihr	seid	überrascht	worden	*You were surprised.*
sie/Sie	sind	abgeholt	worden	*They/You were picked up.*

• Past Perfect

	past simple + of sein	past participle	+ worden	
ich	war	geliebt	worden	*(Someone) had loved me.*
du	warst	angerufen	worden	*You had got a telephone call.*
er/sie/es	war	gefüttert	worden	*He/She/It had been fed.*
wir	waren	benachrichtigt	worden	*We had been informed.*
ihr	wart	überrascht	worden	*You had been surprised.*
sie/Sie	waren	abgeholt	worden	*They/You had been picked up.*

• Future Tense

	present tense of + werden	past participle	+ werden	
ich	werde	geliebt	werden	*(Someone) will love me.*
du	wirst	angerufen	werden	*You will get a telephone call.*
er/sie/es	wird	gefüttert	werden	*He/She/It will be fed.*
…				

- Future Perfect

	present tense of werden +	past participle +	worden sein	
ich	werde	geliebt	worden sein	*(Someone) will have loved me.*
du	wirst	angerufen	worden sein	*You will have got a telephone call.*
er/sie/es	wird	gefüttert	worden sein	*He/She/It will have been fed.*
…				

- Present Subjunctive

	present subjunctive of werden +	past participle	
ich	werde	geliebt	*(that) (someone) loves me*
du	werde	gefüttert	*(that) he/she/it is being fed*

- Past Subjunctive

	present subjunctive of werden +	past participle	
ich	würde	geliebt	*(that) (someone) loved me*
du	würdest	angerufen	*(that) you got a telephone call*
er/sie/es	würde	gefüttert	*(that) he/she/it was being fed*
…			

• Past Perfect Subjunctive

	past perfect subjunctive + of sein	past participle	+ worden	
ich	wäre	geliebt	worden	*(that) (someone) had/would have loved me*
du	wärest	angerufen	worden	*(that) (someone) had/would have called you*
er/sie/es	wäre	gefüttert	worden	*(that) he/she/it had/would have been fed*
...				

• Passive of Modal Verbs

Do auxiliary verbs also have a passive form in German? Yes, of course they do – and when they occur there are all kinds of possibilities of forming a sentence.

The passive of modal verbs is formed like this:
modal verb form + past participle + werden in the infinitive

Marianne **soll** befördert **werden.**
(present)
Marianne is to be promoted.
Marianne **sollte befördert werden.**
(past simple)
Marianne was supposed to/should be promoted.
Marianne **hat befördert werden sollen.**
(present perfect)

Marianne was supposed to be promoted.
Marianne **hatte befördert werden sollen.**
(past perfect)
Marianne had been supposed to be promoted.
Marianne **hätte befördert werden sollen.**
(past subjunctive)
Marianne should have been promoted.

The present, past simple and past subjunctive are in common use. The present perfect and past perfect occur only very rarely.

12.2 Passiv-Alternativen Alternatives for the Passive oder *Man baut das Regal so auf*

If you want to remain impersonal but don't want to use the passive, then there are several alternatives you can use. Some of them are similar to English, others completely different.

(1) man
(2) sich lassen + infinitive
(3) ist, hat, gibt, bleibt, geht + zu + infinitive
(4) adjectives derived from verbs ending in -bar, -lich or -ig

passive	passive-alternative
(1) Was kann da gemacht werden? *What can be done?*	Was kann **man** da machen? *What can one do?*
(2) Das kann eingerichtet werden. *That can be arranged.*	Das **lässt sich** schon **einrichten**. *That can be arranged.*
(3) Es muss noch viel getan werden. *A lot still has to be done.*	Es **bleibt** noch viel **zu tun**. *A lot still remains to be done.*
(3) Diese Akte muss kopiert werden. *This file must be copied.*	Diese Akte **ist zu kopieren**. *This file is to be copied.*
(4) Dieses Vorgehen kann nicht vertreten werden. *This procedure can't be justified.*	Dieses Vorgehen ist nicht vertret**bar**. *This procedure is not justifiable.*
(4) Der Patient kann nicht transportiert werden. *The patient can't be moved.*	Der Patient ist nicht transportfäh**ig**. *The patient is not capable of being moved.*

12.3 **Zustandspassiv Passive Describing a State** oder *Das Regal ist aufgebaut*

There are two passive forms in German. Besides the passive describing actions or events, there is also the passive describing a state, a situation or a result (Zustandspassiv). The latter is not used as frequently.

Wir haben eine Stunde gearbeitet und jetzt **ist** das Regal **aufgebaut**. *We worked for an hour and now the shelves are up.*
Mein Schreibtisch **ist aufgeräumt**. *My desk is tidy.*
Die Haustür **ist** bereits **abgeschlossen**. *The front door is already locked.*

The passive describing a state occurs almost only in the present and past simple tenses. It is formed with the appropriate form of sein instead of werden.

(1) present tense: present tense of sein + past participle
(2) past simple: past simple of sein + past participle

(1) Manchmal wünsche ich mir, ich komme ins Büro, der Kaffee **ist** schon **gekocht**, alle meine Arbeit **ist** bereits **getan** und meine Chefin **ist verreist**. *Sometimes I wish that when I get into the office, the coffee has been made, all my work has already been done and my boss is away.*
(2) Ich träumte kürzlich, ich kam von der Arbeit nach Hause und das Geschirr **war abgespült**, alles **war aufgeräumt**, die Wäsche **war gewaschen** und **gebügelt** und das Essen **war gekocht** und stand auf dem Tisch. *I dreamt recently that I came home from work and the washing-up had been done, everything had been tidied away, the washing and ironing had been finished and supper had been cooked and was on the table.*

Exercise 33
Please form passive sentences in the present tense with the verbs in brackets.

a) Die Computer .... morgen
.... (austauschen).

b) Jeden Mittwoch .... das Treppenhaus
.... (putzen).

c) Ich .... am Fuß .... (operieren).

d) Die Spieler .... im Training gut auf die
Meisterschaften .... (vorbereiten).

e) Das neue Theater .... im Juni
.... (eröffnen).

Exercise 34
Please form sentences using the passive in the past simple.

Example:
1990 Wiedervereinigung der beiden deutschen Staaten
1990 wurden die beiden deutschen Staaten wiedervereinigt.

a) 15. Jahrhundert Druck der ersten Bücher in Europa
....

b) in Frankfurt Geburt von Johann Wolfgang von Goethe
....

c) 1895 Entdeckung der Röntgenstrahlen

....

d) 1957 Gründung der Europäischen Wirtschaftsgemeinschaft

....

e) 60er-Jahre Bau vieler Universitäten in Deutschland

....

f) 2002 Einführung des Euro

....

13 Präpositionen Prepositions oder *Auf, über, für & Co.*

Sie kennen sich seit dem Kindergarten.

They've known each other since playschool.

Prepositions come before nouns or groups of nouns and determine what case the noun needs to be in: accusative, dative or genitive.

! Some prepositions combine with the definite article to form one single word (▶ **1.2**, p. 225 f.), e.g. zum = zu dem.

13.1 Präpositionen mit Akkusativ Prepositions with Accusative oder *Durch, für, gegen & Co.*

Some prepositions always take the accusative:

bis	**Bis nächsten Mittwoch** erwarte ich ein Ergebnis. *I expect a result by next Wednesday.* Er ist noch **bis einen Tag** nach Weihnachten in den USA. *He'll be in America till one day after Christmas.*

durch	Wir fahren gleich **durch einen langen Tunnel.** *In a minute we'll be driving through a long tunnel.* Unsere Firma geht zurzeit **durch eine schwierige Phase.** *Our firm is going through a difficult phase at the moment.*
für	Diese Rosen sind **für dich.** *These roses are for you.* Der Student bleibt **für drei Monate.** *The student is staying for three months.*
gegen	Frau Mino hat dieses Projekt **gegen den Willen** ihres Vorgesetzten durchgesetzt. *Frau Mino pushed this project through against her boss's will.* David ist mit dem Schlitten **gegen einen Baum** gefahren. *David crashed against a tree with his sledge.*
ohne	Herr Reyher hat die Rede **ohne seine Unterlagen** gehalten. *Herr Reyher made the speech without his notes.* Ich bin **ohne einen Cent** aus dem Haus gegangen. *I went out of the house without a cent.*
um	Nun rede doch nicht so **um den heißen Brei** herum. *Stop beating about the bush.* **Um die Ecke** ist ein Geldautomat. *There's a cash machine around the corner.*

Two other prepositions entlang and betreffend come after the noun. They don't occur very frequently.

Wir gehen den Strand **entlang** bis zum Hafen. *We'll go along the beach as far as the harbour.*
Den Vertrag **betreffend** wollten wir noch anmerken … *With reference to the contract we wanted to point out …*

❗ The preposition bis is often used in combination with other prepositions which then determine the case.

Bis zum (dative) nächsten Mittwoch erwarte ich ein Ergebnis. *By next Wednesday I expect a result.*

13.2 Präpositionen mit Dativ Prepositions with Dative oder *Aus, bei, mit & Co.*

The following prepositions always take the dative case:

ab	**Ab nächster Woche** gehe ich regelmäßig schwimmen. *From next week on I'm going swimming regularly.* **Ab dem ersten August** ist Herr Radwan im Urlaub. *From the first of August Herr Radwan is on holiday.*
aus	Wir müssen die Sitzung **aus wichtigen Gründen** verschieben. *We must postpone the meeting for important reasons.* Michael kommt gerade **aus der Schule**. *Michael is just coming back from school.*
bei	Alan wohnt **bei seinem Freund**. *Alan is staying at his friend's house.* **Bei mir** gibt es so etwas nicht. *I don't have/ wouldn't do anything like that.*
gegenüber	**Gegenüber dem Firmengebäude** ist ein großer Park. *Opposite the office building is a large park.* **Gegenüber der Bank** ist ein Kiosk. *Opposite the bank there's a kiosk.*

mit	Raphael fährt **mit seinem Kollegen** zum Kongress. *Raphael is travelling with his colleague to the conference.* Wir machen unsere Arbeit **mit Spaß**. *We do our work with pleasure.*
nach	**Nach dem Mittagessen** muss ich zum Chef. *After lunch I have to go and see the boss.* Wir fahren am Wochenende **nach Paris**. *We're going to Paris at the weekend.*
seit	Carmen wohnt **seit vielen Jahren** in Bonn. *Carmen has been living in Bonn for many years.* **Seit einer Woche** warte ich auf Ihren Rückruf! *I've been waiting for you to answer my call for a week!*
von	Jonathan nimmt **vom ersten** bis zum zehnten Januar Urlaub. *Jonathan is having a holiday from the first till the tenth of January.* Unsere Kollegen kamen ganz begeistert **von der Messe** zurück. *Our colleagues came back from the fair full of enthusiasm.*
zu	Ich gratuliere dir **zur Gehaltserhöhung**! *Congratulations on your salary increase.* Laura musste **zum Zahnarzt** gehen. *Laura had to go to the dentist.*

13.3 **Wechselpräpositionen Varying Prepositions** oder *Akkusativ oder Dativ?*

There are some prepositions that can take more than just one case. They are called Wechselpräpositionen. They only indicate place or time:
an, auf, hinter, in, neben, über, unter, vor, zwischen.

Die Katze ist unter dem Bett.

The cat is under the bed.

Die Frau schaut unter das Bett.

The woman is looking under the bed.

It seems that these prepositions are not satisfied with exercising their influence in just one way. As a result they may choose the accusative or the dative case. There are rules, however, as to when and why.

Accusative is dynamic. It indicates movement: wohin *where to?* (ACTION)

Dative is static. It indicates place or movement within a limited place: wo *where?* (POSITION)

These examples will make things clear:

accusative: Wohin?	dative: Wo?
Wohin legst du die Akte?	Wo ist denn die Akte?
Where are you putting the file?	*Where is the file then?*
Ich lege/stelle die Akte …	Die Akte liegt/steht …
I'm putting it …	*The file is …*
an die Wand.	an der Wand.
up against the wall.	*up against the wall.*
auf den Tisch.	auf dem Tisch.
on the table.	*on the table.*
hinter das Telefon.	hinter dem Telefon.
behind the telephone.	*behind the telephone.*
in den Ablagekorb.	im Ablagekorb.
in the filing tray.	*in the filing tray.*
neben den Ordner.	neben dem Ordner.
next to the ring binder.	*next to the ring binder.*
über die Bücher.	über den Büchern.
above the books.	*above the books.*
unter die Bücher.	unter den Büchern.
under the books.	*under the books.*
vor das Buch.	vor dem Buch.
in front of the book.	*in front of the book.*
zwischen die anderen Akten.	zwischen den anderen Akten.
among the other files.	*among the other files.*

13.4 **Präpositionen mit Genitiv**
Prepositions with Genitive
oder *Wegen des Genitivs …*

There are quite a few prepositions that take the genitive. But nowadays they are used less and less. If they are used in colloquial speech, people tend to prefer using the dative instead. The most common prepositions taking the genitive are as follows:

aufgrund	**Aufgrund der schlechten Umsatzzahlen** im ersten Quartal wurde eine Krisensitzung einberufen. *Due to the poor turnover figures in the first quarter a crisis meeting was called.*
statt	Ich hätte lieber Nudeln **statt (der) Kartoffeln.** *I'd rather have pasta instead of (the) potatoes.*
trotz	**Trotz des schlechten Wetters** fand das Fußballspiel statt. colloquial often: **Trotz dem schlechten Wetter …** *In spite of the bad weather the football match took place.*
während	**Während des Meetings** ist Herr Maier fast eingeschlafen. colloquial often: **Während dem Meeting …** *During the meeting Herr Maier almost fell asleep.*
wegen	Diana hat **wegen des Streits** mit ihrem Chef gekündigt. colloquial often: **… wegen dem Streit …** *Because of the dispute with her boss, Diana has resigned.*

Exercise 35

Please complete the following sentences using the correct case.

a) Die Abschlussfeier fand bei (mein Bruder Patrick) statt.

b) Der Autofahrer ist gegen (der Baum) gefahren.

c) Die Auszubildenden stehen im Kreis um (ihr Trainer).

d) Aufgrund (die Globalisierung) werden Sprachkenntnisse immer wichtiger.

e) Die Touristen-Information befindet sich gegenüber (das Rathaus).

f) Trotz (die zahlreichen Regeln) beherrscht Axel die deutsche Grammatik gut.

g) Seit (ein Jahr) hat Steve einen Job als Webdesigner.

h) Während (die Sommermonate) befinden sich im Bistro um die Ecke nur wenige Gäste.

i) Ramona ist am Wochenende zu (ihre Schwester) gefahren.

j) Der Bankangestellte holt das Geld aus (der Tresor).

k) Maggie und Geneviève haben für (der weltweite Friede) protestiert.

l) Der Schlüssel war zwischen (das Gepäck).

Exercise 36
Please put in the prepositions in this letter.

Meine liebe Sina,

vielen Dank .... (a) deinen lieben Brief. Ich habe mich besonders .... (b) das Foto mit Klein Lea gefreut. Ich sehe, dass sie im Wasser .... (c) dem gelben Ball spielt, den ich ihr geschenkt habe. Hat sie weniger Angst .... (d) Wasser? Papa fragt .... (e) unserem gemeinsamen Urlaub im nächsten Jahr. Habt ihr Lust .... (f) zwei Wochen in Dänemark? Wir waren letztes Jahr sehr zufrieden .... (g) dem Ferienhaus auf Rømø. Dann könnten wir uns .... (h) Lea kümmern und du kannst dich ausruhen. Gib doch schnell Bescheid!

Wir freuen uns .... (i) deine Antwort!

Alles Liebe von Mama und Papa

14 Satzverbindungen
Sentence-Linkers
oder *Wie man Sätze verbindet*

Nachdem ich beim Training gewesen war, ging es mir schon viel besser.

After I had done some training, I felt much better.

Although language bears little resemblance to a motorbike, certain parts can be "bolted together" and taken apart again. It is possible to join several sentences together – not with nuts and bolts, but with little words called conjunctions. In German we divide these conjunctions into two groups: coordinating conjunctions (Konjunktionen) and subordinating conjunctions (Subjunktionen).

14.1 Konjunktionen
Coordinating Conjunctions
oder *Und, aber, denn & Co.*

Coordinating conjunctions can join two sentences or main clauses together. The position of the verbs in both is the same.

con-junction	main focus of meaning	example
aber	limitation, contrast	Bitte verlegen Sie den Termin mit Herrn Manger auf nächste Woche, **aber** seien Sie bitte sehr freundlich! *Please postpone the appointment with Herr Manger till next week, but be nice about it.*
denn	reason	Peter ist übers Wochenende zu seinen Eltern gefahren, **denn** sein Vater wird 70. *Peter has gone to his parents for the weekend because it's his father's 70th birthday.*
doch	contrast	Wir wollten am Sonntag zum Surfen gehen, **doch** es hat leider den ganzen Tag geregnet. *We wanted to go surfing on Sunday, but unfortunately it rained all day.*
oder	alternative	Sollen wir zum Tauchen gehen **oder** wollen wir nur zum Baden fahren? *Shall we go diving or just go for a swim?*
sondern	alternative	Wir fliegen nicht nach Wien, **sondern** wir fahren mit dem Zug. *We're not flying to Vienna but travelling by train.*
und	enumeration	Alan ist jetzt schon zwei Monate in Deutschland **und** er fühlt sich sehr wohl hier. *Alan has been in Germany now for two months and he feels very much at home here.*

14.2 Subjunktionen
Subordinating Conjunctions
oder *Dass, weil & Co.*

Subordinating conjunctions connect a main clause with a subordinate clause. The subordinate clause can come before or after the main clause, but it can't stand on its own. Subordinate clauses have a different word order than main clauses (▶ 6, p. 280 ff.). All the verbs come at the end of the clause.

Wir glauben, **dass** Sie das gut **verstehen können.**
We believe that you can understand that.
Ich frage mich, **ob** Sie das schon **verstanden haben.**
I wonder whether you understood that.

Now it's not uncommon in German for several verbs to be used in one and the same sentence. When they occur in a subordinate clause, we have to ask ourselves how they can all be arranged in some sort of order.

- The conjugated verb comes right at the end:

Eva freut sich, weil sie eine neue Stelle bekommen **hat.**
Eva is pleased because she's got a new job.

- A participle or an infinitive comes directly before the conjugated verb:

Ich komme, sobald ich diesen Text **fertig geschrieben** habe. *I'll come as soon as I've finished writing this text.*

- Separable verbs do not get separated:

Herr Keller glaubt, dass seine Assistentin ihn **anlügt.**
Herr Keller believes that his assistant is lying to him.

- When modal verbs are used in the present perfect tense the conjugated verb comes before all the other verb parts:

Timo erzählt stolz, dass er die Abschiedsrede für den Chef **hat** halten dürfen. *Timo tells us proudly that he's been allowed to make the farewell speech for the boss.*

The word order for the remaining elements in the clause follows the same rules as in the main clause (▶ **6**, p. 280). There are a great many different types of subordinate clauses *Nebensätze*. Relative clauses *Relativsätze* and infinitive clauses *Infinitivsätze* will be dealt with separately in the next few chapters because they don't quite conform to the standard pattern. In the case of all other subordinate clauses, the meaning (temporal or causal) is comparatively easy to determine once you know the meaning of the subordinating conjunction involved.

The most important subordinating conjunctions are:

conjunction	**main focus of meaning**	**example**
als	temporally simultaneous: point of time in the past	Als ich ins Büro kam, war meine Chefin schon da. *When I came into the office, my boss was already there.*
als	comparison	Das Projekt war schneller beendet, als wir erwartet hatten. *The project was finished faster than we had expected.*
als ob	unreal comparison	Er tat so, als ob er keine Zeit hätte. *He acted as if he had no time.*

con-junction	main focus of meaning	example
bevor	temporal	**Bevor** wir Pläne fürs Wochenende machen, möchte ich noch die Wettervorhersage hören. *Before we make any plans for the week-end, I'd like to hear the weather forecast.*
bis	temporal: end of an action	Wir warten noch, **bis** alle Teammitglieder da sind. *We're waiting until all team members are here.*
da	reason	**Da** Ralf und Anne zu viel Alkohol getrunken hatten, gingen sie lieber zu Fuß nach Hause. *Since Ralf and Anne had drunk too much alcohol, they preferred to walk home.*
damit	aim, purpose	Ich möchte sofort anfangen, **damit** wir pünktlich aufhören können. *I'd like to start immediately so we can finish on time.*
dass	aim, purpose, introduces a statement	Ich glaube, **dass** wir den Termin einhalten können. *I think that we can meet the deadline.*
nachdem	temporal	**Nachdem** ich beim Training gewesen war, ging es mir schon viel besser. *After I had done some training, I felt much better.*
ob	doubt, question, wondering	Ich weiß nicht, **ob** Paul schon zu Hause ist. *I don't know whether Paul is home yet.*

con-junction	main focus of meaning	example
obwohl	limitation	Obwohl das Wetter schlecht war, gingen wir spazieren. *Although the weather was bad, we went for a walk.*
seit(dem)	temporal	Seit Elena täglich Qigong macht, hat sie keine Kopfschmerzen mehr. *Since Elena has been doing Qi-gong every day, she doesn't have any more headaches.*
weil	reason	Wir kamen zu spät zur Präsentation, weil wir im Stau gestanden haben. *We arrived too late for the presentation because we were in a traffic jam.*
wenn	condition	Wenn du mal in Köln bist, musst du mich besuchen. *If you're ever in Cologne, you must come and visit me.*
(immer) wenn	temporal repeated action (in the past)	(Immer) wenn Maite in Deutschland war, hat sie uns besucht. *Whenever Maite was in Germany, she visited us.*

A subordinate clause can also be introduced by a question word (Fragewort). These clauses are called indirect questions (indirekte Fragesätze). (Question words ▶ 3.4, p. 257 f.) This occurs mainly after a main clause containing verbs like sagen *to say*, fragen *to ask* or wissen *to know*.

Weißt du, **warum** Sylvia so schlechte Laune hat? *Do you know why Sylvia is in such a bad mood?*
Ich frage mich, **wo** meine Schlüssel sind. *I wonder where my keys are.*
Hast du verstanden, **was** sie gesagt hat? *Have you understood what she said?*

Exercise 37
Please combine the following sentences using the conjunctions in brackets.

a) Mike ist enttäuscht. Die Vergütung entspricht nicht seinen Vorstellungen. (weil)

b) Peer wirkt gelassen. Er macht täglich Yoga-Übungen. (seit)

c) Lucia spielt seit drei Jahren Gitarre. Sie surft auch gerne im Internet. (und)

d) Victor freut sich. Er kann nächste Woche in den Urlaub gehen. (dass)

e) Das Seminar fand nicht statt. Es gab zu wenig Teilnehmer. (da)

f) Frau Wilice besucht das Deutsche Museum. Sie geht auf den Marienplatz. (oder)

14.3 Relativsätze Relative Clauses
oder *Sätze, die relativ häufig sind*

Das ist der Rucksack, mit dem ich schon die halbe Welt bereist habe.

That's the rucksack which I've toured half the world with.

Relative clauses are introduced by a relative pronoun. A relative clause tells us more about a noun in the main clause. Normally the relative clause comes directly after the noun it describes.

main clause + main clause:

Judith verabredet sich mit einem Kollegen. Den Kollegen hat sie gestern in der Cafeteria kennengelernt. *Judith has a date with a colleague. She met the colleague in the cafeteria yesterday.*

main clause + relative clause:

Judith verabredet sich mit einem Kollegen, **den sie gestern in der Cafeteria kennengelernt hat**. *Judith has a date with a colleague whom she met in the cafeteria yesterday.*

Relative clauses often get inserted in the middle of a main clause:

Die Präsentation, **die Frau Ronner gehalten hat**, war sehr gut. *The presentation that Frau Ronner held was very good.*

Apart from a few exceptions, the relative pronouns are identical to the definite article.

	masculine	feminine	neuter	plural
nom.	der	die	das	die
acc.	den	die	das	die
dat.	dem	der	dem	denen
gen.	dessen	deren	dessen	deren

The correct form of the relative pronoun depends on two things. We might say that it faces in two directions.

It is the preceding noun being described in the relative clause that determines the gender (masculine, feminine or neuter) and the number (singular or plural), whereas the verb in the relative clause determines the case (nominative, accusative, dative or genitive).

Exercise 38

Which parts of the sentence fit together? Please assign.

1. … die mehr als 150 Seiten haben.
2. … das ich auf der Postkarte gesehen habe.
3. … die er selber erlegt hat.
4. … den es seit gestern im Angebot gibt.
5. … denen wir den Weg gezeigt haben.

Übungen

a. Das ist das Gebäude, … ☐
b. Sie hat mich nach dem Computer gefragt, … ☐
c. Das sind die Touristen, … ☐
d. Er liest keine Bücher, … ☐
e. Er isst nur Fleisch von Tieren, … ☐

Der Kollege, **den** ich schon lange kenne, hat heute gekündigt. *My colleague, whom I've known for a long time, handed in his notice today.*
accusative, masculine, singular

Die Kunden, **denen** du das Angebot geschickt hast, kommen morgen. *The customers you sent the offer to are coming tomorrow.*
dative, plural

Relative pronouns can also occur in combination with prepositions, in which case the preposition comes before the relative pronoun.

Das ist der Rucksack, **mit dem** ich schon die halbe Welt bereist habe. *That's the rucksack which I've toured half the world with.*
Da drüben ist eine Bäckerei, **in der** ich schon als Kind eingekauft habe. *Over there is a bakery where I've been a customer since I was a child.*
Wir kaufen eine Fahrkarte, **mit der** wir zu fünft fahren können. *We'll buy a ticket which all five of us can travel with.*

Relative pronouns in the genitive case replace the possessive article. No other article is then used with the noun that follows.

Die Kollegin, **deren** Hund immer mit ins Büro kommt, hat diese Woche Urlaub. *The colleague whose dog always comes with her to the office is on holiday this week.*
(**Ihr Hund** kommt immer mit ins Büro.) *(Her dog always comes with her to the office.)*
Der Mann, **dessen** Auto du beschädigt hast, ist jetzt hier. *The man whose car you damaged is here now.*
(Du hast **sein Auto** beschädigt.) *(You damaged his car.)*

Relative clauses can also refer to pronouns or to complete sentences. In these cases the relative pronoun is was.

Das ist alles, **was** ich dazu weiß. *That's all that I know about it.*

Das Wichtigste, **was** in so einem Fall getan werden sollte, ist ... *The most important thing that should be done in a case like this is ...*

Ich weiß nicht, **was** ich dazu noch sagen soll. *I don't know what to say to that.*

14.4 **Infinitivsätze Infinitive Clauses** oder *Das ist leicht zu lernen*

Another type of subordinate clause is introduced without a normal conjunction. These are infinitive clauses with zu.

zu + infinitive

Infinitive clauses with zu + infinitive can be used after certain verbs, nouns or adjectives.

- Verbs with zu + infinitive

Here we have two groups of verbs. In the one group, the main clause and the subordinate clause both have the same subject. By using the zu + infinitive construction, we can avoid repetition.

zu + infinitive	alternative construction
Wir versuchen, Ihren Auftrag schnellstmöglich **zu bearbeiten**.	Wir versuchen, dass wir Ihren Auftrag schnellstmöglich bearbeiten.
We're trying to complete your order as quickly as possible.	
Hans meint, immer der Beste **sein zu müssen**.	Hans meint, er muss immer der Beste sein.
Hans believes he always needs to be the best.	
Denk daran, deine Medizin regelmäßig **zu nehmen**!	Denk daran, dass du deine Medizin regelmäßig nimmst.
Remember to take your medicine regularly.	

Other verbs in this group are:

anbieten	*to offer to*
anfangen	*to start to*
aufhören	*to stop*
beabsichtigen	*to intend to*
beginnen	*to begin to*
sich bemühen	*to make an effort to*
beschließen	*to decide to*
sich entschließen	*to decide to*
sich freuen	*to look forward to, be pleased to*
fürchten	*to fear to*
sich gewöhnen an	*to get used to*
glauben	*to believe*
hoffen	*to hope to*
planen	*to plan to*
scheinen	*to seem to*
vergessen	*to forget to*
sich verlassen auf	*to rely on sb. to*
versprechen	*to promise to*
vorhaben	*to intend to*
sich weigern	*to refuse to*

- In the second group of verbs, the zu + infinitive construction describes what the object of the sentence does.

Meine Freundin hat mich dazu überredet, mit ihr ins Theater **zu gehen**. *My girlfriend has persuaded me to go to the theatre with her.*
Peter hat Alan eingeladen, bei ihm **zu wohnen**. *Peter has invited Alan to stay at his house.*
Jana fällt es nicht leicht, auf Schokolade **zu verzichten**. *It's not easy for Jana to do without chocolate.*

Other verbs in this group are:

anbieten	*to offer to*
auffordern	*to ask sb. to*
befehlen	*to order sb. to*
bitten	*to ask sb. to*
bringen zu	*to bring sb. to*
empfehlen	*to recommend sb. to*
erinnern an	*to remind sb. to*
erlauben	*to permit sb. to*
ermöglichen	*to make it possible for sb. to*
gelingen	*to succeed in*
helfen	*to help sb. to*
hindern an	*to prevent sb. from*
raten	*to advise sb. to*
schwer fallen	*to have difficulty in*
verbieten	*to forbid sb. to*
warnen vor	*to warn sb. about*

! Verbs with a separable prefix have the zu in the middle – between prefix and main stem.

Eva freut sich darauf, mit Alan und Peter aus**zu**gehen. (ausgehen) *Eva is looking forward to going out with Alan and Peter.*
Christa hat ihrer Nachbarin angeboten, für sie ein**zu**kaufen. (einkaufen) *Christa has offered her neighbour to do her shopping for her.*
Dem Team gelang es, ein sensationelles Angebot aus**zu**arbeiten. (ausarbeiten) *The team succeeded in working out a sensational offer.*

• Nouns with zu + infinitive

Die Kinder haben keine **Lust**, ihre Zimmer **aufzuräumen.**
The children don't feel like tidying up their rooms.
Elisabeth hat die **Absicht**, die Stelle **zu wechseln.**
Elisabeth intends to change her job.
Helmut hatte kein **Problem**, sich mit den Leuten in Peru **zu verständigen.** *Helmut had no problem in communicating with the people in Peru.*

Further nouns followed by zu + infinitive are:

die Angst	*fear (of)*
die Freude	*joy, pleasure (in)*
die Gelegenheit	*opportunity (to/of)*
der Grund	*reason (to)*
die Möglichkeit	*possibility (of)*
die Mühe	*effort, trouble (to)*
das Problem	*problem (in)*
die Schwierigkeiten	*difficulty (in)*
der Spaß	*fun (in)*
die Zeit	*time (to)*

• Adjectives and participles with zu + infinitive

These adjectives or participles normally come after a form of the verb sein *to be* or finden *to find*.

Es **ist** gesund, viel Gemüse und Obst **zu essen.** *It's healthy to eat lots of vegetables and fruit.*
Viele Leute **finden** es unhöflich, ohne Entschuldigung deutlich zu spät **zu kommen.** *Many people find it impolite to arrive much too late without an apology.*

Further adjectives and participles of this kind are:

bereit	*ready (to)*
entschlossen	*determined (to)*
erlaubt/verboten	*permitted/forbidden (to)*
erfreut	*pleased (to)*
erstaunt	*amazed (to)*
falsch/richtig	*wrong/right (to)*
gewohnt	*accustomed/used (to)*
gut/schlecht	*good/bad (to)*
interessant/uninteressant	*interesting/uninteresting (to)*
nötig/unnötig	*necessary/unnecessary (to)*
praktisch/unpraktisch	*practical/impractical (to)*
stolz	*proud (to)*
überzeugt	*convinced (about)*
wichtig/unwichtig	*important/unimportant (to)*

• um + zu + infinitive

Sentences with um + zu + infinitive express a purpose or an aim in the same way as subordinate clauses with the conjunction damit. If the subject of the main clause and the subordinate clause are identical, we can use the um + zu + infinitive construction. Otherwise we have to use damit.

um + zu + infinitive	damit
Wir haben in dieser Sitzung keine Zeit, **um** über so ein Thema **zu diskutieren**. *We don't have time in this meeting to discuss such a topic.*	Wir haben diese Sitzung nicht einberufen, **damit** Sie dieses unwichtige Thema diskutieren. *We haven't called this meeting so that you can discuss this unimportant topic.*
Paula ist gekommen, **um** uns beim Umzug **zu helfen**. *Paula has come to help us with the move.*	Paula ist gekommen, **damit** Laura die Arbeit nicht allein machen muss. *Paula has come so that Laura doesn't have to do the work on her own.*
Sina arbeitet im Kino, **um** ihr Taschengeld **aufzubessern**. *Sina is working at the cinema to earn some more pocket money.*	Sina arbeitet im Kino, **damit** die ganze Familie Freikarten bekommt. *Sina is working at the cinema so her whole family can get free tickets.*

! Here, too, separable verbs have the zu in the middle.

Leo ist auf den Markt gegangen, **um** ein**zu**kaufen. *Leo has gone to the market to do some shopping.*
Wir sind ins Naturkundemuseum gegangen, **um** uns die Saurierskelette an**zu**sehen. *We went to the Natural History Museum to see the dinosaur skeletons.*

Übungen

Exercise 39

Please replace the sentences with infinitive clauses.

a) Ich habe Sie gebeten, dass Sie pünktlich kommen.

....

b) Ich lehne es ab, dass ich mit Ihnen nur Arbeitsblätter bearbeite.

....

c) Ich verspreche Ihnen, dass wir viele praktische Übungen machen.

....

d) Ich empfehle Ihnen, dass Sie täglich 30 Minuten lernen.

....

Exercise 40

What is the purpose? Please form sentences with um zu.

Wozu braucht man …

a) eine Angel? *Die braucht man, um zu angeln* .

b) einen Korkenzieher? ....

c) einen Kugelschreiber? ....

d) einen Staubsauger? ....

e) ein Radio? ....

f) eine Nadel? ....

15 Wortbildung Word Formation oder *Aus zwei mach vier*

Er ist Kraftfahrzeugmechaniker.

He's a mechanic.

One thing you'll like about German is the fact that you can increase your vocabulary by using the rules of word formation. New composite words can be created by combining two or more single ones or by adding prefixes or suffixes. This happens all the time and new combinations can occur daily.

If you come across a long complicated-looking word that you don't understand, it often helps if you split it up into its constituent parts. You'll probably understand each of these more easily. Then read these single elements in reverse order and the meaning of the whole word will become clear.

Thus a Schweine/hals/braten is a Braten *roast* from the Hals *neck* of a Schwein *pig* and Semmel/knödel are Knödel *dumplings* made from Semmeln (Bavarian word for) *bread rolls*.

15.1 Komposition   Composing New Words
oder *Fassbier und Flaschenwein*

No matter how many elements the compound word has, it is always the last element that determines what kind of word it is. In the case of nouns, the last element determines the gender. The preceding elements tell us more about it. They define the basic word.

der Flaschenwein
defining word + basic word
wine from a bottle (and not from a barrel)
die Weinflasche
defining word + basic word
a bottle of wine (and not a glass)

! The meaning of a compound word does not necessarily correspond with the meaning of its constituent parts. A Kindergarten is not a Garten *garden* for Kinder *children*, but a play school for very young children.

Word composition like this occurs most often with nouns, but can also take place with other kinds of words.

• Noun + Noun

die Steuer + **der** Berater = **der** Steuerberater
tax + advisor = tax advisor
die Liebe + **der** Kummer = **der** Liebeskummer
love + worries = trouble with your love life
der Traum + **der** Job = **der** Traumjob
dream + job = dream job

• Adjective + Noun

rot + **der** Wein = **der** Rotwein
red + wine = red wine
groß + **die** Stadt = **die** Großstadt
big + town = city
weich + **das** Ei = **das** Weichei
soft + egg = softy, weakling

• Noun + Adjective

das Vitamin + reich = vitaminreich
vitamin + rich = rich in vitamins
die Umwelt + schonend = umweltschonend
environment + treating with care = environmentally friendly
das Bild + schön = bildschön
picture + beautiful = pretty as a picture
die Medien + wirksam = medienwirksam
media + effective = to great effect in the media

• Verb + Noun

schlafen + **das** Zimmer = **das** Schlafzimmer
sleep + room = bedroom
tanzen + **die** Schuhe = **die** Tanzschuhe
dance + shoes = dancing shoes
boxen + **die** Handschuhe = **die** Boxhandschuhe
box + gloves = boxing gloves

• Preposition + Noun

vor + **der** Vertrag = **der** Vorvertrag
before + contract = provisional contract
nach + **die** Sicht = **die** Nachsicht
after + sight = tolerance
innen + **die** Politik = **die** Innenpolitik
inner + politics = home affairs

• Adjective + Adjective

dunkel + rot = dunkelrot
dark + red = dark red
hell + blond = hellblond
light + blond = light-blond

• Adverb + Verb

wieder + sehen = wiedersehen
again + see = meet again

Often several of the above word types are combined. In principle, anything is possible, provided you can remember at the end of the word what the beginning was. Examples:

die Mit/fahr/gelegenheit *chance of a lift*
die Mit/wohn/zentrale *flat sharing agency*
der Vor/stands/vor/sitzende *Chairman of the Board, Chief Executive*
die Mit/arbeiter/versammlung *staff meeting*

And, of course, the now very famous tongue-in-cheek example:

Donaudampfschifffahrtsgesellschaftskapitänskajütentürschloss *The lock on the cabin door of the captain from the Danube steamship company*

A lot of compound nouns refuse to fit together without a little help. They need something to seal the join:

die Arbeit + der Markt = der Arbeit**s**markt
work + market = labour market
der Aufwand + die Entschädigung =
die Aufwand**s**entschädigung
effort + compensation = compensation for work involved

Quite a lot of compounds make use of the plural rather than the singular.

die Aprikosen (plural) + die Marmelade =
die Aprikosenmarmelade
(You need more than one apricot.)
apricots + jam = apricot jam
die Kinder (plural) + der Garten = der Kindergarten
(There's always more than one child.)
children + garden = kindergarten

Exercise 41
Please form compound words from the following and then add the correct form of the definite article.

Übungen

a) Baum + Gummi ....

b) Ordner + Ring ....

c) Papier + Drucker ....

d) Schalter + Licht ....

e) Läufer + schnell ....

f) Wohnung + Markt ....

g) über + Bevölkerung ....

h) Tasche + Handy ....

i) nass + Schnee ....

j) blau + hell ....

k) Abend + vor ....

Exercise 42
Please form compound words.

a) ..... A eine Brille gegen Sonne

....

b) ..... B ein Buch mit Wörtern

....

c) ..... C ein Tuch für die Hand

....

d) ..... D eine Bürste für die Zähne

....

e) ..... E einen Schirm bei Regen

....

f) ..... F einen Donut mit Schokolade

....

g) ..... G einen Apparat für Fotos

....

h) ..... H eine Hose zum Baden

....

i) ..... I einen Pass für die Reise

....

Exercise 43
Please form compound words of verbs and nouns.

a) der Tisch (essen, schreiben)

der Arbeitstisch .. der Esstisch

b) die Karte (fahren, spielen)

....

c) das Haus (wohnen, mieten)

....

d) die Lampe (lesen, arbeiten)

....

e) die Hose (laufen, wandern)

....

f) das Buch (lesen, malen)

....

15.2 Derivation Deriving New Words
oder *Verständlich und lernbar*

We can derive new words by adding a prefix or a suffix to an existing basic element. The kind of word can vary. In the case of verbs, the infinitive ending often disappears.

programmieren – der Programmier**er** –
die Programmier**erin**
to program – male programmer – female programmer
frei + **-heit** = die Freiheit
free – freedom
fahren – die Fahrt
to travel – journey
bewegen + **-ung** = die Bewegung
to move – movement
der Sommer + **-lich** = sommerlich
summer – summery
der Frühling + **-(s)haft** = frühlingshaft
spring – spring-like
be + arbeiten = bearbeiten
to work – to work on something

- Prefixes are often used with verbs, e.g. ankommen *to arrive*, durchlesen *to read through*, wiederholen *to repeat.* ▸ **7.3**, p. 296 ff. With nouns and adjectives we very often find the prefixes in- and un-. They turn the noun into its negative form or its opposite.

das Unglück (kein Glück)	*calamity, misfortune (no luck)*
unglücklich (nicht glücklich usw.)	*unhappy (not happy)*
der Unsinn	*nonsense*
unsinnig	nonsensical, silly
unfreundlich	*unfriendly, rude*
die Inkompetenz	*incompetence*
inkompetent	*incompetent*
insolvent	*insolvent, bankrupt*
die Instabilität	*instability*

- Suffixes are used to form new nouns or adjectives. As a result, new words are formed on the basis of other nouns, verbs or adjectives. In the case of nouns, the suffix will determine the gender of the new noun (▶ **2.1**, p. 385 ff.).

gesund + **-heit** = die Gesundheit
healthy – health
fröhlich + **-keit** = die Fröhlichkeit
good-humoured – good-humour
bearbeiten + **-ung** = die Bearbeitung
to work on something – the actual work itself
der Wunsch + **-los** = wunschlos
wish – without a wish (completely satisfied)
leben + **-haft** = lebhaft
to live – lively
der Wind + **-ig** = windig
wind – windy

Exercise 44

Please add the missing prefixes and suffixes.

a) Simons Katze ist ....laufen.

b) Herr Franklin muss noch ....checken.

c) Marilyn ist krank und sollte sich daher ....decken.

d) Die Reisefrei......... war als wichtiger Fortschritt zu betrachten.

e) Das Bungee-Jumping sieht gefähr......... aus.

f) Frau Setlur macht einen jugend......... Eindruck.

g) Wir müssen das Geschenk ....packen.

h) Sollen wir Sie das Stück ....nehmen?

i) Auf dieses Angebot werden Sie bestimmt noch ....kommen.

j) Die Freund......... mit Jenny war mir viel wert.

k) Die Assistent......... stellte das Projekt fertig.

l) Wir hoffen, dass Sie jetzt nicht mehr sprach......... sind!

Now it's time to say goodbye! We wish you every success for your future German studies. Have lots of fun!

Unregelmäßige und gemischte Verben
Irregular and Mixed Verbs

The most important irregular and mixed verbs are listed alphabetically in the following tables. Mixed verbs are marked with an *.
All verbs are listed in groups according to the vowel changes they undergo in their different tenses (see **9.2**).

infinitive	present tense	past simple	present perfect	translation
A – B – A				
backen	bäckt (backt)	buk (backte)	hat gebacken	*to bake*
blasen	bläst	blies	hat geblasen	*to blow*
braten	brät	briet	hat gebraten	*to roast*
empfangen	empfängt	empfing	hat empfangen	*to receive*
essen	isst	aß	hat gegessen	*to eat (of people)*
fahren	fährt	fuhr	hat/ist gefahren	*to drive, travel*
fallen	fällt	fiel	ist gefallen	*to fall*
fangen	fängt	fing	hat gefangen	*to catch*
fressen	frisst	fraß	hat gefressen	*to eat (of animals)*
geben	gibt	gab	hat gegeben	*to give*
geraten	gerät	geriet	ist geraten	*to fall/get into*
geschehen	geschieht	geschah	ist geschehen	*to happen*
graben	gräbt	grub	hat gegraben	*to dig*
hängen	hängt	hing	hat gehangen	*to hang*

infinitive	present tense	past simple	present perfect	translation
halten	hält	hielt	hat gehalten	*to stop, hold*
heißen	heißt	hieß	hat geheißen	*to be called*
laden	lädt	lud	hat geladen	*to load*
lassen	lässt	ließ	hat gelassen	*to let, leave, stop*
laufen	läuft	lief	ist gelaufen	*to run*
lesen	liest	las	hat gelesen	*to read*
messen	misst	maß	hat gemessen	*to measure*
raten	rät	riet	hat geraten	*to guess*
rufen	ruft	rief	hat gerufen	*to call*
schaffen	schafft	schuf	hat geschaffen	*to create, do*
schlagen	schlägt	schlug	hat geschlagen	*to hit, beat*
schlafen	schläft	schlief	hat geschlafen	*to sleep*
sehen	sieht	sah	hat gesehen	*to see*
stoßen	stößt	stieß	hat gestoßen	*to push, knock*
tragen	trägt	trug	hat getragen	*to carry, to wear*
treten	tritt	trat	hat/ist getreten	*to step, kick*
vergessen	vergisst	vergaß	hat vergessen	*to forget*
wachsen	wächst	wuchs	ist gewachsen	*to grow*
waschen	wäscht	wusch	hat gewaschen	*to wash*
A – B – B				
beißen	beißt	biss	hat gebissen	*to bite*
betrügen	betrügt	betrog	hat betrogen	*to deceive*
beweisen	beweist	bewies	hat bewiesen	*to prove*
biegen	biegt	bog	hat/ist gebogen	*to bend*

infinitive	present tense	past simple	present perfect	translation
bieten	bietet	bot	hat geboten	*to offer*
bleiben	bleibt	blieb	ist geblieben	*to stay, remain*
*brennen	brennt	brannte	hat gebrannt	*to burn*
*bringen	bringt	brachte	hat gebracht	*to bring, fetch, take*
*denken	denkt	dachte	hat gedacht	*to think*
*dürfen	darf	durfte	hat gedurft	*to be allowed to (may)*
erwägen	erwägt	erwog	hat erwogen	*to consider*
fliegen	fliegt	flog	hat/ist geflogen	*to fly*
fliehen	flieht	floh	ist geflohen	*to flee*
fließen	fließt	floss	ist geflossen	*to flow*
frieren	friert	fror	hat gefroren	*to freeze*
gedeihen	gedeiht	gedieh	ist gediehen	*to flourish*
genießen	genießt	genoss	hat genossen	*to enjoy*
gießen	gießt	goss	hat gegossen	*to pour*
gleichen	gleicht	glich	hat geglichen	*to be similar to, same as*
gleiten	gleitet	glitt	ist geglitten	*to glide*
greifen	greift	griff	hat gegriffen	*to grab, grip*
heben	hebt	hob	hat gehoben	*to lift, raise*
*kennen	kennt	kannte	hat gekannt	*to know (be acquainted)*
kneifen	kneift	kniff	hat gekniffen	*to pinch*
*können	kann	konnte	hat gekonnt	*to be able (can)*
kriechen	kriecht	kroch	ist gekrochen	*to crawl*

infinitive	present tense	past simple	present perfect	translation
leiden	leidet	litt	hat gelitten	*to suffer*
leihen	leiht	lieh	hat geliehen	*to lend*
lügen	lügt	log	hat gelogen	*to lie*
meiden	meidet	mied	hat gemieden	*to avoid*
*mögen	mag	mochte	hat gemocht	*to like*
*müssen	muss	musste	hat gemusst	*to have to (must)*
*nennen	nennt	nannte	hat genannt	*to name, call*
pfeifen	pfeift	pfiff	hat gepfiffen	*to whistle*
preisen	preist	pries	hat gepriesen	*to praise*
reiben	reibt	rieb	hat gerieben	*to rub*
reißen	reißt	riss	hat/ist gerissen	*to tear, break*
reiten	reitet	ritt	hat/ist geritten	*to ride*
*rennen	rennt	rannte	ist gerannt	*to run, race*
riechen	riecht	roch	hat gerochen	*to smell*
scheiden	scheidet	schied	hat/ist geschieden	*to separate*
scheinen	scheint	schien	hat geschienen	*to seem, to shine*
schieben	schiebt	schob	hat geschoben	*to push*
schießen	schießt	schoss	hat/ist geschossen	*to shoot*
schleichen	schleicht	schlich	ist geschlichen	*to slide, slip, slink*
schließen	schließt	schloss	hat geschlossen	*to close*
schmeißen	schmeißt	schmiss	hat geschmissen	*to throw, hurl*
schneiden	schneidet	schnitt	hat geschnitten	*to cut*
schreiben	schreibt	schrieb	hat geschrieben	*to write*

infinitive	present tense	past simple	present perfect	translation
schreien	schreit	schrie	hat geschrien	*to scream, cry*
schreiten	schreitet	schritt	ist geschritten	*to step*
schweigen	schweigt	schwieg	hat geschwiegen	*to stay silent*
*senden	sendet	sandte (sendete)	hat gesandt (gesendet)	*to send*
sprießen	sprießt	spross	ist gesprossen	*to sprout*
stehen	steht	stand	hat/ist gestanden	*to stand*
steigen	steigt	stieg	ist gestiegen	*to climb, to rise*
streichen	streicht	strich	hat gestrichen	*to spread, paint, cut out*
streiten	streitet	stritt	hat gestritten	*to quarrel, argue*
treiben	treibt	trieb	hat getrieben	*to drive, drift, do*
verlieren	verliert	verlor	hat verloren	*to lose*
verzeihen	verzeiht	verzieh	hat verziehen	*to forgive*
weichen	weicht	wich	ist gewichen	*to give way, move*
weisen	weist	wies	hat gewiesen	*to direct, show*
wiegen	wiegt	wog	hat gewogen	*to weigh*
*wissen	weiß	wusste	hat gewusst	*to know (facts)*
ziehen	zieht	zog	hat/ist gezogen	*to pull*
A – B – C				
befehlen	befiehlt	befahl	hat befohlen	*to order, instruct*
beginnen	beginnt	begann	hat begonnen	*to begin*

infinitive	present tense	past simple	present perfect	translation
bergen	birgt	barg	hat geborgen	*to save, rescue, recover*
bewerben	bewirbt	bewarb	hat beworben	*to apply (for)*
binden	bindet	band	to bind, tie	*to bind, tie*
bitten	bittet	bat	hat gebeten	*to ask, request*
brechen	bricht	brach	hat/ist gebrochen	*to break*
dringen	dringt	drang	ist gedrungen	*to push through*
empfehlen	empfiehlt	empfahl	hat empfohlen	*to recommend*
empfinden	empfindet	empfand	hat empfunden	*to feel*
erschrecken	erschrickt	erschrak	hat/ist erschrocken	*to frighten, be frightened*
finden	findet	fand	hat gefunden	*to find*
gelingen	gelingt	gelang	ist gelungen	*to succeed*
gelten	gilt	galt	hat gegolten	*to be valid, to count*
gewinnen	gewinnt	gewann	hat gewonnen	*to win*
helfen	hilft	half	hat geholfen	*to help*
klingen	klingt	klang	hat geklungen	*to sound*
liegen	liegt	lag	hat gelegen	*to lie (position)*
misslingen	misslingt	misslang	ist misslungen	*to fail*
nehmen	nimmt	nahm	hat genommen	*to take*
ringen	ringt	rang	hat gerungen	*to wrestle*
schlingen	schlingt	schlang	hat geschlungen	*to tie, wrap*
schwimmen	schwimmt	schwamm	hat/ist geschwommen	*to swim*
schwingen	schwingt	schwang	hat geschwungen	*to swing*

infinitive	present tense	past simple	present perfect	translation
singen	singt	sang	hat gesungen	*to sing*
sinken	sinkt	sank	ist gesunken	*to sink*
sitzen	sitzt	saß	hat/ist gesessen	*to sit*
sprechen	spricht	sprach	hat gesprochen	*to speak*
springen	springt	sprang	ist gesprungen	*to jump*
stechen	sticht	stach	hat gestochen	*to sting, bite, stab*
stehlen	stiehlt	stahl	hat gestohlen	*to steal*
sterben	stirbt	starb	ist gestorben	*to die*
stinken	stinkt	stank	hat gestunken	*to stink*
treffen	trifft	traf	hat getroffen	*to meet, to hit*
trinken	trinkt	trank	hat getrunken	*to drink*
verderben	verdirbt	verdarb	hat/ist verdorben	*to spoil*
werben	wirbt	warb	hat geworben	*to advertise*
werfen	wirft	warf	hat geworfen	*to throw*
zwingen	zwingt	zwang	hat gezwungen	*to force*
andere Verben				
gehen	geht	ging	ist gegangen	*to go*
*haben	hat	hatte	hat gehabt	*to have*
kommen	kommt	kam	ist gekommen	*to come*
sein	ist	war	ist gewesen	*to be*
*sollen	soll	sollte	hat gesollt	*to be suppo-sed to*
tun	tut	tat	hat getan	*to do*
werden	wird	wurde	ist geworden	*to become*
*wollen	will	wollte	hat gewollt	*to want*

Verben mit festen Präpositionen
Prepositional Verbs

abhängen	von + D(ativ)	*to depend on*
sich amüsieren	über + A(kkusativ)	*to be amused about*
achten	auf + A	*to pay attention to*
anfangen	mit + D	*to begin with*
ankommen	auf + A	*to depend on*
antworten	auf + A	*to answer*
sich ärgern	über + A	*to be annoyed about*
aufhören	mit + D	*to stop doing*
aufpassen	auf + A	*to look after*
sich aufregen	über + A	*to get excited about*
ausgeben	für + A	*to spend on*
sich bedanken	bei + D; für + A	*to thank sb. for*
beginnen	mit + D	*to begin with*
sich bemühen	um + A	*to try to get/take trouble over*
berichten	über + A	*to report on*
sich beschäftigen	mit + D	*to busy oneself with*
sich beschränken	auf + A	*to limit oneself to*
sich beschweren	bei + D; über + A	*to complain to sb. about*
bestehen	aus + D	*to consist of*
bestellen	für + A	*to order for*
bestrafen	für + A	*to punish for*
sich beteiligen	an + D	*to take part in/have a share in*

sich bewerben	um + A	*to apply for*
sich beziehen	auf + A	*to refer to*
bitten	um + A	*to ask for*
brauchen	zu + D	*to need*
danken	für + A	*to thank for*
denken	an + A	*to think of*
diskutieren	über + A	*to discuss, talk about*
einladen	zu + D	*to invite to*
sich entscheiden	für + A	*to decide on*
sich entschließen	zu + D	*to decide to*
sich entschuldigen	bei + D; für + A	*to apologise to sb. for*
erfahren	durch + A	*to learn from/through*
sich erholen	von + D	*to recover from*
sich erinnern	an + A	*to remember*
erkennen	an + D	*to recognise in*
sich erkundigen	nach + D	*to enquire about*
erzählen	von + D	*to tell (a story) about*
fehlen	an + D	*to be missing*
fragen	nach + D	*to ask after/about*
sich freuen	auf + A	*to look forward to*
sich freuen	über + A	*to be pleased about*
führen	zu + D	*to lead to*
gehen	um + A	*to involve*
gehören	zu + D	*to belong to*
sich gewöhnen	an + A	*to get used to*
glauben	an + A	*to believe in*
gratulieren	zu + D	*to congratulate on*
halten	für + A	*to consider to be*

halten	von + D	*to have an opinion of/on*
sich halten	an + A	*to comply with*
handeln	von + D	*to involve, have to do with*
helfen	bei + D	*to help in*
hindern	an + D	*to prevent from*
hinweisen	auf + A	*to point out*
hoffen	auf + A	*to hope for*
hören	von + D	*to hear from/about*
sich informieren	über + A	*to find out about*
sich interessieren	für + A	*to be interested in*
interessiert sein	an + D	*to be interested in*
sich konzentrieren	auf + A	*to concentrate on*
kämpfen	für + A	*to fight for*
klagen	über + A	*to complain about*
kommen	zu + D	*to come to*
sich kümmern	um + A	*to take care of*
lachen	über + A	*to laugh at/about*
leiden	an + D	*to suffer from*
leiden	unter + D	*to suffer from, have problems with*
liegen	an + D	*to be due to (cause)*
nachdenken	über + A	*to think about*
profitieren	von + D	*to profit from*
protestieren	gegen + A	*to protest against*
rechnen	mit + D	*to reckon on/with*
reden	über + A	*to talk about*
reden	von + D	*to talk of*
riechen	nach + D	*to smell of*
sagen	über + A	*to say about*

sagen	zu + D	*to say to*
schicken	zu + D	*to send to*
schmecken	nach + D	*to taste of*
schreiben	an + A	*to write to*
sich schützen	vor + D	*to protect oneself from*
sehen	von + D	*to see of*
sein	für + A	*to be for*
sein	gegen + A	*to be against*
senden	an + A	*to send to*
sorgen	für + A	*to care for, look after*
sprechen	mit + D; über + A	*to speak to sb. about*
sterben	an + D	*to die of*
suchen	nach + D	*to look for*
teilnehmen	an + D	*to take part in*
telefonieren	mit + D	*to telephone sb.*
träumen	von + D	*to dream of*
sich trennen	von + D	*to part from/with*
sich überzeugen	von + D	*to convince oneself about*
sich unterhalten	mit + D; über + A	*to have a conversation with sb. about*
sich unterscheiden	von + D	*to differ from*
sich verabreden	für + A; mit + D	*to arrange to meet on/at … with*
sich verabschieden	von + D	*to say goodbye to*
verbinden	mit + D	*to connect with*
vergleichen	mit + D	*to compare with/to*
sich verlassen	auf + A	*to rely on*
sich verlieben	in + A	*to fall in love with*

sich verständigen	mit + D	*to communicate with*
verstehen	von + D	*to understand about*
sich verstehen	mit + D	*to get on well with*
sich vorbereiten	auf + A	*to prepare to/for*
sich vorstellen	bei + D	*to have an interview with*
warnen	vor + D	*to warn about*
warten	auf + A	*to wait for*
sich wenden	an + A	*to turn to*
werden	zu + D	*to become*
wissen	von + D	*to know of*
sich wundern	über + A	*to wonder about*
zweifeln	an + D	*to have doubts about*
zwingen	zu + D	*to force, compel to*

Lösungen zu den Übungen
Answer Key

Exercise 1
a) Herr Blum hat eine neue Assistentin. Die Assistentin kommt aus Berlin.
b) Herr Bodet ist Marketingdirektor.
c) Das alte Computerprogramm war langsamer.
d) Frau Radwan fährt heute mit ihrem Kollegen nach Hamburg.
e) Herr Stix ist Österreicher.
f) Der Kopierer ist schon wieder kaputt.
g) Tina macht einen Sprachkurs in Spanien.
h) Während der Besprechung gab es nur Kekse.
i) Die Kolleginnen im Callcenter müssen Geduld aufbringen.
j) Die Sekretärin buchte einen Flug nach Paris.
k) Die Teamassistentin bestellt den Toner und das Papier.
l) Frau Kolar fand im Besprechungszimmer ein Handy.
m) Herr Hundt hat einen neuen Kollegen. Der Kollege kommt aus Leipzig.
n) Frau Danz schreibt einen Bericht. Der Bericht muss morgen fertig sein.
o) Hat die Firma eine Website? Nein, die Firma hat wirklich keine Website.

Exercise 2
die Freundschaft, das Häuschen, der Zwilling, der Katalysator, die Freiheit, die Erziehung, der Mechanismus, die Schülerin, die Musik, das Brüderlein, die Verspätung, die Station, der Präsident, die Biologie, die Kleinigkeit, der Fabrikant, der König, das Radio, die Verwandtschaft, das Visum, der Winter, der Chef, das Instrument, die Druckerei, die Universität, das Mädchen, das Sortiment

Exercise 3
a)	die Reise	die Reisen
b)	das Video	die Videos
c)	der Brief	die Briefe
d)	die Kassette	die Kassetten
e)	das Brötchen	die Brötchen
f)	der Tag	die Tage
g)	der Bohrer	die Bohrer
h)	die Brille	die Brillen
i)	das Motorrad	die Motorräder
j)	der Stift	die Stifte
k)	der Trainee	die Trainees
l)	das Jahr	die Jahre
m)	die Sekretärin	die Sekretärinnen
n)	das Zimmer	die Zimmer
o)	der Drucker	die Drucker

Exercise 4

a) die Hände; b) die Züge; c) die Füße;
d) die Zähne; e) die Wände; f) die Söhne;
g) die Ärzte

Exercise 5

a) Die Verkäuferin half dem Kunden bei der Suche.
b) Das ist mein Kollege Martin.
c) Eine Redewendung besagt: Der Glaube versetzt Berge.
d) Herr Techmer hilft dem Praktikanten bei der Seminararbeit.
e) Die Richterin glaubt dem Zeugen.
f) Die Journalistin interviewt einen Experten.
g) Ich muss mich bei dem Lieferanten beschweren.
h) Der Höhepunkt ist die Ansprache des Bundespräsidenten.
i) Darüber machten wir uns keine Gedanken.

Exercise 6

a)/c)/e): einen/den – einem/dem; b) eine/die – einer/der;
d) ein/das – einem/dem

Exercise 7

a) Mark arbeitet an einer neuen Homepage. Seit er sich mit Webdesign beschäftigt, sieht man ihn nur selten beim Joggen.
b) Julie sucht einen Job als Programmiererin. Sie hat auf diesem Gebiet bereits Erfahrungen gesammelt.
c) Carlos geht ein Jahr nach Deutschland, um seine Sprachkenntnisse zu verbessern. Es wird ihm dort bestimmt gefallen.
d) Hast du daran gedacht, dass Andrea heute eine Stelle als Praktikantin antritt? Du solltest ihr viel Glück wünschen!
e) Herr Smith, ich danke Ihnen, dass Sie gekommen sind.
f) Elena hat noch verschiedene Prüfungen zu absolvieren. Wir werden ihr dabei helfen.
g) Andrew, soll ich dich bei deiner Freundin abholen?

Exercise 8

a) Ihre b) meinen c) seine d) unsere e) eure f) deinen
g) ihre h) euer i) ihren j) Unser

Exercise 9

a) Hier siehst du den Minister mit seiner Frau.
b) Hier siehst du die Ministerin mit ihren Freunden.
c) Hier siehst du mich mit meinem Chef.
d) Hier sieht man Sie mit Ihren Kindern.

Exercise 10

a) Wer hat diesen Film mit Julia Roberts gesehen?
b) Dieser CD-Player gehört Luca.
c) Wir wussten nicht, wie dieses Diktiergerät funktionierte.
d) Dieses Verhalten gab mir zu denken.
e) Sie sollten diesem Vorfall keine Beachtung schenken.
f) Ich habe dieses Wort noch nie gehört.
g) Diese Fragen wurden mit Hilfe des Internets gelöst.
h) Carla wird diese Wohnung in Hamburg mieten.

Exercise 11

Wir suchen Möbel für unsere Wohnung in Deutschland und finden in einem Einrichtungshaus ...

a) ... einen Küchentisch. – Dieser ist leider zu groß für unsere Küche.
b) ... einen Einbauschrank. – Dieser gefällt uns ausgezeichnet.
c) ... eine Eckbank. – Diese ist uns zu teuer.
d) ... Stühle für die Essecke. – Diese können wir auf jeden Fall gebrauchen.
e) ... einen Schreibtisch. – Dieser ist etwas zu klein.
f) ... eine Wohnzimmerlampe. – Diese sollten wir gleich mitnehmen.

Exercise 12

a) Wer b) Was c) Wer d) Wen e) Wem f) Was

Exercise 13

a) Lars kauft sich ein neues Sweatshirt.
b) Ich freue mich über das bestandene Zertifikat.
c) Die Polizei interessierte sich für den Vorfall.
d) Frau Glück und Herr Wein helfen sich.
e) Alexander putzt sich die Zähne.
f) Wir machten uns über den Jahresabschluss Gedanken.
g) Die Kontoauszüge lagen durcheinander auf dem Tisch.
h) Heute gehen wir miteinander ins Kino.

Exercise 14

a) Mit diesem Management wird das Unternehmen nie auf einen grünen Zweig kommen.
(With the present management this firm is getting nowhere.)
b) Alicée will immer die erste Geige spielen.
(Alicée never wants to play second fiddle to anyone.)
c) Maria ist gerade noch einmal mit einem blauen Auge davongekommen.
(Maria has managed to get off lightly again.)
d) Hier geht doch etwas nicht mit rechten Dingen zu.
(Something definitely seems to be amiss here.)
e) Wir sollten das nicht an die große Glocke hängen.
(We shouldn't make a big issue of it.)

f) Mike wurde mit offenen Armen empfangen.
(Mike was welcomed with open arms.)
g) An dieser Aufführung hat der Theaterkritiker kein gutes Haar gelassen.
(The theatre critic pulled this performance to pieces.)
h) Vor diesem Vorhaben hat er kalte Füße.
(He's afraid of this job.)
i) Das Ereignis traf uns wie ein Blitz aus heiterem Himmel!
(The event hit us like a bolt from the blue.)
j) Dies sollte man nicht auf die leichte Schulter nehmen.
(You shouldn't take something like this lightly.)

Exercise 15

a) groß:
Eileen ist so groß wie Pia.
Pia ist größer als Marcus.
Tom ist von allen Praktikanten am größten.
b) gut:
Herr Porter spricht so gut Deutsch wie Frau Hundt.
Frau Hundt spricht besser Deutsch als Sarah.
Gina spricht am besten Deutsch.
c) gesund:
Limonade ohne Zucker ist gesund.
Apfelschorle ist allerdings gesünder.
Und ein Glas Wein am Abend ist am gesündesten.
d) viel:
Über naturwissenschaftliche Erscheinungen wusste Inka viel.
Über technische Neuerungen noch mehr.
Und über sprachliche Angelegenheiten am meisten.

Exercise 16

a) oft b) Oben c) gerade d) nämlich e) heraus f) selten
g) jedoch h) inzwischen

Exercise 17

a) Das habe ich mir eben vorgenommen.
b) Daran hat Vivian in der Eile halt nicht mehr gedacht.
c) Wo habe ich bloß meine Uhr hingelegt?
d) Was ist denn hier los?
e) Das ist aber großzügig von Ihnen!
f) Genau das habe ich doch gerade befürchtet!
g) Andy hat das wohl nicht so ernst genommen.
h) Dies konnte ich mir ja denken!

Exercise 18

a) Am Montag hat Hardy eine Agenda für das nächste Meeting erhalten.
b) Von ihrem Mann hat Rebecca dieses Geschenk bekommen.
c) Um 10:30 Uhr nehmen die Touristen an einer Stadtführung teil.
d) Heute hat Yvonne einen Termin in der Autowerkstatt.
e) Den Gesprächstermin hätte Frau Simon wahrnehmen sollen.
f) Mit dem Bus fährt Margarita in die Stadt.

Exercise 19

a) Gehe ich heute Abend mit Muriel in die Stadt?
b) Besuchen wir am Wochenende meine Cousine?
c) Muss ich mich am Samstag auf das Bewerbungsgespräch vorbereiten?
d) Treffen wir uns heute Nachmittag auf einen Kaffee?
e) Beschäftige ich mich gerade mit den Regeln der deutschen Grammatik?
f) Hat das Training bereits begonnen?

Exercise 20

a) Kann Andrew Deutsch sprechen? – Ja, er möchte aber seine Kenntnisse noch erweitern.
b) Musst du heute noch lernen? – Ja, ich muss!
c) Ich darf Ihnen doch bestimmt eine kleine Erfrischung anbieten, oder ...? – Ja, Sie dürfen.
d) Bitte beachten Sie, dass Sie auf Bahnhöfen nicht rauchen dürfen.
e) An dieser Stelle dürfen Sie nicht parken.
f) Du möchtest mit mir noch einige Worte sprechen?
g) Über das Jobsharing müssen wir uns nochmals Gedanken machen.
h) Hier sollten Sie leise sein.

Exercise 21

b) können; c) kann; d) dürfen; e) kann; f) darf

Exercise 22

a) verfallen: Durch die Euro-Einführung verfallen bestimmte Briefmarken.
b) anfangen: Der Film „Harry Potter“ fängt um 20:00 Uhr an.
c) übersetzen: Herr Brown übersetzt den Text ins Deutsche.
d) umschreiben: Der Lehrer umschreibt die unbekannte Vokabel mit Synonymen.
e) abgeben: Der Kurier gibt das Paket an der Pforte ab.
f) umziehen: Am Sonntag zieht Pamela in die neue Wohnung um.
g) gefallen: Der Dom und die Steinerne Brücke in Regensburg gefallen mir.
h) ausfallen: Das Training-on-the-Job fällt heute aus.
i) unterstellen: Dieses böswillige Verhalten unterstellte man Kim.
j) zerfallen: Die Tagesordnung zerfällt in acht umfangreiche Punkte.

Exercise 23

a) über - b) für - c) an - d) bei - e) zu - f) von - g) über

Exercise 24

a) trefft b) spielt c) vergisst d) habe e) Hilfst f) genießen g) seid

Exercise 25

a) Bewerben Sie sich bitte um den Job als Trainee!
b) Nimm bitte an dem Kurs in der Sprachenschule teil!
c) Rauchen Sie bitte nicht im Gang!
d) Frag bitte, wenn dir eine Redewendung nicht bekannt ist!
e) Kommt bitte pünktlich!

Exercise 26

a) gehen Sie b) gebt c) seid d) Fahren Sie

Exercise 27

a) Herr White buchte für Donnerstag einen Flug nach Deutschland.
Herr White hat für Donnerstag einen Flug nach Deutschland gebucht.
b) Er kam am Flughafen Berlin-Tegel an und stieg in das nächste Taxi.
Er ist am Flughafen Berlin-Tegel angekommen und [ist] in das nächste Taxi gestiegen.
c) Dieses fuhr Herrn White in das Hotel „Zum Goldenen Stern".
Dieses hat Herrn White in das Hotel „Zum Goldenen Stern" gefahren.
d) An der Rezeption erhielt er die Schlüssel für sein Zimmer.
An der Rezeption hat er die Schlüssel für sein Zimmer erhalten.
e) Um 15:00 Uhr traf sich Herr White mit seinen Geschäftspartnern.
Um 15:00 Uhr hat sich Herr White mit seinen Geschäftspartnern getroffen.
f) Diese erklärten ihm die neue geschäftliche Situation und baten um Verständnis.
Diese haben ihm die neue geschäftliche Situation erklärt und [haben] um Verständnis gebeten.
g) Herr White unterbrach die Verhandlungen und zog einen neuen Termin in Betracht.
Herr White hat die Verhandlungen unterbrochen und [hat] einen neuen Termin in Betracht gezogen.
h) Am nächsten Morgen holte Herr White seine Frau vom Flughafen ab.
Am nächsten Morgen hat Herr White seine Frau vom Flughafen abgeholt.
i) Gemeinsam verbrachten sie einige Tage in Berlin.
Gemeinsam haben sie einige Tage in Berlin verbracht.
j) Frau und Herr White sahen sich noch am selben Tag das Brandenburger Tor an.
Frau und Herr White haben sich noch am selben Tag das Brandenburger Tor angesehen.
k) Am folgenden Tag besichtigten sie den Reichstag.
Am folgenden Tag haben sie den Reichstag besichtigt.

l) Am letzten Tag ihres Urlaubs fuhren sie auf den Fernsehturm und warfen einen Blick auf die Dächer Berlins.
Am letzten Tag ihres Urlaubs sind sie auf den Fernsehturm gefahren und haben einen Blick auf die Dächer Berlins geworfen.

Exercise 28

a) Nachdem wir einen Nachsendeauftrag bei der Post gestellt hatten, fuhren wir in den Urlaub.
b) Nachdem Eileen die Führerscheinprüfung bestanden hatte, feierten wir das erfreuliche Ereignis mit einem Gläschen Sekt.
c) Nachdem Marcus die Vor- und Nachteile dargestellt hatte, gingen wir zur Aussprache über.
d) Nachdem der Chef von seiner Auslandsreise zurückgekommen war, wurde das umstrittene Projekt nochmals besprochen.
e) Nachdem die Abteilungsleiter eingetroffen waren, diskutierten wir über das weitere Vorgehen.

Exercise 29

a) Herr White wird für Donnerstag einen Flug nach Deutschland buchen.
b) Er wird am Flughafen Berlin-Tegel ankommen und [wird] in das nächste Taxi steigen.
c) Dieses wird Herrn White in das Hotel „Zum Goldenen Stern“ fahren.
d) An der Rezeption wird er die Schlüssel für sein Zimmer erhalten.
e) Um 15:00 Uhr wird sich Herr White mit seinen Geschäftspartnern treffen.
f) Diese werden ihm die neue geschäftliche Situation erklären und [werden] um Verständnis bitten.
g) Herr White wird seine Verhandlungen unterbrechen und [wird] einen neuen Termin in Betracht ziehen.
h) Am nächsten Morgen wird Herr White seine Frau vom Flughafen abholen.
i) Gemeinsam werden sie einige Tage in Berlin verbringen.
j) Frau und Herr White werden sich noch am selben Tag das Brandenburger Tor ansehen.
k) Am folgenden Tag werden sie den Reichstag besichtigen.
l) Am letzten Tag ihres Urlaubs werden sie auf den Fernsehturm fahren und [werden] einen Blick auf die Dächer Berlins werfen.

Exercise 30

b) Er wird Produkte präsentiert haben. c) Er wird seine G. getroffen haben. d) Er wird seine L. gesprochen haben. e) Er wird mit neuen K. verhandelt haben.

Exercise 31

a) Herr Miller sagt, er sei mit seiner neuen Marketingassistentin sehr zufrieden.
(oder:) Herr Miller sagt, dass er mit seiner neuen Marketingassistentin sehr zufrieden sei.

b) Frau Dinz erläutert, durch das neue Computerprogramm könnten wir die Absatzzahlen schneller ermitteln.
(oder:) Frau Dinz erläutert, dass wir durch das neue Computerprogramm die Absatzzahlen schneller ermitteln könnten.

c) Der Verkäufer erklärt, das neue Handy verfüge über eine USB-Schnittstelle.
(oder:) Der Verkäufer erklärt, dass das neue Handy über eine USB-Schnittstelle verfüge.

d) Die Angestellte erwidert, durch mehr Personal erreichten wir eine bessere Kundenbindung (oder: … würden wir eine bessere Kundenbindung erreichen).
(oder:) Die Angestellte erwidert, dass wir durch mehr Personal eine bessere Kundenbindung erreichten (oder: … erreichen würden).

e) Der Chef sagt, er sei mit der Arbeitsweise von Frau Gordon sehr zufrieden.
(oder:) Der Chef sagt, dass er mit der Arbeitsweise von Frau Gordon sehr zufrieden sei.

Exercise 32

a) Dürfte ich Sie kurz stören?
b) Könntest du das für mich kopieren?
c) Das wäre wirklich nett von dir.
d) Wenn ich eine eigene Firma hätte, dann würde ich mit den Mitarbeitern jeden Morgen Tai-Chi machen.
e) So eine Katastrophe! Das alles wäre nicht passiert, wenn ich besser aufgepasst hätte!

Exercise 33

a) werden ... ausgetauscht b) wird ... geputzt c) werde ... operiert
d) werden ... vorbereitet e) wird ... Eröffnet

Exercise 34

a) Im 15. Jahrhundert wurden die ersten Bücher in Europa gedruckt.
b) Johann Wolfgang von Goethe wurde in Frankfurt geboren.
c) 1895 wurden die Röntgenstrahlen entdeckt.
d) 1957 wurde die Europäische Wirtschaftsgemeinschaft gegründet.
e) In den 60er Jahren wurden in Deutschland viele Universitäten gebaut.
f) 2002 wurde der Euro eingeführt.

Exercise 35

a) Die Abschlussfeier fand bei meinem Bruder Patrick statt.
b) Der Autofahrer ist gegen den Baum gefahren.
c) Die Auszubildenden stehen im Kreis um ihren Trainer.
d) Aufgrund der Globalisierung werden Sprachkenntnisse immer wichtiger.
e) Die Touristen-Information befindet sich gegenüber dem Rathaus.
f) Trotz der zahlreichen Regeln beherrscht Axel die deutsche Grammatik gut.
g) Seit einem Jahr hat Steve einen Job als Webdesigner.
h) Während der Sommermonate befinden sich im Bistro um die Ecke nur wenige Gäste.
i) Ramona ist am Wochenende zu ihrer Schwester gefahren.
j) Der Bankangestellte holt das Geld aus dem Tresor.
k) Maggie und Geneviève haben für den weltweiten Frieden protestiert.
l) Der Schlüssel war zwischen dem Gepäck.

Exercise 36

Exercise 37

a) Mike ist enttäuscht, weil die Vergütung nicht seinen Vorstellungen entspricht.
b) Peer wirkt gelassen, seit er täglich Yoga-Übungen macht.
c) Lucia spielt seit drei Jahren Gitarre und [sie] surft auch gerne im Internet.
d) Victor freut sich, dass er nächste Woche in den Urlaub gehen kann.
e) Das Seminar fand nicht statt, da es zu wenig Teilnehmer gab.
f) Frau Wilice besucht das Deutsche Museum oder [sie] geht auf den Marienplatz.

Exercise 38

a) 2. b) 4. c) 5. d) 1. e) 3.

Exercise 39

a) ..., pünktlich zu kommen; b) ..., mit Ihnen nur Arbeitsblätter zu bearbeiten; c) ..., viele praktische Übungen zu machen; d) ..., täglich 30 Minuten zu lernen

Exercise 40

b) Den braucht man, um einen Korken zu ziehen. c) Den braucht man, um zu schreiben. d) Den braucht man, um Staub zu saugen. e) Das braucht man, um Musik/Nachrichten zu hören. f) Die braucht man, um zu nähen.

Exercise 41

a) der Gummibaum
b) der Ringordner
c) das Druckerpapier
d) der Lichtschalter
e) der Schnellläufer

f) der Wohnungsmarkt
g) die Überbevölkerung
h) die Handytasche
i) der Nassschnee
j) das Hellblau
k) der Vorabend

Exercise 42

a) C ein Handtuch; b) E einen Regenschirm; c) A eine Sonnenbrille;
d) I einen Reisepass; e) D eine Zahnbürste; f) B ein Wörterbuch;
g) H eine Badehose; h) G einen Fotoapparat; i) F einen Schokodonut

Exercise 43

b) die Fahrkarte, die Spielkarte; c) das Wohnhaus, das Miethaus;
d) die Leselampe, die Arbeitslampe; e) die Laufhose, die Wanderhose;
f) das Lesebuch, das Malbuch

Exercise 44

a) Simons Katze ist entlaufen.
b) Herr Franklin muss noch aus-/einchecken.
c) Marilyn ist krank und sollte sich daher zudecken.
d) Die Reisefreiheit war als wichtiger Fortschritt zu betrachten.
e) Das Bungee-Jumping sieht gefährlich aus.
f) Frau Setlur macht einen jugendlichen Eindruck.
g) Wir müssen das Geschenk einpacken.
h) Sollen wir Sie das Stück mitnehmen?
i) Auf dieses Angebot werden Sie bestimmt noch zurückkommen.
j) Die Freundschaft mit Jenny war mir viel wert.
k) Die Assistentin stellte das Projekt fertig.
l) Wir hoffen, dass Sie jetzt nicht mehr sprachlos sind!